BFL 총서 ③

적대적 기업인수와 경영권 방어

BFL 총서 3

적대적 기업인수와 경영권 방어

김화진 · 송옥렬 편저

小花

BFL 총서 3

적대적 기업인수와 경영권 방어

초판 1쇄 인쇄 | 2007년 12월 5일
초판 3쇄 발행 | 2019년 5월 15일

지은이 | 김화진 · 송옥렬 편저
발행인 | 고화숙
발행처 | 도서출판 소화
등록 | 제13-412호
주소 | 서울시 영등포구 영등포동 7가 94-97
전화 | 2677-5890
팩스 | 2636-6393
홈페이지 | www.sowha.com

ISBN 978-89-8410-330-6 94080
ISBN 978-89-8410-284-2 (세트)

값 18,000원

:: 머리말

이 책은 『지주회사와 법』과 『새로운 금융법 체제의 모색』에 이은 BFL 총서 세 번째 책으로서, 적대적 기업인수에 관하여 BFL에 실린 글들을 중심으로 그 논의를 추린 것이다. 최근 적대적 기업인수에 대해 많은 사회적 관심이 집중되고 있는 가운데 실무에서도 다양한 법적 쟁점들이 부각되고 있다. 이러한 현상은 비단 우리나라에만 국한되는 것이 아니라 이웃 일본에서도 예전에는 생각하지도 못했던 적대적 기업인수 사건들이 벌어지고 있으며, 이를 둘러싼 논의가 회사법의 핵심으로 부상하고 있다. BFL도 학계와 실무의 가교가 되겠다는 창간 취지에 맞추어 4년 남짓한 기간 동안 이미 세 차례에 걸쳐 적대적 기업인수를 특집으로 다룬 바 있다(우호적 기업인수까지 합하면 모두 네 차례가 된다). 2004년 7월의 제6호와 2005년 7월의 제12호에서 다룬 적대적 기업인수와 그 방어행위, 그리고 2007년 5월 제23호에서 다룬 회사관련 가처분이 바로 그것이다. 여기 실린 글들을 보완하고 보다 체계적으로 정리하여 이번 세 번째 총서를 발간하게 된 것이다.

돌이켜 보면 지난 10년간 우리나라 경제는 IMF 금융위기라는 전대미문의 터널을 통과하면서 제도적 측면에서도 그 이전과는 전혀 다른 모습을 가지게 되었다. 적대적 기업인수도 그러한 경우에 속한다. 10년 전만 하더라도 국내에서 적대적 기업인수에 관한 논의가 이렇게 중요해질 것으로 생각하는 사람은 거의 없었다. 적대적 기업인수란 단순히 미국에만 존재하는, 이론적 논쟁을 위해서나 의미를 지니는 주제라고 생각했었다. 그러던 것이 IMF 금융위기와 함께 주식시장의 주도권을 외국인이 장악하면서, 그리고 우리나라의 기업 환경이 약육강식의 경제논리에 노출되면서 이제는 매우 현실적인 주제로 부각되고 있다. 이러한 변화된 환경에서 BFL의 관련 논문들이나 이 책이 기업 관계자에게 실질적인 도움이 되고, 후속 연구의 밑거름이 될 수 있기를 희망한다.

이 책은 여러 고마운 분들의 노력의 결실이다. 분초를 쪼개어 살고 있는 바쁜 일상 가운데 수준 높은 옥고를 작성해 준 각 필자들이 없었다면 이 책은 물론 BFL도 처음부터 불가능했을 것이다. 이런 분들의 수고가 모여 우리나라의 법률문화가 조금씩 발전하는 것으로 믿어 의심치 않는다. 김건식 교수님을 비롯한 BFL의 모든 편집위원님들, 그리고 그 잡다한 실무를 항상 말끔하게 처리해 주는 이경희 씨께도 진심으로 감사를 드린다. 아울러 상업성이 크지 않은 이러한 전문서적을 기꺼이 맡아 훌륭하게 꾸며 준 도서출판 소화의 관계자 분들에게도 감사의 말씀을 전한다.

2007년 12월

김화진 · 송옥렬

>>> 차례

제1장 지분공시제도 실무 해설
—5%룰과 공개매수제도를 중심으로

오창진*

I. 개요

1. 증권거래법상 지분공시제도

증권거래법상 M&A 관련 제도 중 i) 주식 등의 대량보유상황 보고제도(5%룰, 법 제200조의2), ii) 공개매수제도(법 제21조), iii) 의결권대리행사 권유제도(법 제199조) 및 iv) 임원 · 주요주주의 주식소유상황 보고제도(법 제188조 제8항)를 실무적으로 지분공시제도라고 한다. 이하에서는 지분공시제도 중 5%룰과 공개매수제도의 실무에 대해 소개하고자 한다.

---

* 전 금융감독원 법무실장

2. 지분공시제도의 특징

지분공시제도는 주식 등의 보유 또는 의결권행사와 관련된 사항을 공시하는 것으로 유가증권의 발행인인 기업에게 공시의무를 부과하는 일반 공시제도와는 달리 당해 유가증권의 보유자(취득자) 등에게 공시의무를 부과하며, 공시의무 위반에 대한 제재수단도 당해 기업에게 불이익을 부과하는 것이 아니라 법령을 위반한 당해 유가증권의 보유자 등에게 형벌 또는 불이익을 부과한다.

3. 지분공시제도의 연혁

지분공시제도는 다음과 같이 과거 기업공개 유도 및 경영권 보호 시기에서 M&A활성화를 위한 시기로 그 내용이 개선되어 왔다.

· 1976년 12월 22일 대량주식(10%) 소유제한 및 초과취득승인제도, 공개매수제도 도입
· 1991년 12월 31일 5%보고제도 도입, 공개매수 적용대상 확대(10%→5%)
· 1994년 1월 5일 대량주식 소유제한 및 취득승인제도 폐지(1997년 4월 1일 시행), 5%보고대상자 확대(본인→본인+특수관계인)
· 1997년 1월 13일 의무공개매수제도(25% 이상 취득시 50%+1주 이상) 도입, 5%보고제도, 공개매수 대상 확대(본인+특별관계자)
· 1998년 2월 24일 의무공개매수제도 폐지

· 2005년 1월 17일 공개매수 기간 중 유가증권발행 허용, 반복공개매수(6개월 내) 허용, 5%보고시 보유목적 보고 및 보유목적 변경시 보고 의무화, 냉각기간 제도 도입 등(2005년 3월 29일 시행)

II. 주식 등의 대량보유상황 보고제도(5%룰, 제200조의2)

1. 개념

(1) 대량보유상황 및 보유목적 보고

본인과 그 특별관계자(특수관계인+공동보유자)가 보유하게 되는 주권 상장법인 또는 코스닥 상장법인 주식 등의 합계가 발행주식 등의 총수의 5% 이상이 되는 경우에는 그날로부터 5일 이내에 보유상황 및 보유목적을 금융감독위원회(이하 '금감위')와 한국증권선물거래소(이하 '거래소')에 보고해야 한다.[1]

'보유목적'이란 발행인의 경영권에 영향을 주기 위한 목적 여부를 말한다. '경영권에 영향을 주기 위한 행위'란 다음의 어느 하나에 해당하는 것을 위하여 회사 또는 그 임원에 대하여 사실상 영향력을 행

---

1) 지난 2005년 1월 17일 의원입법에 의한 증권거래법 개정으로 5%보고시 보유목적 보고가 의무화되기 이전에도 5%보고서식에 보유목적 기재란이 있었으나, 경영권에 영향을 주기 위한 목적 여부가 아니라 임의적으로 기재하도록 되어 있었다. 소버린자산운용이 SK주식을 대량 취득하고 보유목적을 '수익창출'로 보고한 후 경영참가행위(2003년 4월~2005년 5월)를 한 사례를 계기로 5%가 글로벌스탠더드에 못 미치는 것이 아니냐는 지적이 있었다.

사(상법과 증권거래법에 규정된 소수주주의 주주총회 소집요구권 및 주주제안권을 행사하거나 이를 제3자가 행사하도록 하는 것을 포함)하는 것을 말한다(법 제200조의2 ; 시행령 제86조의7).

① 이사 및 감사의 선임 · 해임 또는 직무의 정지
② 이사회 등 회사의 기관과 관련된 정관의 변경
③ 회사의 자본금의 변경
④ 회사의 배당의 결정
⑤ 회사의 합병(간이합병 및 소규모합병 포함) 및 분할
⑥ 주식의 포괄적 교환 및 이전
⑦ 영업의 전부 또는 중요한 일부의 양수 · 양도
⑧ 자산의 전부 또는 중요한 일부의 처분
⑨ 영업의 전부 또는 중요한 일부의 임대, 위임경영 또는 타인과 영업의 손익 전부를 같이하는 계약, 그 밖에 이에 준하는 계약의 체결 · 변경 또는 해약
⑩ 회사의 해산

(2) 보유비율 변동보고

본인과 그 특별관계자가 보유하는 주식 등의 합계가 발행한 주식 등의 총수의 5% 이상인 자가 보유하는 주식 등의 증감으로 1% 이상 변동한 경우에는 그날로부터 5일 이내에 보유상황을 보고해야 한다.

다만, 1% 이상의 비율변동이 있더라도 다음과 같은 일정한 면제 사유가 있는 경우에는 변동보고의무가 면제된다(법 제200조의2 ; 시행령 제86조의5). 면제 사유 발생 이후 변동보고의무 발생시 면제 사유를 원

인으로 주식 등의 수가 변동된 내역을 포함하여 기재하여야 한다.

① 보유주식 등의 수의 증감이 없는 경우

예 : 회사의 임의소각시 임의소각에 응하지 않은 경우, 타인의 잠재주식의 권리행사, 유상증자시 보고자 등의 전부 실권, 전환사채 · 신주인수권의 권리행사 등

② 주주가 가진 주식 수에 따라 배정하는 신주 발행시 배정된 주식만을 취득하는 경우

예 : 무상증자, 주주배정 · 주주우선공모에 의한 유상증자

③ 신주인수권을 표시하는 증서 · 신주인수권부사채권 · 전환사채권 또는 교환사채권에 부여된 권리행사로 발행 또는 교환되는 주식의 발행가격 조정만으로 보유주식 등의 수가 증가하는 경우

④ 주주가 가진 주식 수에 따라 배정받는 신주인수권에 의하여 발행된 신주인수권증서를 취득하는 것만으로 보유주식 등의 수가 증가하는 경우(주주배정 유상증자시 신주인수권증서로 인한 보유보고를 면제한 것)

(3) 보유목적 변경보고

발행회사의 주식 등을 5% 이상 대량으로 보유하고 있는 목적이 경영권에 영향을 주기 위한 것이 아닌 것으로 5%보고를 하였는데, 보고 이후 보유목적을 경영권에 영향을 주기 위한 것으로 변경한 경우이거나 반대의 경우에는 5일 이내에 금감위와 거래소에 보고하여야 한다.[2)]

---

2) 보유목적 변경보고 사례

i) 소버린, SK · LG 주식 보유목적을 경영참가에서 단순투자로 변경한 후 지분 전량 매각(2005년 6~8월)

(4) 냉각기간(cooling off period)

주식 등의 보유목적을 발행인의 경영권에 영향을 주기 위한 것으로 보고한 자는 그 보고일로부터 5일 동안 당해 주식 등을 추가로 취득하거나 보유 주식 등에 대한 의결권행사가 제한된다.

2. 제도의 목적

5%룰은 주권 상장법인 · 코스닥 상장법인이 발행한 주식 등의 대량보유자의 취득 · 처분행위에 대하여 공시의무를 부과하여 대주주 등이 적대적 M&A에 대항하여 방어조치를 할 수 있도록 하는 한편, 시장의 투명성을 제고하여 투자자를 보호하고 불공정거래 감시장치로서의 역할을 수행한다.

3. 대상 유가증권(주식 등의 범위, 시행령 제10조)

대상 유가증권은 주권 상장법인 또는 코스닥 상장법인이 발행한 다음의 유가증권이다.

① 의결권과 관계되는 주권(보통주, 의결권이 부활된 우선주, 일정기간 경과 후 의결권 있는 주식으로 전환되는 주식)

② ①의 주권을 인수할 수 있는 신주인수권을 표시하는 증서

---

ii) 헌터홀펀드 · 코오롱유화 주식 단순투자(2005년 5월)→경영참가(2006년 9월)

iii) 피터벡&파트너스 · 코스프 신주인수권증서 단순투자(2006년 2월) →경영참가(2006년 10월)

③ ①의 주권으로 전환할 수 있는 전환사채권

④ ①의 주권을 인수할 수 있는 신주인수권부 사채권

⑤ 이상의 유가증권과 교환할 수 있는 권리가 부여된 교환사채권

참고로 ADR · GDR은 증권거래법상 유가증권이 아니나(KDR은 유가증권), 다음에 설명하는 보유의 개념(주식의 인도청구권)에 해당되어 5%보고 대상이다.[3)]

4. 보유

(1) 보유의 개념(시행령 제10조의4)

당해 주식 등을 직접 소유하고 있지는 않더라도 다음에 해당하는 경우에는 소유에 준하는 보유로서 소유와 동일하게 신고의무를 부여하고 있다.

① 누구의 명의로든 자기의 계산으로 주식 등을 소유하는 경우

명의에 관계없이 실질소유자에게 보고의무가 있으므로 차명계좌를 이용하더라도 실질소유자가 5%보유상황을 보고해야 한다.

② 법률의 규정 또는 매매, 기타 계약에 의하여 주식 등의 인도청구권을 갖는 경우

---

3) DR(Depositary Receipt. 이하 'DR'), 즉 유가증권예탁증서란 외국기업 등이 발행한 유가증권을 자국의 예탁기관에 예탁하게 하고 예탁기관이 이러한 원증권을 근거로 자국 내의 제도와 관행에 맞게 유통시킬 수 있도록 발행하는 증서를 말한다. DR은 유통되는 국가 등에 따라 ADR(American DR), EDR(European DR), LDR(London DR), GDR(Global DR), KDR(Korean DR) 등 다양한 형태가 있다.

현재는 소유자가 아니나 소유자가 될 것이 확정되어 있는 자이다.

③ 법률의 규정 또는 금전의 신탁계약 · 담보계약 · 기타 계약에 의하여 당해 주식 등의 취득 또는 처분권한이나 의결권(의결권의 행사를 지시할 수 있는 권한을 포함)을 갖는 경우

취득권한 등이 반드시 법률에 명시되어 있어야만 하는 것이 아니라 법률의 위임을 받은 하위규정(시행령 또는 시행규칙 등)에 명시되어 있어도 해당된다. 특정금전신탁은 위탁자가 의결권을 행사한다는 내용이 약관에 명시되어 있으므로 위탁자는 보유자에 해당된다. 통상의 주식담보계약시 담보권자는 취득 · 처분권한 또는 의결권이 없다. 다만, 담보계약의 특약으로 담보기간 중 담보권자가 의결권을 행사(지시권 포함)한다는 내용이 포함되어 있는 경우에는 담보권자가 5%보고를 해야 한다(담보제공자인 소유자는 담보기간 중에라도 소유자로서 보고의무 존재). 피담보채무의 변제기 종료 후 일정 기간이 지나면 담보권자가 주식을 처분할 수 있다는 내용이 있는 경우에는 그 기간이 지나면 담보권자의 처분권한이 있으므로 보유보고의무가 있는 것으로 해석된다. 기타 계약은 반드시 서면계약뿐 아니라 구두계약이라도 상관없으며, 주된 계약이 아니라 주된 계약에 부수된 계약도 해당된다.

④ 주식 등의 매매의 일방 예약을 하고 당해 매매를 완결할 권리를 취득하는 경우로서 당해 권리행사에 의하여 매수인으로서의 지위를 갖는 경우

매매예약 완결권의 행사에 의하여 매수인의 지위가 확보되는 경우에 해당된다.

⑤ 주식 등을 대상으로 하는 선물거래법 제3조 제1호 다목의 선물거래(이하 '유가증권옵션거래')를 하는 경우로서 당해 유가증권옵션의 행사에 의하여 매수인으로서의 지위를 갖는 경우

⑥ 법 제189조의4의 규정에 의한 주식매수선택권(이하 '주식매수선택권')을 부여받은 경우

(2) 보유비율의 계산

보유비율은 본인 및 특별관계자가 보유하는 주식 등의 수를 당해 법인이 발행한 주식 등의 총수로 나누어 산출한다.

$$\frac{\text{본인의 주식 등 보유분} + \text{특별관계자의 주식 등 보유분}}{\text{발행주식 등의 총수}}$$

주식 관련 사채 및 주식매수선택권을 보유한 경우에는 당해 주식 등의 보유자가 소유하고 있는 수량을 기준으로 보유비율을 계산한다(시행규칙 제4조의5 제2항).

$$\frac{\text{본인과 특별관계자 보유주식} + \text{본인과 특별관계자 보유주식 관련 사채} + \text{스톡옵션에 의한 주식}}{\text{발행주식총수(보통주} + \text{의결권 있는 우선주)} + \text{본인과 특별관계자 보유주식 관련 사채(EB 제외)} + \text{스톡옵션에 의한 주식}}$$

(3) 특별관계자의 범위(시행령 제10조의3)

특별관계자는 특수관계인과 공동보유자로 구분된다.

1) 특수관계인

① 보유비율 산정의 기준이 되는 본인이 개인인 경우에는 다음에 해당하는 자이다.

i) 다음에 해당하는 친 · 인척관계에 있는 자

ㄱ. 배우자(사실상의 혼인관계에 있는 자를 포함)

ㄴ. 6촌 이내의 부계혈족 및 4촌 이내의 부계혈족의 처

ㄷ. 3촌 이내의 부계혈족의 남편 및 자녀

ㄹ. 3촌 이내의 모계혈족과 그 배우자 및 자녀

ㅁ. 배우자의 2촌 이내의 부계혈족 및 그 배우자

ㅂ. 입양자의 생가의 직계존속

ㅅ. 출양자 및 그 배우자와 출양자 양가의 직계비속

ㅇ. 혼인 외 출생자의 생모

ㅈ. 본인의 금전, 기타 재산에 의하여 생계를 유지하는 자 및 생계를 함께하는 자

ii) 본인 또는 친인척이 함께 30% 이상을 출자하거나 주요경영사항에 대하여 사실상 영향력을 행사하고 있는 법인, 단체 및 그 임원

iii) 본인, 친인척, 지배법인이 합하여 30% 이상을 출자하거나 주요경영사항에 대하여 사실상 영향력을 행사하고 있는 법인, 단체와 그 임원

② 본인이 법인, 기타 단체인 경우에는 다음에 해당하는 자이다.

i) 당해 법인의 임원

ii) 당해 법인의 계열회사 및 그 임원

iii) 당해 법인을 지배하고 있는 개인 및 친인척, 그 개인이 지배하고 있는 법인 및 그 임원

iv) 당해 법인이 이상의 자와 합하여 30% 이상을 출자하거나 주요

경영사항에 대하여 사실상 영향력을 행사하고 있는 경우 당해 단체 및 그 임원

③ 특수관계에 해당하는 자가 소유하는 주식 등의 수가 1,000주 미만이거나 공동보유에 해당하지 아니함을 소명하는 경우에는 특수관계인으로 보지 않는다.

2) 공동보유자

본인과 합의 또는 계약 등에 의하여 다음 행위를 할 것을 합의한 자를 말한다.

① 주식 등을 공동으로 취득하거나 처분하는 행위

② 주식 등을 공동 또는 단독으로 취득한 후 그 취득한 주식을 상호 양도 또는 양수하는 행위

③ 의결권(의결권의 행사를 지시할 수 있는 권한 포함)을 공동으로 행사하는 행위[4]

5. 보고의무자

본인과 그 특별관계자가 주식 등을 5% 이상 보유한 경우, 그 본인 및 특별관계자가 보고의무자이다(법 제200조의2).[5]

---

4) 사례

· 미국의 헤지펀드로 알려진 아이칸펀드와 스틸파트너스가 (주)KT&G의 2006년 정기주총에서 사외이사선임에 관하여 의결권 공동행사계약을 맺고 2005년 6월 21일~2006년 1월 9일 기간 중 취득한 동사 주식 약 1,000만 주(6.59%)*에 대하여 경영참가목적으로 5%보고(2006년 2월 3일)

* 아이칸파트너스(계열사 보유분 포함 4.79%)는 스틸파트너스(1.81%)와 연명보고

5) 보고방법 예시

본인과 그 특별관계자가 함께 보고하는 경우, 보유주식 등의 수가 가장 많은 자를 대표자로 선정하여 연명으로 보고할 수 있다. 연명보고시 대표자가 보고의무를 위반한 경우, 귀책 사유에 따라 보고자 또는 특별관계자에게 위반의 효과가 귀속된다.

다음에 해당하는 자는 보고의무가 면제된다(시행령 제86조의3).

① 국가, 지방자치단체 및 예산회계법 제7조의 규정에 의한 정부의 기금

② 증권금융회사

③ 법인세법 시행령 제17조의2 제8항 6호에 의한 조합으로서 조합원 공동으로 주권 상장법인의 주식을 소유하게 되거나 그 소유주식수가 변경된 경우(증안기금)

④ 당해 주식 등의 발행인(자사주)

6. 보고기한 및 기준일

(1) 보고기한 등

주식 등을 5% 이상 최초로 보유하게 된 경우 또는 보유비율이 1% 이상 변동된 경우, 사유발생일로부터 5일 이내에 주식 등의 대량보유상황보고서를 금융감독원의 전자공시시스템(DART)을 통하여 제출하여야 한다(거래소에는 자동 전송되므로 별도 제출 불필요). 5일 산정시에

· Paper Company → 실제 소유/운용자가 보고
· 뮤추얼펀드+자산운용사 → 연명보고
· PEF+업무집행사원 → 연명보고

기관투자자의 범위(법인세법 시행령 제17조의2 제8항)

· 은행법에 의한 인가를 받아 설립된 은행, 특수은행
· 증권거래법에 의한 증권회사
· 종합금융회사에 관한 법률에 의한 종합금융회사
· 상호저축은행법에 의한 상호저축은행중앙회(지급준비예탁금에 한함) 및 상호저축은행
· 보험업법에 의한 보험사업자
· 여신전문금융회사법에 의한 여신전문금융회사
· 산림조합법에 의한 산림조합중앙회
· 새마을금고법에 의한 새마을금고연합회
· 한국주택금융공사법에 의한 한국주택금융공사
· 간접투자자산운용업법에 의한 자산운용회사
· 증권거래법에 의하여 허가를 받은 증권금융회사
· 법률에 의하여 설립된 기금을 관리 · 운용하는 법인(당해 기금사업의 경우에 한함)
— 공무원연금법에 의한 공무원연기금 관리 · 운용법인
— 사립학교교원연금법에 의한 사립학교교원연금기금 관리 · 운용법인
— 국민체육진흥법에 의한 국민체육진흥기금 관리 · 운용법인
— 중소기업협동조합법에 의한 중소기업공제사업기금 관리 · 운용법인
— 신용보증기금법에 의한 신용보증기금
— 농림수산업자신용보증법에 의한 농림수산업자신용보증기금 관리 · 운용법인
— 수출보험법에 의한 수출보험기금 관리 · 운용법인
— 신기술사업 금융지원에 관한 법률에 의한 기술신용보증기금
— 근로자의 주거안정과 목돈마련지원에 관한 법률에 의한 주택금융신용보증기금 관리 · 운용법인
— 새마을금고법에 의한 안전기금 관리 · 운용법인
— 문화예술진흥법에 의한 문화예술진흥기금 관리 · 운용법인
— 도로교통법에 의하여 설치된 기금 관리 · 운용법인

· 법률에 의하여 공제사업을 영위하는 법인으로서 재정경제부령이 정하는 법인
  — 대한교원공제회법에 의한 대한교원공제회
  — 군인공제회법에 의한 군인공제회
  — 신용협동조합법에 의한 신용협동조합중앙회(공제사업에 한함)
  — 건설산업기본법에 의한 건설공제조합
  — 건설산업기본법에 의한 전문건설공제조합
  — 전기공사공제조합법에 의한 전기공사공제조합
  — 정보통신공사업법에 의한 정보통신공제조합
  — 대한지방행정공제회법에 의한 대한지방행정공제회
  — 새마을금고법에 의한 새마을금고연합회(공제사업에 한함)
· 증시안정기금

는 초일, 공휴일, 토요일 및 근로자의 날은 산입하지 아니한다.

기관투자자는 경영권에 영향을 주기 위한 목적이 아닌 경우에만 그 보유 또는 변동이 있었던 달의 다음 달 10일까지 보고할 수 있다.

신규 또는 변동보고를 하여야 하는 날 전일까지 새로이 변동내용을 보고하여야 할 사유가 발생한 경우, 새로이 보고하여야 하는 변동내용은 당초의 신규 또는 변동보고를 할 때 함께 보고하여야 한다(법 제200조의2 제3항).

(2) 보고기준일

① 비상장법인이 상장법인 · 코스닥 상장법인으로 상장되는 경우: 상장일

② 흡수합병의 경우 : 합병한 날(합병등기일)

③ 신설합병의 경우 : 합병신주등록일

④ 유가증권시장에서 매매한 경우(장내매매) : 결제일

⑤ 유가증권시장 외에서 매수한 경우(장외매수) : 계약체결일

⑥ 유가증권시장 외에서 매도한 경우(장외매도) : 대금을 수령하는 날과 주식 등을 인도하는 날 중 먼저 도래하는 날

⑦ 유상신주의 발행으로 신주를 취득하는 경우 : 주금납입일의 다음 날

⑧ 주식 등을 차입하는 경우에는 그 차입계약을 체결하는 날, 상환하는 경우에는 당해 주식 등을 인도하는 날

⑨ 상속으로 주식 등을 취득하는 경우로서 상속인이 1명이면 단순승인 또는 한정승인에 따라 상속이 확정되는 날, 상속인이 2명 이상이면 당해 주식 등과 관계되는 재산분할이 종료되는 날

⑩ 위에 속하지 아니하는 경우에는 민법 · 상법 등 법률의 일반원칙에 의하여 원인이 되는 법률행위 등의 효력이 확정적으로 발생하는 날

7. 구체적 보고절차

(1) 본인과 특별관계자의 연명보고(시행령 제86조의6)

본인과 특별관계자는 보유주식 등의 수가 가장 많은 자를 대표자로 선정하여 연명보고할 수 있다. 연명보고의 경우 특별관계자는 대표자에게 보고를 위임한다는 뜻을 기재한 위임장을 제출하고, 대표자는 제출받은 위임장사본을 최초 연명보고시 첨부하여 제출해야 한다.

연명보고 이후 대표자나 특별관계자들의 대량변동이 있는 때에는 연명보고를 한 대표자가 대량변동보고를 하여야 한다. 다만, 대표자가 변경되는 경우에는 변경된 대표자가 보고하여야 하며, 이 경우 특별

관계자들은 새로운 대표자에게 위임장을 제출하여 첨부하여야 한다.

(2) 보고서의 기재내용

보고서식은 경영권에 영향을 주기 위한 목적인 경우 '일반서식', 그렇지 않은 경우 '약식서식'에 기재한다.

일반서식(시행령 제86조의4)

① 대량보유자 및 그 특별관계자에 관한 사항

② 보유 주식 등의 발행인에 관한 사항

③ 보유목적

④ 변동 사유

⑤ 보유 또는 변동주식 등의 종류 및 수

⑥ 취득 또는 처분일자 · 가격 및 방법

⑦ 보유형태

⑧ 취득에 필요한 자금 또는 교환대상물건의 조성내역(차입의 경우 차입처를 포함)

⑨ 보유주식 등에 관한 신탁계약 · 담보계약 · 기타 주요 계약내용 등

약식서식(시행령 제86조의9)

① 대량보유자 및 그 특별관계자에 관한 사항

② 보유주식 등의 발행인에 관한 사항

③ 보유 또는 변동주식 등의 종류 및 수

④ 취득 또는 처분일자 · 가격 및 방법

⑤ 주식 등의 보유기간 동안 경영권에 영향을 주기 위한 행위를 하

지 않는다는 확인

(3) 보고서 첨부서류

매매보고서, 기타 취득 또는 처분을 증빙할 수 있는 자료와 보유주식 등에 관한 주요계약이 있는 경우 계약서사본을 첨부해야 한다. 모든 증빙서류는 문서 명의인의 서명 또는 기명날인이 있어야 한다. 따라서 매매보고서 등에는 반드시 증권사 지점장의 서명이나 기명날인이 필요하다.

8. 위반에 대한 제재

(1) 의결권행사의 제한

주식 등의 대량보유 상황과 보유목적 및 그 변동내용 보고의무 또는 정정보고의무 위반시(중요사항의 허위보고 또는 기재누락의 경우 포함)에는 의결권 있는 발행주식총수의 5% 초과 부분 중 위반 부분에 대하여 일정 기간 의결권을 행사할 수 없다.

① 고의로 보고 · 정정보고를 하지 않은 경우, 당해 주식 등의 매수 등을 한 날로부터 당해 보고 · 정정보고를 한 후 6개월간 의결권행사 제한

② 법령의 규정에 의하여 보고대상내용이 이미 금감위 · 거래소에 신고되거나 정부의 승인 · 지도 · 권고 등에 따라 취득 · 처분한 경우 등 착오로 보고 · 정정보고를 지연한 경우, 당해 주식 등의 매수 등을 한

날로부터 당해 보고 · 정정보고를 한 날까지 의결권행사 제한

(2) 금감위의 조치(법 제200조의3, 제200조의4 ; 규정 제145조)

① 위반분에 대한 처분명령

금감위는 보고의무를 위반한 주식 등에 대하여 그 위반분의 처분을 명할 수 있다.[6)]

② 정정명령

금감위는 보고서에 형식상의 불비가 있거나 보고서에 기재할 중요한 사항의 기재가 불충분하다고 인정하는 경우에는 정정보고서의 제출을 명할 수 있다. 이 경우, 정정명령을 한 날로부터 보고서가 제출되지 아니한 것으로 본다.

③ 기타 조치

주의 · 경고, 법 위반으로 조치받은 사실의 공표요구 등의 조치를 할 수 있다.

(3) 형사처벌(법 제209조, 제210조)

금감위의 위반주식 등에 대한 처분명령 위반자는 2년 이하의 징역 또는 1,000만 원 이하의 벌금에 처한다. 보고의무 위반자, 중요사항에 대한 허위보고 또는 기재누락에 대하여는 1년 이하의 징역 또는 500만 원 이하의 벌금에 처한다.

---

6) 조치 사례

· 2004년 2월 현대엘리베이터 주식과 관련하여 KCC의 대주주 등에 대하여 고발 및 처분명령 조치를 한 바 있다.

9. 5%보고제도 실무상 몇 가지 쟁점

(1) 보유목적 관련

2005년 3월 29일부터 시행되고 있는 개정 증권거래법은 5%보고시 보유목적이 '경영권에 영향을 주기 위한 것'인지 여부를 공시하도록 하고 있다. 그런데 위에서 살펴본 바와 같이 그 보유목적이 '경영권에 영향을 주기 위한 것'의 개념은 임원의 선임 · 해임 또는 직무의 정지, 이사회 등 회사의 기관과 관련된 장관의 변경 등 법시행령에서 정하는 열 가지 사항의 어느 하나에 해당하는 것을 위하여 회사 또는 그 임원에 대하여 사실상 영향력을 행사(소수주주권행사 포함)하는 것이라고 포괄적으로 정의되고 있다.

이에 따른 경영권에 영향을 주기 위한 행위에는 당해 회사에 대한 적대적 M&A와 관련 없는 자본금변경 또는 배당결정 등 일반적인 경영관여행위도 포함되어 있는데, 법개정 시행 초기 시장에서는 경영권에 영향을 주기 위한 목적으로 5%보고를 하는 경우 이를 곧바로 M&A 시도로 인식하는 문제가 발생하였다.

실제로 회사의 지배권 취득과 무관한 일부 외국계 펀드 등이 투자중인 국내회사의 보유주식에 대한 보유목적을 경영권에 영향을 주기 위한 목적으로 변경보고하기도 하였다.[7] 또한 일부 투자자가 경영권에 영향을 주기 위한 목적으로 5%보고를 한 뒤 주가가 상승하자 바로 지분을 처분한 사례[8]도 나타나 5%보고제도의 개선내용에 문제가 있

---

7) ABN AMRO(London, 2005년 5월), 템플턴자산운용(싱가포르, 2005년 6월) 등 외국계 대형 자산운용사의 일괄보유목적 변경(단순투자목적 → 경영참가목적)보고.

8) 제일정밀(2005년 9월 KDS주식), 씨에스엠(2005년 9월 엘리코파워주식) 등 경영참

는 것이 아니냐는 지적도 있었다. 하지만 보유목적 공시 후 일정 기간 매각을 제한하는 입법례는 찾아보기 힘들다.

실무적으로는 5%보고서식을 '경영참가목적용 서식'과 '단순투자목적용 서식'으로 구분하는 것이 오해를 부를 수도 있다고 보아 2006년 9월 보고서 명칭을 '일반서식'과 '약식서식'으로 변경하기도 하였다.

이러한 5%보고시 보유목적과 관련한 문제는 시행착오를 겪으며 동 공시제도가 정착됨에 따라 현재는 특별히 쟁점이 되고 있지는 않으나, 경영권에 영향을 주기 위한 목적이 반드시 M&A를 의미하는 것은 아니라는 점을 유의할 필요가 있다.

한편 당해 회사의 최대주주에 해당하는 지분을 취득하고도 5%보고시 경영권에 영향을 주기 위한 목적이 아닌 것으로 보고하는 사례[9]가 나타나 혼란을 초래하기도 하였다. 최대주주의 경우, 보유목적 변경보고를 하면 언제든 경영권에 영향을 주는 행위가 가능하므로 기존 대주주 측은 M&A 위험에 노출된 것으로 보아 대응을 할 수밖에 없다. 경영권에 영향을 주기 위한 목적이 아닌 경우에는 약식서식을 이용하여 보고하면 되므로 일반서식에 따라 보고하는 경우보다 주식 등의 보유형태 및 관련 계약내용 등의 정보가 공시되지 아니한다.

미국의 경우에는 5%보고서를 정식보고서(Schedule 13D)와 약식보고서(Schedule 13G)로 구분하고, 원칙적으로 모든 보고자가 정식보고를 하되 단순투자목적으로 보유한 기관투자자 등에 한하여 약식보고를 할 수 있다. 기관투자자가 아닌 경우 지분율 20% 이상이면 원칙적으

가목적보고 후 주가상승시 매각 사례.

9) 최평규 등, 세양선박(주)(C&선박)의 최대주주에 해당되는 지분을 취득하고도 경영참가목적이 아닌 것으로 보고(2005년 10월), 현대중공업 · 현대상선 지분 경영참가목적이 아닌 것으로 보고(2006년 4월).

로 정식보고서 제출이 의무화된다.

일본의 경우에는 보고서가 일반투자자용(제1호 양식) 및 특례보고용(제3호 양식)으로 구분되고, 특례보고용 양식은 단순투자목적으로 보유한 기관투자자에 한하여 적용된다.

우리나라도 미국과 같이 일정 비율(예 : 20%) 이상 지분을 보유한 최대주주 등의 경우에는 반드시 일반서식에 의해 보고하도록 의무화할 필요가 있다고 본다.

(2) 중요사항 변경시 보고의무 관련

현행 증권거래법에는 5%보고를 한 이후 보유목적을 변경하거나 보유비율이 1% 이상 변동된 경우에는 보고의무가 규정되어 있으나, 보유주식의 담보제공 등 중요한 사항이 변경되는 경우에는 보고의무가 없어 투자자에 대한 정보제공이 미흡하다고 할 수 있다.

5%보고 후 보유주식 등에 대한 담보제공, 대차거래 또는 구체적인 보유목적 관련 사항의 변경 등 기존 보고서의 내용 중 중요한 사항의 변경이 있는 경우에도 보고의무를 부과하는 것이 바람직하다고 본다. 미국 및 일본의 경우에는 담보제공 등 5%보고서의 기재내용 중 중요한 변경이 있는 경우에는 보고의무를 두고 있다.

(3) 냉각기간제도 관련

5%보고시 주식 등의 보유목적을 경영권에 영향을 주기 위한 것으로 보고하는 자는 그 보고일로부터 5일 동안 당해 발행인의 주식 등을 추가로 취득하거나 보유주식 등에 대한 의결권을 행사할 수 없도

록 하는 냉각기간제도의 실효성이 미흡하다는 지적도 제기된다.

이 제도는 보유목적을 경영권에 영향을 주기 위한 목적이 아닌 것으로 보고한 자가 주주총회 개최 직전 보유목적을 기습적으로 경영권에 영향을 주기 위한 목적으로 변경한 후 경영권에 영향력을 행사하는 것을 방지하여, 경영진과 투자자에게 경영권 변동 가능성에 대해 숙지하고 대응 기간을 부여하기 위한 취지에서 2005년 증권거래법 개정시 도입되었다.

그러나 5%보고 기간이 5일인 데 비해 냉각 기간의 기산일이 '보고일'로 되어 있어 보고의무 발생일로부터 실제 보고서 제출일까지는 냉각 기간이 적용되지 않아 주식 등을 5% 이상 취득 또는 보유목적을 변경하더라도 실제 보고하는 날까지는 제한 없이 추가 취득 또는 의결권 행사가 가능해진다.

한편 의결권행사를 위한 주주명부 폐쇄 또는 기준일제도가 있는 상황에서는 의결권을 제한하는 것은 무의미하다고 본다. 주주총회를 5일 이내로 앞두고 기습적으로 목적변경을 한 경우에도 주주총회일 이후 실제 목적변경보고를 한다면 주총에서의 의결권행사를 막을 수 없게 된다.

미국의 경우에는 보고의무 발생일(5% 취득일 또는 보유목적 변경일)로부터 보고 후 10일간 주식 등의 추가 취득 및 의결권행사가 금지된다.

10. 자본시장통합법상 5%룰 개선 사항

2007년 7월 3일 국회를 통과한 자본시장과 금융투자업에 관한 법률(이하 '통합법')상 5%룰과 관련한 제도개선 사항은 다음과 같다.

(1) 5%보고의무 면제제도 폐지

현재는 국가 · 지방자치단체 또는 정부기금 등 시행령이 정하는 자는 5%보고의무가 면제되고 있으나, 통합법은 이 면제근거를 삭제하였다. 보고 주체를 불문하고 공시하도록 함으로써 시장의 효율성을 높인다는 취지이다. 미국, 일본, 영국 등 주요국의 입법례에서도 보고 주체를 불문하고 예외 없이 적용하고 있다.

(2) 주요계약내용 등 중요 사항 변경시 보고의무 신설(통합법 제147조 제4항)

5%보고를 한 자는 보유주식 등에 관한 주요계약내용 등 대통령령으로 정하는 중요한 사항의 변경이 있는 경우에 보고의무를 부과하였다. 따라서 5%보고 후 보유주식을 담보로 제공하거나 대차거래 등을 한 경우에도 그 내용을 즉시 공시하여야 한다.

(3) 거래소 및 발행회사에 대한 보고서송부의무 신설(통합법 제147조, 제148조)

현재는 5%보고를 금융감독위원회에만 하도록 되어 있으나 통합법은 거래소에도 보고하도록 추가하였다. 현재도 전자공시시스템을 통하여 5%보고를 하면 즉시 거래소에 전송되어 공시되고 있으므로 실무상 차이는 없다.

또한 5%보고서의 사본을 해당 주식 등의 발행인에게도 지체 없이 송부하도록 하여 발행회사가 주식 등의 5%보고 상황을 신속하게 직접 인지할 수 있도록 하였다.

(4) 보고서 등의 공시 기간 및 방법 명시

금감위 및 거래소는 제출받은 5%보고서를 3년간 비치하고 인터넷 홈페이지 등을 이용하여 공시하도록 하였다.

(5) 냉각 기간 기산일 보완(통합법 제150조 제2항)

주식 등을 5% 이상 신규 취득한 자 또는 경영권에 영향을 주기 위한 목적이 아닌 것으로 기보고한 자가 보유목적을 변경하여 발행인의 경영권에 영향을 주기 위한 것으로 보고하는 자는 그 보고하여야 할 사유가 발생한 날부터 보고한 날 이후 5일까지 그 발행인의 주식 등을 추가로 취득하거나 보유주식 등에 대하여 의결권을 행사할 수 없도록 하였다. 현행 증권거래법상 냉각 기간의 기산일이 보고일인 데서 오는 문제점을 보완한 것이다.

(6) 보고의무 위반에 대한 제재근거 보완 등

현행 증권거래법에는 보유목적 변경보고의무를 위반하거나 냉각 기간을 위반하여 추가로 주식을 취득하여도 이에 대한 의결권행사 제한 및 처분명령 근거가 누락되어 있었는데, 통합법에는 보유목적이나 중요한 사항이 변경된 경우 보고를 하지 아니하거나 허위보고 또는 중요한 사항의 기재를 누락한 자와 냉각 기간을 위반하여 주식 등을 추가로 취득한 자에 대하여 의결권행사 제한 및 금감위가 처분명령을 내릴 수 있는 근거를 보완하였다(통합법 제150조 제1항, 제3항).

또한 현행 증권거래법에는 5%보고규정을 위반하여 보고하지 아니하거나 중요한 사항에 대하여 허위의 보고 또는 기재를 누락한 자에 대한 벌칙으로 1년 이하의 징역 또는 500만 원 이하의 벌금에 처하도록 되어 있으나(제210조 제5의2호), 통합법에는 5%보고 서류 또는 정정보고서 중 대통령령으로 정하는 중요한 사항에 관하여 거짓의 기재 또는 표시를 하거나 중요한 사항을 기재 또는 표시하지 아니한 자에 대하여는 5년 이하의 징역 또는 2억 원 이하의 벌금에 처하도록 하고(통합법 제444조 제18호), 5%보고규정을 위반하여 보고를 하지 아니한 자에 대하여는 3년 이하의 징역 또는 1억 원 이하의 벌금에 처하도록(통합법 제445조 제20호) 벌칙 규정을 대폭 강화하였다.

그리고 신설된 발행인에 대하여 5%보고서 사본 송부의무를 위반한 자, 즉 보고서의 사본을 송부하지 아니하거나 보고서 사본에 보고서에 기재된 내용과 다른 내용을 표시하거나 그 내용을 누락하여 송부한 자에 대하여는 5,000만 원 이하의 과태료에 처할 수 있도록 하였다(통합법 제449조 제37호, 제38호).

5%보고 현황

2006년 12월 31일 현재 총 2,478명*이 상장법인 1,667사(주권 709사, 코스닥 958사)의 주식 등을 5% 이상 보유

5%보고 현황(2006년 12월 31일 현재)

(단위 : 명)

	경영권에 영향을 주기 위한 목적인 경우	경영권에 영향을 주기 위한 목적이 아닌 경우	계
내국인	1,650	598	2,177
외국인	100	211	301
계	1,750	809	2,478*

* 투자자 1명이 다수 회사에 투자한 경우로 인하여 단순합계와 차이가 있음.

5%보고 제출건수 추이

(단위 : 건)

구분	2003년	2004년	2005년	2006년
총 보고건수	6,709	7,229	10,216*	7,980

* 개정 증권거래법 시행(2005년 3월 29일)에 따른 일괄 재보고 1,791건 포함.

투자자별 5%보고 건수 추이

(단위 : 건, %)

구분		2003년		2004년		2005년		2006년	
		건수	비율	건수	비율	건수	비율	건수	비율
국적별	내국인	5,604	83.5	5,660	78.3	7,703	75.4	5,455	68.4
	외국인	1,105	16.5	1,569	21.7	2,513	24.6	2,525	31.6
투자자별	법인	3,818	56.9	4,149	57.4	6,067	59.4	5,584	69.9
	개인	2,891	43.1	3,080	42.6	4,149	40.6	2,396	30.1

III. 공개매수제도(법 제21조)

1. 공개매수제도의 의의

(1) 공개매수의 개념(법 제21조 제3항)

공개매수는 기업지배권의 획득이나 유지 · 강화를 목적으로 주권상장법인, 코스닥 상장법인이 발행한 의결권 있는 주식 등(CB, BW, EB 포함)을 유가증권시장 또는 코스닥시장 밖에서 불특정 다수인에게 매수의 청약을 하거나 매도의 청약을 권유하여 주식 등을 매수하는 행위를 말한다.

유가증권의 매출과 공개매수의 비교
· 유가증권시장 또는 코스닥시장 밖에서 다수인*을 상대로 한다는 점에서는 유사 * 매출은 6월간 50인 이상, 공개매수는 6월간 10인 이상 · 매출은 유가증권의 보유자가 유가증권을 다수인에게 매도하기 위한 취득의 권유행위 · 공개매수는 다수인이 보유한 유가증권을 취득하기 위한 매도의 권유행위로서 행위의 방향이 서로 반대

(2) 공개매수제도의 취지

공개매수제도는 장외에서 일시에 지배권변동을 초래하는 대량의 주식매수를 하는 경우 특별한 공시를 하도록 함으로써 기존 대주주에게 방어기회를 제공하여 공정한 경쟁을 하도록 하고, 투자자에게는 합리적 매도판단의 기회를 줌으로써 경영권 이전을 목적으로 지불하는 프리미엄을 모든 주주가 균등하게 향유할 수 있도록 하며, 무분별한 M&A를 방지하여 기업지배권의 안정을 도모하기 위한 제도이다.

(3) 공개매수의 대상(법 제21조 제1항)

6개월간 10명 이상의 자로부터 유가증권시장 또는 코스닥시장 밖에서 주식 등을 취득함으로써 본인과 특별관계자가 보유하게 되는 주식 등을 합산한 보유비율이 발행주식 등의 5% 이상을 보유하게 되는 경우(5% 이상 보유자가 추가 취득하는 경우 포함)에는 불특정 다수를 대상으로 하지 않더라도 반드시 공개매수의 절차와 방법에 따라 주식 등을 취득하여야 한다. 특별관계자, 주식 등 및 보유의 범위는 위에 기술한 5%보고제도의 경우와 같다. 다만, 다음과 같이 부득이한 주식 등의 취득시에는 공개매수를 하지 않아도 된다(시행령 제11조).

① 소각(법제189조의 규정에 의한 주식소각은 제외)을 목적으로 하는 주식 등의 매수

② 주식매수청구에 응한 주식의 매수

③ 특수관계인으로부터의 주식 등의 매수

④ 신주인수권 · 전환청구권 · 교환청구권 행사에 의한 주식 등의 매수

⑤ 다른 주주의 권익 침해가 없는 것으로 다음의 경우에 정하는 매수 등(규정 제122조)

i) 기업의 경영합리화를 위하여 법률의 규정 또는 정부의 인가 · 허가, 지도 · 권고 등에 따른 매수 등

ii) 정부의 공기업민영화계획 등에 의하여 정부(한국은행, 한국산업은행 및 정부투자기관 포함)가 처분하는 주식 등의 매수 등

iii) 법원의 인가 · 허가에 따른 화의, 정리절차 중인 회사의 주식 등의 매수

iv) 채권금융기관이 워크아웃기업과 기업구조조정촉진법에 의해 공동관리하는 부실징후 기업의 주식 등을 매각하는 경우 동 주식 등의 매수 등

2. 공개매수의 조건 및 방법

(1) 공개매수 기간(시행령 제11조의5)

공개매수의 기간은 20일 이상 60일 이내의 범위여야 한다. 다만, 당해 공개매수 기간 중 대항공개매수가 있는 경우에는 대항공개매수 기간 종료일까지 그 기간을 연장할 수 있다.

(2) 공개매수 기간 중 별도 매수의 금지(법 제23조 제2항)

공개매수 기간 중에는 공개매수자(그 특별관계자 및 공개매수 사무취급자 포함)는 공개매수신고서를 금감위에 제출한 날부터 매수기간 종료시까지 공개매수 이외의 방법으로 동일 주식 등의 매수를 하지 못한다.

(3) 매수조건의 변경에 관한 논의(법 제23조의2 ; 시행령 제12조의6 ; 규정 제127조)

공개매수조건의 변경은 원칙적으로 가능하고 공개매수자가 매수조

건을 변경하고자 하는 경우에는 매수기간 종료일까지 정정신고서를 제출해야 한다(법 제23조의2 제1항 본문). 다만, 다음과 같은 매수조건은 이를 변경할 수 없다(거래법 제23조의2 ; 시행령 제12조의6).

① 매수가격 인하
② 매수 예정 주식 등의 수의 감소
③ 대금지급 기간 연장
④ 공개매수 기간 단축
⑤ 응모주주에게 줄 대가의 종류의 변경
⑥ 기타 응모주주에게 불리한 매수조건의 변경으로서 금감위가 정하는 사항

한편 금감위의 유가증권의 발행 및 공시 등에 관한 규정(제127조)은 매수대금지급 기간의 연장을 초래하는 매수가격 변경(가격인상) 등을 허용하는 사유를 다음과 같이 규정하고 있다. 즉 응모주주의 이익을 도모하기 위한 것이거나 부득이한 경우에는 가능하도록 정하고 있다.

① 정정신고서 제출일 전 3일의 기간 중 당해 주식 등의 산술평균 시장가격이 공개매수가격의 90% 이상인 경우 및 대항공개매수가 있는 경우의 매수가격의 인상
② 신고서 제출 후 당해 주식 등의 총수에 변경이 있는 경우 및 대항공개매수가 있는 경우의 매수 예정 주식 등의 수의 증가로 인한 매수대금지급 기간의 연장
③ 대항공개매수가 있는 경우의 공개매수 기간의 연장으로 인한 매수대금지급 기간의 연장

(4) 공개매수 정정신고시 공개매수 기간의 종료일(법 제23조의2 제3항)

공개매수자가 정정신고를 한 경우와 금감위의 정정신고서 제출명령에 의하여 정정신고서를 제출하는 경우 공개매수 기간의 종료일은 다음과 같다.

① 정정신고서를 제출한 날이 신고한 공개매수 기간 종료일 전 10일 이내인 경우 그 정정신고서를 제출한 날로부터 10일이 경과한 날
② 정정신고서를 제출한 날이 신고한 공개매수 기간 종료일 전 10일 이내에 해당하지 아니하는 경우에는 그 공개매수 기간이 종료하는 날

(5) 전부매수의무(법 제25조의2 제1항 ; 시행령 제13조의2)

공개매수자는 응모주주에 대한 평등한 대우를 위해 원칙적으로 공개매수신고서에 기재한 매수조건 및 방법에 따라 공개매수 기간 중 응모한 당해 주식 등을 공개매수 기간 종료일 다음 날 이후 지체 없이 전부매수하여야 한다. 다만, 다음과 같은 경우에는 전부매수의무가 면제된다.

① 공개매수에 응한 청약주식 등의 총수가 매수 예정 주식 등의 수를 초과할 때에는 사전에 안분비례방식의 조건으로 매수한다는 내용을 공시한 경우, 매수 예정 주식 등만 청약주식 등의 수에 비례해 매수 가능
② 공개매수를 철회한 경우 또는 응모주식 등의 총수가 매수 예정 주식 등의 수에 미달한 경우, 전부를 매수하지 않는다는 조건 등을 공개매수 공고시 게재하고 이를 공개매수신고서에 기재한 경우에는 전부매수의무를 면제

(6) 응모주주의 취소권 보장(법 제24조의2 제3항)

공개매수 응모주주는 공개매수 기간 중에는 언제든지 응모를 취소할 수 있으며, 그 취소에 따른 공개매수자의 손해배상 또는 위약금 지급의 청구권은 인정되지 않는다.

3. 공개매수의 절차

공개매수는 다음과 같은 절차에 따라 이루어져야 한다.

공개매수 사무취급자 선임	증권회사를 공개매수 사무취급자로 선임(임의사항)
⇩	
공개매수내용 공고	둘 이상의 일간 일반 또는 경제신문에 공개매수 공고 공개매수공고일에 공개매수신고서를 제출
⇩	
공개매수신고서 제출	신고서를 금감위에 제출 사본을 거래소와 공개매수 대상회사에 송부
⇩	
공개매수설명서 작성 · 비치	금감위, 거래소, 공개매수대리인의 본점 · 지점에 비치
⇩	
공개매수 실시	공개매수신고서 제출일 이후 20일 이상 60일 이내 * 대항공개매수가 있는 경우 대항공개매수 기간 종료일까지 연장 가능
⇩	
공개매수 통지서 송부	공개매수 기간이 종료한 때 매수상황, 매수 예정 주식 등에 필요한 사항을 기재하여 응모자에게 송부
⇩	
매수대금지급	공개매수 기간 종료일의 다음 날 이후 지체 없이 공개매수 수량 전부 매수
⇩	
공개매수종료보고서 제출	공개매수 결과를 금감위에 보고

4. 공개매수의 공고 및 공개매수신고서의 제출

(1) 공개매수의 공고(법 제21조의2 제1항 ; 시행령 제11조의4 제1항, 제2항)

공개매수자는 둘 이상의 일간 일반 또는 경제신문에 다음 사항을 공고하여야 한다.

① 공개매수를 하고자 하는 자
② 공개매수할 주식 등의 발행인
③ 공개매수의 목적
④ 공개매수할 주식 등의 종류 및 수
⑤ 공개매수 기간 · 가격 · 결제일 등 공개매수조건
⑥ 공개매수자 및 그 특별관계자의 현황
⑦ 공개매수 사무취급자에 관한 사항
⑧ 공개매수의 방법
⑨ 공개매수 대상회사의 임원 또는 최대주주와의 사전협의가 있는지 여부와 사전협의가 있는 경우 그 협의내용
⑩ 공개매수 종료 후 공개매수 대상회사에 관한 장래계획
⑪ 공개매수신고서 및 공개매수설명서의 열람장소 등

(2) 공개매수신고서의 제출(법 제21조의2 제2항 ; 시행령 제11조의4 제3항 ; 규정 제124조)

공개매수 공고를 한 자는 공개매수신고서를 당해 공개매수 공고일에 다음의 서류를 첨부하여 금감위에 제출하여야 한다.

① 공개매수자가 개인인 경우에는 주민등록등본(외국인인 경우에는 이에 준하는 서류)

② 공개매수자가 법인, 기타 단체인 경우에는 정관 및 법인등기부 등본 또는 이에 준하는 서류

③ 공개매수 관련 사무에 관한 계약서 사본

④ 공개매수에 필요한 금액 이상의 금융기관 예금잔고, 그 밖에 자금의 보유를 증명하는 서류

⑤ 다른 유가증권과의 교환에 의한 공개매수의 경우에는 공개매수자가 교환의 대가로 인도할 유가증권의 보유를 증명하는 서류. 다만, 독점규제 및 공정거래에 관한 법률 제8조의2 제1항 2호의 기준에 해당하지 아니할 목적으로 현물출자를 받기 위하여 공개매수를 하고자 하는 경우에는 신주의 발행을 증명하는 서류

⑥ 주식 등의 매수 등에 정부의 허가 · 인가 또는 승인이 필요한 경우에는 그 허가 · 인가 또는 승인이 있었음을 증명하는 서류

⑦ 공개매수 공고안

⑧ 다른 유가증권의 교환에 의한 공개매수에 관하여 법 제8조 제1항의 규정에 의한 신고를 하여야 하는 경우에는 그 신고서에 기재할 사항이 내용과 동일한 내용을 기재한 서류

⑨ 공개매수대금 또는 교환대상 유가증권을 결제일까지 인출 또는 처분하지 아니하는 경우에는 그 내용을 기재한 서류

⑩ 공개매수대금 또는 교환대상 유가증권을 결제일까지 인출 또는 처분하여 결제일까지 운용하고자 하는 경우에는 인출일 또는 처분일로부터 결제일까지의 자금 또는 유가증권의 운용계획서와 그 내용을 확인할 수 있는 서류

⑪ 공개매수자가 외국인 또는 외국법인 등인 경우에는 국내에 주소

또는 사무소를 가진 자에게 당해 공개매수에 관한 권한을 부여한 것을 증명하는 서면

⑫ 공개매수신고서에 첨부하는 서류가 한글로 기재된 것이 아닌 경우에는 그 한글번역문

(3) 공개매수신고서의 기재 사항(법 제21조의2 제2항 ; 시행령 제11조의4 제5항 ; 규정 제123조)

공개매수신고서에는 다음 사항을 기재하여야 한다.

① 공개매수자 및 그 특별관계자에 관한 사항
② 공개매수할 주식 등의 발행인
③ 공개매수의 목적
④ 공개매수할 주식 등의 종류 및 수
⑤ 공개매수 기간 · 가격 · 결제일 등 공개매수조건
⑥ 공개매수 공고일 이후에 공개매수에 의하지 아니하고 주식 등의 매수 등을 하는 계약이 있는 경우에는 당해 계약의 내용
⑦ 매수자금의 내역
⑧ 공개매수 사무취급자에 관한 사항
⑨ 공개매수 대상회사의 현황
⑩ 공개매수의 방법
⑪ 공개매수에 필요한 자금 또는 교환대상 유가증권의 조성내역
⑫ 공개매수자 및 그 특별관계자의 최근 1년간 공개매수 대상회사의 주식 등의 보유 및 거래 상황
⑬ 공개매수 대상회사의 임원 또는 최대주주와의 사전협의가 있는

지 여부와 사전협의가 있는 경우 협의내용

⑭ 공개매수 종료 후 공개매수 대상회사에 관한 장래 계획

⑮ 공개매수의 중개인 또는 주선인이 있는 경우 그에 관한 사항

⑯ 공개매수신고서 및 공개매수설명서의 열람장소 등

(4) 공개매수신고서 사본의 제출 · 송부(법 제22조)

공개매수자는 신고서 제출 후 지체 없이 신고서 사본을 거래소에 제출하고, 공개매수할 주식 등의 발행인에게도 송부하여야 한다.

5. 공개매수의 철회

공개매수신고서 제출은 당해 유가증권의 가격에 큰 영향을 미치는 행위로서 철회를 자유롭게 허용하면 시세조종 등 불공정거래에 악용될 소지가 있으므로, 공개매수신고서를 제출한 날 이후에는 원칙적으로 철회가 금지된다(법 제24조의2). 다만, 다음의 경우에는 예외적으로 철회가 인정된다(시행령 제12조의7).

① 대항공개매수가 있는 경우

② 공개매수자가 사망, 해산, 파산, 부도 발생 등 공개매수신고 당시에 예측할 수 없었던 사유의 발생으로 공개매수가 불가능한 경우

③ 공개매수대상회사가 합병, 영업양수 · 양도, 해산, 파산, 부도 발생, 상장 폐지, 중대한 재해(천재 · 지변 · 전시 · 사변 · 화재 및 기타의 재해로 인하여 최근 사업연도 자산총액의 100분의 10 이상의 손해가 발생한 경우)가 발생한 경우에는 공개매수를 철회할 수 있다는 조건을 공개매

수신고서에 기재하고 이를 공개매수공고시 공고한 경우

6. 공개매수설명서 등

(1) 공개매수설명서의 작성과 사용(법 제24조)

공개매수자가 공개매수를 할 경우에는 일반 투자자 등이 당해 공개매수에 대하여 합리적인 투자자판단을 할 수 있도록 공개매수설명서를 작성하여 금감위 · 거래소 · 공개매수 사무취급자의 본점 및 지점에 비치 · 공시하여야 하며, 응모자의 청구가 있는 때에는 공개매수설명서를 교부한 후가 아니면 매수청약을 받을 수 없다.

(2) 발행인의 공개매수에 관한 의견표시(법 제25조)

공개매수신고서가 제출된 주식 등의 발행인은 공개매수에 관하여 광고 · 서신 · 기타 문서에 의하여 의견을 표명할 수 있다.

(3) 공개매수통지서의 송부(규정 제129조)

공개매수자는 공개매수 기간이 종료한 때 매수의 상황, 매수 예정 주식 등에 필요한 사항을 기재한 공개매수통지서를 응모자에게 지체 없이 송부하여야 한다.

(4) 결과보고(규정 제130조)

공개매수자는 공개매수가 종료한 때에는 지체 없이 그 결과를 기재한 공개매수결과보고서를 작성하여 금감위에 보고하여야 한다.

7. 공개매수신고제도의 실효성 확보 장치

(1) 공개매수 위반 주식에 대한 의결권 제한(법 제21조의3)

공개매수신고의무에 위반하여 매수한 주식 등(그 권리행사로 취득한 주식 포함)에 대하여 당해 주식 등을 매수한 날로부터 그 처분 후 6개월이 경과한 날까지 의결권이 제한된다.

(2) 금감위의 조치권

금감위는 공개매수 위반 주식의 처분을 명할 수 있고, 기재상의 불비에 대하여 정정신고서 제출명령을 할 수 있으며, 공개매수신고서 등에 허위기재가 있거나 중요 사항의 누락이 있는 때에는 공개매수의 정지 또는 유가증권 발행 제한 등의 조치를 할 수 있다(법 제21조의3, 제23조의2, 제27조의2).

(3) 손해배상책임(법 제25조의3)

공개매수신고서 · 정정신고서 · 공고 및 공개매수설명서에 허위의 기재 또는 중요 사항을 기재 · 표시하지 아니하여 응모주주에게 손해를 끼친 때에는 신고자 등이 그 손해에 대하여 배상책임을 진다.

(4) 형사처벌(법 제207조의3, 제209조)

공개매수신고 · 공고의무 등을 위반하거나 공개매수신고서 · 정정신고서 · 공개매수공고 · 정정공고에 중요한 사항에 관하여 허위의 기재를 한 자는 5년 이하의 징역 또는 3,000만 원 이하의 벌금에 처한다.

공개매수자의 매수 제한 등의 위반자, 금감위의 정정명령 위반자는 2년 이하의 징역 또는 1,000만 원 이하의 벌금에 처한다.

(5) 과징금부과(법 제206조의11 제2항)

공개매수신고서 및 그 정정신고서상의 신고자(신고자의 특별관계자 포함, 신고자가 법인인 경우 그 이사 포함)와 그 대리인 또는 공개매수설명서의 작성자와 그 대리인이 다음의 어느 하나에 해당하는 경우에는 공개매수신고서에 기재된 공개매수 예정총액(공개매수할 주식 등의 수량을 공개매수가격으로 곱한 금액)의 100분의 3(20억 원 한도) 범위 내에서 과징금 부과가 가능하다.

① 공개매수신고서(정정신고서 포함) · 공개매수설명서 · 기타 제출서류 또는 공고의 내용에 허위의 기재 또는 표시를 하거나 중요 사항을 기재 · 표시하지 아니한 때

② 공개매수신고서(정정신고서 포함) · 공개매수설명서 · 기타 제출서류를 제출하지 아니하거나 공고하여야 할 사항을 공고하지 아니한 때

8. 공개매수제도 실무 운영상 몇 가지 쟁점

(1) 장내거래 중 상대매매의 취급

2006년 9월 21일 우리투자증권의 마르스 제1호 사모투자전문회사(PEF)는 시간외대량매매를 통해 유가증권시장 상장법인인 샘표식품(주)의 주주 15명으로부터 24.1%의 지분을 취득하였다.[10] 현행 공개매수의무는 장외에서(유가증권시장 또는 코스닥시장 밖에서) 일어나는 매수 등을 대상으로 한다.[11] 유가증권시장은 한국증권선물거래소가 개설하는 시장으로서 한국증권선물거래소법 제2조 제1항에 의한 유가증권시장(증권거래법 제2조 제12항. 유가증권의 매매거래를 위하여 한국증권선물거래소가 개설하는 코스닥시장 외의 시장)을 말하고, 코스닥시장은 한국증권선물거래소법 제2조 제2항에 의한 유가증권시장(증권거래법 제2조 제14항. 코스닥 거래대상 유가증권의 매매거래를 위하여 거래소가 개설하는 시장)을 말한다. 한국증권선물거래소는 시장업무규정에 의해 유가증권시장과 코스닥시장을 개설하고 각각 정규시장과 시간외시장

10) 유사한 일본 사례로는 2005년 2월 8일 인터넷 포털회사인 라이브도어(일본방송 주식 5.4% 기보유)는 완전 자회사인 라이브도어파트너스를 통해 도쿄증권거래소의 ToSTNeT-1에 의한 시간외거래(장내거래)로 일본 5위의 중앙지인 산케이신문과 민영방송 후지TV의 지주회사인 일본방송 주식을 하루 만에 29.6% 매수하여 합계 35%를 보유하였다. 일본은 우리나라와 달리 3분의 1 이상 보유하게 되는 경우에는 10명 이상의 자로부터 매수할 것을 요구하지 않는다.

11) 장내거래를 공개매수의무 대상거래에서 제외한 이유는 이론상 모든 주주가 매도의 기회를 가질 뿐만 아니라 사실상 장내거래를 통해서는 지배권 취득에 필요한 양의 주식을 빠르게 매수하기 어렵고, 또한 장내거래는 개설 주체인 증권거래소의 감독하에 이루어지고 개성을 갖는 거래가 아니고 유통시장에서의 일반적인 수요와 공급원칙에 따르기 때문이다.

으로 구분하고 있으며, 시간외시장에는 시간외종가매매 · 시간외단일가매매 · 시간외대량매매 · 시간외바스켓매매가 있다(코스닥시장은 시간외바스켓매매가 없다).

시간외대량매매와 같이 장내거래이지만 상대매매의 성격을 지닌 거래의 경우 장외에서 사전교섭을 마친 후 거래장소만 공개시장을 통하는데, 이러한 거래를 공개매수의 전제요건인 장외거래에 포섭시킬 수 있는지 문제된다. 공개매수제도의 취지에 비추어 볼 때, 이를 장외거래로 취급하는 것이 타당하다. 왜냐하면 이를 장외거래로 보지 않으면 공개매수의 보호법익(기업지배권의 변동을 수반하는 대량의 주식취득에 관해 주주에게 투자판단에 필요한 정보를 공시하고, 지배권 프리미엄을 평등하게 분배받을 기회를 제공)이 손상될 우려가 높기 때문이다.[12] 그리고 공개매수제도는 1976년 12월 22일(시행 1977년 2월 1일) 도입된 반면 시간외시장은 1996년 11월 25일 이후 개설되었으며,[13] 공개매수 도입 당시부터 장외거래를 대상으로 하였는바, 공개매수제도의 도입 당시에는 현재와 같은 시간외시장의 거래방식이 고려되지 않았으며 시간외시장이 개설된 이후에 공개매수와 관련된 입법적 개선도 없었다.

그러면 장내거래의 유형에 포함되지만, 매매교섭이 장외에서 이루어지는 시간외대량매매에 대하여 이를 장외매매로 보아 공개매수의무를 부과하는 것이 현행 증권거래법의 해석상 가능한지 문제된다.

12) 정규시장에서 매도주문과 매수주문에 따른 경우라면 일종의 통정매매로 볼 수 있지만, 시세조종의 목적이 없어 불공정거래 범주에 포함되지 않고 시간외시장을 통한 경우에는 규정상 허용된 거래방식이므로 이를 불공정거래로 보기 어렵다.

13) 유가증권시장에서는 1996년 11월 25일 시간외대량매매 및 시간외종가매매, 2000년 7월 3일 시간외바스켓매매, 2005년 5월 30일 시간외단일가매매가 각각 도입되었으며 코스닥시장에서는 2001년 8월 13일 시간외종가매매, 2002년 4월 1일 시간외대량매매, 2005년 5월 30일 시간외단일가매매가 각각 도입되었다.

장외에서 매수 등을 하고자 하는 자는 공개매수의 적용을 받는데 "매수 등을 하고자 하는"을 매수 등의 의사를 객관적으로 외부에 표시하는 행위로 본다면, 시간외대량매매의 경우 장외에서 매수 등의 개시행위가 있다고 볼 수 있기 때문이다. 그러나 공개매수의무규정(증권거래법 제21조 제1항)을 위반하면 형사벌칙(제209조 제4호)과 행정제재(제27조의2 · 제20조)를 받는데, 죄형법정주의나 침익적(侵益的) 행정행위의 해석상 엄격한 잣대를 적용해야 하는 점, 장외에서 매수 등을 한다는 것은 매수 등의 개시가 장외에서 있을 것뿐만 아니라 당해 매수 등이 장내에서 계약체결로 이어져 종결될 것까지 요구하는 것으로 이해하는 것이 합리적인 점(즉 '장내거래로서' 매수 등을 하고자 하는 경우 공개매수의무가 발생한다고 보기 어렵다), 매매교섭을 통해 장외에서 매매조건이나 상대방 등이 결정되더라도 이 단계에서의 의사는 이미 정해진 조건으로 매매계약을 체결하기로 하는 약속(예약)으로 보는 것이 타당한 점(실제 시간외대량매매가 있어야 매매가 발생) 등에 비추어 볼 때 현행 증권거래법의 해석으로 시간외대량매매를 장외거래로 보고 공개매수의무를 적용하기는 어려울 것이다.[14]

---

14) 일본의 라이브도어 사례에서 일본방송의 신주예약권 발행결의에 대하여 라이브도어가 제기한 신주예약권 발행금지 가처분사건에서 제1심 및 제2심 법원은 강제공개매수규제는 "거래소 유가증권시장 외"에서의 거래에 적용되는 것인데, ToSTNeT-1 거래는 도쿄증권거래소가 시간외거래를 집행하기 위해 개설한 것으로 증권거래법상 거래소 유가증권시장에서의 거래에 해당하므로 일본 증권거래법 제27조의2의 규제대상이 아닌바, 라이브도어는 증권거래법 위반이 아니라고 판시하였다(일본 증권거래법 제2조 제17항은 증권거래소시장을 "증권거래소가 개설하는 유가증권시장"이라고 정의하고 있다). 일본은 라이브도어사건 이후 시간외거래와 같은 상대거래에 의해 3분의 1을 초과하여 취득하는 경우에도 공개매수의무를 부과하는 내용으로 증권거래법을 개정하였다. 샘표식품의 지배주주와 마르스펀드 사이의 가처분사건에서 서울중앙지방법원 또한 시간외대량매매를 장외거래로 보지 않았다(2007년 3월 20일).

(2) 10명 이상의 산정방법

10명 이상의 산정에서 계약상대방을 기준으로 할 것인지 또는 매수청약 등의 상대방을 기준으로 할 것인지가 문제된다. 법규는 '당해 주식 등의 매수 등을 하는 상대방의 수'와 '과거 6개월 동안 당해 주식등의 매수 등의 상대방의 수'를 합산하여 10명 이상이 되면 일단 10명 이상의 요건은 충족하는 것으로 규정한다.

예를 들어 15명의 주주에게 매수청약 또는 매도청약의 권유를 하였으나 5명의 주주만 응하여 그들로부터 주식을 매수하고자 하는 경우(매수 후 10% 보유) 공개매수의무가 발생하는가(사례 1). 2007년 1월 15명의 주주에게 매수청약 또는 매도청약의 권유를 하고 5명으로부터 주식을 매수한 후(매수 후 4% 보유), 2007년 3월 3명의 주주로부터 주식을 매수하여 5% 이상을 보유하고자 하는 경우 공개매수의무가 발생하는가(사례 2).

이에 관하여는 우선 계약상대방을 기준으로 삼는 견해가 있다. 이는 매매협상과정은 고려하지 않고 결과물인 매매계약 체결의 상대방 기준으로 10명 이상을 산정한다. 증권거래법이 매수와 매수청약 · 매도청약 권유를 구분한다는 점에 착안한다. 다음으로 매수청약 또는 매도청약 권유의 상대방을 기준으로 하는 견해가 있다. 결과물인 매매계약이 아니라 매매계약을 체결하기 위한 개시행위(매수청약 또는 매도청약 권유)의 상대방 기준으로 10명 이상을 산정한다. 이 견해는 "매수 등을 하고자 하는"은 계획이나 의도가 중요한 것으로 보아야 하며, 공개매수절차를 거치지 않고 주주명부상 필요한 지분을 가진 주주와 접촉하여 제의에 응한 자 중에서 10명 미만의 자를 선별하여 계약을 체결하는 행위를 허용하는 것은 곤란하다는 규제의 필요성에 근거를 둔다.

공개매수정의에 의하면 매수청약이나 매도청약 권유의 상대방을 기준으로 삼는 것이 타당한 측면이 강해 보인다. 우리나라도 일본과 같이 일정 지분(일본의 경우 3분의 1) 이상을 취득하고자 하는 경우에는 상대방의 수와 상관없이 공개매수의무를 부과하는 것을 도입할 필요가 있지 않나 여겨진다.

(3) 공개매수를 통한 매수의 제외 여부

2007년 2월 주주를 상대로 공개매수를 진행하여 응모한 1,000명의 주주로부터 주식을 매수(30% 보유)한 이후 2007년 3월 추가로 3명으로부터 장외에서 주식을 매수하고자 하는 경우 공개매수의무가 발생하는가. 이는 공개매수를 통해 10명 이상으로부터 매수한 다음(5% 이상 보유), 6개월이 경과하기 전에 공개매수 이외의 방법으로 장외에서 공개매수 이외의 방법으로 매수할 수 있는지의 문제이다.

우선 공개매수의 상대방은 6개월 이내의 10명 이상 산정에서 배제해야 한다는 견해가 가능하다. 10명 이상 산정은 반복공개매수가 금지될 때에도 존재하였는데 공개매수 상대방을 10명에 포함시키면 사실상 공개매수 이후 6개월 동안 장외매수가 전면금지되는 결과가 발생하며, 증권거래법 시행규칙 제2조 제1호(1년간 공모금액 합산에서 그 기간 동안 유가증권신고서 제출로 조달한 금액 제외)를 유추해서 적용하자는 입장이다.

다음으로 공개매수의 상대방도 6개월 이내의 10명 이상 산정에 포함시켜야 한다는 견해가 가능하다. 10명 이상 산정에서 특별히 공개매수 상대방을 배제한다는 명문의 규정이 없으며, 증권거래법 시행규칙 제2조 제1호의 유추적용 의견은 수요하기 어려우며, 이를 허용하면 균등가격 매수원칙의 무력화(가령 공개매수 종료 이후 지배주주 지분을 더 높은 가격으로 장외매수)가 우려된다는 입장이다.

(4) 국내 상장법인의 DR

국내 상장법인이 해외에서 DR을 발행한 경우나 해외에서 DR을 매수한 경우 이를 어떻게 취급할 것인지가 문제된다. 예를 들어 보자. 국내 상장법인이 뉴욕증권거래소(이하 'NYSE')에 ADR을 상장하였는데 갑이 NYSE에서 10명 이상으로부터 ADR을 매수(보유비율 4%)하고 나서 다시 3개월 경과 후 국내 증권시장에서 원주인 주식을 매수하고자 하는 경우(매수 후 보유비율 6%) 갑은 공개매수의무를 부담하는가.

일단 DR이 "주식 등"에 해당하는지 문제된다. 공개매수의 대상은 의결권 있는 주식, 기타 대통령령이 정하는 유가증권인데, 명시적으로 DR이 규정되어 있지 않으며 나아가 ADR은 현행 증권거래법상 유가증권도 아니다.

다음으로 DR매수를 원주인 주식매수와 동일하게 취급할 수 있는지 문제된다. DR은 주식의 대체증권으로 DR의 소유자는 의결권행사 · 배당금수령 · 신주인수권 등 주주로서의 권리행사가 가능하고, 계약에 따라 언제든지 원주로 교환청구가 가능하기 때문이다. DR매수를 주식매수와 동일하게 취급한다면 주식을 대상으로 공개매수를 진행하는 경우, DR소유자의 응모에 대하여 공개매수자가 수용해야 하는지의 문제가 파생될 수도 있다.

(5) 정정신고서와 공개매수 기간 종료일

공개매수자는 정정신고서 제출을 통해 매수조건을 변경할 수 있다. 정정신고서 제출로 인한 공개매수 기간 종료일은 변경된다. 즉 잔존 공개매수 기간이 10일이 되지 않으면 정정신고서 제출일로부터 10일이 경과한 날이 종료일이 되고, 잔존 공개매수 기간이 10일 이상인 경우에는 원래 공개매수 기간 종료일이 종료일로 된다. 모든 공개매수 조건 변경에 적용되므로 사소한 변경에도 공개매수 기간이 연장되므로 중요한 사항으로 한정할 필요가 있지 않나 생각된다.

9. 최근 주요 공개매수 사례

(1) LG카드 공개매수

1) (주)신한금융지주의 공개매수 일정

· 2007년 2월 27일 공개매수 공고 및 신고

· 공개매수 기간은 20일간(2007년 2월 28일~3월 19일), 결제일은 2007년 3월 23일(금)

· 매수 예정 수량은 보통주 78.58%, 매수가격은 1주당 6만 7,770원,

· 소요자금 합계는 약 6조 6,765억 원

2) 공개매수면제 사유 해당 여부

· 기업구조조정을 위한 금융기관협약(워크아웃협약)에 따라 공동으로 기업개선작업 추진대상으로 선정된 기업의 주식 또는

· 기업구조조정촉진법에 따른 부실 징후 기업의 주식을 매각하는

경우에는 공개매수의무가 면제되나, LG카드의 경우 채권금융기관 간 자율적인 협약에 의한 공동관리 기업이어서 위 면제사유에 해당되지 않음

3) 공개매수 우회방법

· 6개월 간격을 두고 분할매도(15개 채권금융기관은 공동매각합의로 불가)

· 9명은 바로 매각하고 나머지는 put option 부여(put option 부여는 매수 등에 해당하지 않는다는 논리)

· 채권금융기관의 수 감소(신탁으로 인한 소유권 이전)

· 시간외대량매매(충분한 프리미엄 불가)

4) 공개매수신고서 제출시기

· 매각상대방 선정단계, 선정 후 채권금융기관과의 약정단계, 금융지주회사의 자회사 편입승인 이후로서 실제 매수행위를 개시하기 이전 단계 등

· 공개매수의 정의에 따라 불특정 다수인을 상대로 매수청약 또는 매도청약 권유를 하기 전에 공개매수신고서를 제출하면 되는 것 아닌가(공개매수의무 발생의 판단과는 다른 문제)

(2) 서울증권 공개매수

1) 유진기업의 공개매수 일정

· 금융감독위원회는 2006년 12월 22일 (주)유진기업의 서울증권에 대한 지배주주 변경 승인〔승인일로부터 6개월 이내에 서울증권 주식

5,521만 2,527주(20.83%) 취득〕

· 유진기업은 2007년 1월 22일 공개매수 개시

—서울증권 주식(10.94%), 공개매수 기간(2007년 1월 23일~2월 12일)

2) 대항공개매수 가부

· 증권회사의 최대주주, 최대주주의 특수관계인인 주주, 주요주주가 되고자 하는 자는 지배주주 변경 승인을 받아야 하므로 사실상 제3자의 대항공개매수가 차단

3) 낮은 프리미엄 지급

· 2007년 1월 19일 종가기준 공개매수 가격프리미엄은 6.4%

· 공개매수 예정 수량이 적은 측면도 작용하여 공개매수 성공(대항공개매수가 없음이 매도 압력으로 작용한 듯)

⑶ 충남방적 공개매수

1) 공개매수 경쟁

정리회사인 충남방적(주)에 대하여 2006년 6월 19일~8월 22일 갑과 을이 공개매수 경쟁

2) 정리회사의 지배권 취득

· 충남방적(주)는 2002년 12월 12일 정리절차 개시

· 2006년 8월 21일 회사 정상화를 위해 제3자 배정 유상증자의 매각 주간사 선정 작업 착수

· 2007년 1월 18일 기업매각공고(제3자 배정방식의 유상증자 등을 통

한 외부자본 유치 2007년 4월 5일까지 입찰서 접수)

· 2007년 3월 15일 기업매각절차 속행중지 가처분 신청

(4) 참고사례 : 국제상사

부산고등법원(제2심)은 2006년 12월 29일 정리회사 주주에게 신주인수권이 보장되는 것은 아니므로 제3자 M&A를 내용으로 하는 회사정리변경계획안을 인가하고, 그로 인해 지배주주의 변경이 초래되더라도 위법이 아니라고 결정(2006라153 대법원 계류 중)

10. 자본시장통합법상 공개매수제도의 개선사항

(1) 해외증권시장을 증권시장에 포함(통합법 제133조 제1항)

증권시장의 개념에 이와 유사한 시장으로서 해외에 있는 시장을 포함한다고 규정하여 해외증권시장에서 주식 등을 매수하는 경우에는 공개매수 대상에서 제외되도록 명시하였다.

(2) 상대매매 성격의 장내거래도 공개매수 대상에 포함(통합법 제133조 제4항)

증권시장에서의 경쟁매매 외의 방법에 의한 주식 등의 매수로서 시행령에서 정하는 매수, 예를 들어 시간외대량매매 등의 경우에는 증권시장 밖에서 행하여진 것으로 보아 상대매매 성격의 장내거래도 공개매수 대상이 됨을 명확히 규정하였다.

(3) 공개매수자의 정정신고서 제출 사유 확대(통합법 제136조 제3항)

공개매수조건을 변경하고자 하는 경우 외에 공개매수신고서의 기재사항을 정정하는 경우 또는 투자자 보호를 위하여 공개매수신고서에 기재된 내용을 정정할 필요가 있는 경우로서 재정경제부령이 정하는 경우를 정정신고서 제출 사유로 정하였다.

(4) 기타 사항

현재는 공개매수자를 대리하여 공개매수 사무를 취급할 수 있는 자는 증권회사에 한하고 있으나 동 규제를 폐지함으로써 공개매수 사무 취급자에 대한 제한이 없어졌다(통합법 제133조 제2항).

또한 금감위 외에 거래소에도 공개매수신고서를 제출하도록 하였으며(통합법 제134조 제2항), 공개매수철회 금지 기간의 기산점을 '공개매수신고서의 제출일'에서 '공개매수공고일'로 변경하였다(통합법 제139조 제1항).

공개매수신고현황

공개매수신고서 접수 현황

(단위 : 건)

구분	2003년	2004년	2005년	2006년
내국인	8	12	7	3
외국인	2	4	1	–
계	10	16	8	3

공개매수 목적별 · 내외국인별 공시 현황

(단위 : 건)

구분	2003년			2004년			2005년			2006년		
	내국인	외국인	계	내국인	외국인	계	내국인	외국인	계	내국인	외국인	계
경영권안정	6	2	8	–	–	–	3	–	3	1	–	1
상장폐지	1	–	1	9	4	13	4	1	5	–	–	–
M&A	1	–	1	3	–	3	–	–	–	2	–	2
계	8	2	10	12	4	16	7	1	8	3	–	3

제2장 적대적 기업인수를 위한 위임장대결이 있는 상장법인 주주총회 운영과 관련된 문제점

김상곤*

I. 서언

1. 들어가며

최근 주주총회에서의 위임장대결을 통하여 기업의 적대적 인수를 도모하거나 이를 방어하려는 다툼이 빈번히 벌어지고 있다. 필자가 당사자 일방을 대리하여 이러한 위임장대결이 벌어지는 주주총회에 참석한 건만 하여도 2003년 하나로통신 경영권을 두고 벌어진 LG그룹과 New Bridge Capital 사이의 위임장대결, 2004년 현대엘리베이터 및 현대상선의 경영권을 두고 벌어진 KCC그룹과 현정은 회장 사이의 위임장대결, 2005년 SK 주주총회에서 벌어진 소버린과의 위임장대

* 법무법인(유한) 광장 변호사

결 및 넥스콘테크놀로지의 경영권을 두고 기존 경영진과 (주)케이아이씨 사이에 벌어진 위임장대결[1] 등이 있다. 이러한 예에서 보면, 적대적 기업인수의 대상이 되어 위임장대결이 벌어지는 주주총회를 개최하는 회사(이하 '당해 회사')는 가급적 주주총회가 기존 경영진 및 지배주주에게 유리하도록 여러 방법을 동원하게 마련이며, 적대적 기업인수를 시도하는 측(이하 '상대방')은 이를 막기 위하여 여러 가지 법률적 공격 및 방어를 하게 되며 그 과정에서 법률상 해결되지 아니하는 문제점들이 드러나기도 한다. 그리고 그러한 쟁점 및 문제점들은 주주총회를 통하여 공격하는 측과 방어하는 측이 원하는 결과가 거의 같으므로 다른 건에서도 계속하여 반복적으로 나타난다. 그런데 이러한 일들에서 실제 실무를 하다 보면 학자들이 미처 생각하지 못하였던 문제들에 직면하게 되는데, 이러한 경우에는 참고할 만한 논문이 거의 없고 대부분은 가처분사건으로 이어져 1심 가처분결정만으로 결론이 난다. 그런데 이 결정문 또한 하급심 결정문이어서 일반 실무가들에게 알려지기 어려운 점이 있었다. 이에 필자는 실무적 관점에서 적대적 기업인수를 위한 위임장대결이 벌어지는 상장법인의 주주총회에서 주로 어떠한 점이 문제가 되고, 이를 뒷받침하는 법률적 쟁점 및 이론은 어떠한 것인지 그리고 최근 이와 관련된 하급심 결정에는 어떠한 것들이 있는지를 아래에서 살펴보고 법 해석으로는 해결이 곤란한 점에 대해 입법론을 제시하고자 한다.

---

1) 이 글에서 실제 발생한 사례를 소개함에 있어서는 주로 위 주주총회들에서 문제가 되었던 점들이 소개될 것이기는 하나 이에 국한되지 아니하며, 설령 위 주주총회의 실제 사례를 소개함에 있어서도 당해 기업과의 관계상 실명은 거론하지 아니한다.

2. 위임장대결이 벌어지는 주주총회에서의 주요 쟁점

적대적 기업인수를 위하여 위임장대결이 벌어지는 주주총회가 통상의 주주총회절차와는 달리 어떠한 점이 쟁점이 되는지에 관해 살펴보는 것이 아래 글을 이해하는 데 도움이 될 것 같고, 또한 이 글에서 다루는 쟁점을 정리하는 의미에서도 필요할 것 같아 이를 살펴본다.

먼저 통상의 주주총회와 마찬가지로 위임장대결이 있는 주주총회도 목적 사항이 정해져야 하는데, 적대적 기업인수를 위해서는 이사선임의 건이 안건에 반드시 포함되어야 하고 경우에 따라서는 이사해임의 건도 포함되어야 하기도 한다. 그런데 의안은 당해 회사의 이사회에서 결정하는 것이므로 당해 회사의 이사회에서는 당연히 이러한 의안을 포함시키지 않으려고 하고, 상대방은 이러한 의안이 포함되도록 노력한다. 이때 상대방이 행사할 수 있는 권리가 증권거래법 제191조의14에서 정하고 있는 주주제안권이다. 문제는 이 주주제안권을 행사할 수 있는 주주 자격에 제한이 있을 뿐만 아니라 행사 기간도 제한이 있어 주주제안권을 행사하지 못한 경우, 상대방이 주주총회에서 미리 공고된 이사 후보자 이외의 자를 후보자로 내세워 표결을 요구하는 것이 가능한가 하는 문제가 발생한다.

또한 위임장 권유를 하기 위해서는 권유 대상이 되는 주주가 누구인지를 파악하기 위하여 주주명부를 한시라도 빨리 확보하는 것이 절실한 문제가 된다. 당해 회사는 주주총회 소집권자이므로 당연히 실질주주명부를 포함한 주주명부를 가지고 있게 되나, 상대방은 주주명부 열람 및 등사청구권을 행사하여 이를 당해 회사로부터 구하여야 하는 문제가 있다. 그런데 당해 회사는 상대방에게 주주명부를 제공하지 않거나 이를 지연시키기 위해 여러 근거를 들며 방해하는데, 주주명부 열람 및 등사청구권과 관련해서 논의하고 있는 논문이 많지 않고 실무에서 문제되는 부분은 학자들이 미처 생각하지 못한 쟁점인 경우도 있어 이의 해결이 쉽지가 않다. 주주명부의 확보는 위임장 권유를 하기 위한 필수 전제조건이므로 이에 대하여 실무상 다투어지는 부분을 살펴볼 필요가 있다.

주주명부가 확보되면 권유자들은 각자 위임장 권유에 나선 후 주주총회 당일 권유자들이 확보한 위임장을 표결을 위하여 당해 회사에 제출한다. 그런데 당해 회사는 주주총회 소집권자로서 위임장심사권한을 가지게 되는데, 이러한 권한을 최대한 상대방에게 불리하게 그리고 당해 회사의 기존 지배주주에게 유리하게 행사하게 마련이다. 실제 사례를 보더라도 당해 회사는 상당한 이론적 뒷받침을 바탕으로 매우 차별적 위임장심사기준을 적용하고 있다. 이러한 차별적 심사기준이 적법한 것인지 여부에 관해서는 항상 문제가 되고 있는바, 이 부분에 대해서도 정리할 필요가 있는 것으로 보인다.

다음에서는 위에서 살핀 쟁점들에 관하여 순서대로 살피기로 한다.

II. 상대방의 주주명부 확보와 관련된 문제점

1. 상대방의 주주명부 확보 필요성

위임장대결이 있는 경우, 상대방의 주주명부 확보는 의결권대리행사 권유를 위하여 반드시 필요하다. 즉 주주가 누구인지를 알아야 권유행위를 할 수 있을 뿐만 아니라 주주명부에 기재된 주소 등의 정보를 통하여 우편물을 발송하거나 직접 방문하여 권유행위를 할 수 있기 때문이다.

그런데 위임장 권유행위를 할 수 있는 기간은 아무리 길어야 당해 회사의 주주총회 소집을 위한 이사회가 있은 날로부터 2일이 지난 날[2)]에 시작하여 주주총회 전일에 종료되는 시기적 제약이 있다. 따라서 적대적 인수합병을 목적으로 하여 위임장 권유를 하려는 상대방 주주의 주주명부 열람 및 등사 청구가 있는 경우, 당연히 당해 회사는 이를 거절하거나 지연하고자 하고 그사이에 당해 회사는 먼저 주주총회 소집권자로서 가지고 있는 주주명부(실질주주명부 포함)를 통하여 주주들에게 위임장 권유행위를 시작하는 것이 현실이다. 그리고 상대방 주주가 가처분 등을 통하여 주주명부를 간신히 구하여 위임장 권유를 시작하는 시점에서는 주주총회가 임박하여 위임장 권유행위 기간이 얼마 남지 않게 되기도 하고, 또한 이미 당해 회사가 주요 주주들을 먼저 접촉한 뒤여서 위임장을 받기도 어려우며, 설령 이미 당해 회사를 위하여 위임장을 작성하여 준 주주로부터 위임철회서 및 위임장을 다시 받아도 현실적인 문제(이에 관해서는 뒤의 III. 5에서 자세히 살핀다)로 인하여 도움이 되지 못하는 경우가 많다. 이하에서는 당해 회사가 주주명부의 열람 · 등사를 거절하거나 지연하는 법적 근거가 무엇인지, 그리고 그러한 법적 근거가 정당한 것인지에 관하여 살피고 법적으로 보완이 필요한 부분에 관하여 언급하고자 한다.

---

2) 이는 증권거래법 시행령 제85조 제2항, 제3항이 위임장 권유는 주주총회의 목적 사항 각 항목에 대하여 피권유자가 찬부를 명기할 수 있게 작성된 위임장을 통하여 권유행위를 하여야 하며, 이 위임장은 위임장 권유를 위하여 피권유자에게 송부되는 날 2일 전까지 금융감독위원회에 제출되어야 하도록 규정하고 있기 때문이다.

2. 적대적 인수합병을 목적으로 하는 주주명부 열람·등사 청구는 거절할 수 있는가

주주명부 열람 및 등사청구권을 규정하고 있는 상법 제396조 제2항은 회계장부 열람 및 등사청구권을 규정하고 있는 상법 제466조 제2항과 달리 회사가 주주의 청구가 부당함을 증명하지 아니하면 이를 거부하지 못하도록 하는 규정을 두고 있지 아니하여, 회사가 주주의 청구 목적이 정당하지 아니함을 이유로 거절할 수 있는지에 관하여 의문이 있을 수 있으나, 대법원 판례[3]는 이를 긍정하고 있어 회사는 주주명부 열람 및 등사 청구의 목적이 정당하지 아니함을 이유로 주주의 청구를 거부할 수 있는 것으로 보인다. 그렇다면 주주명부 열람 및 등사를 청구하는 주주가 위임장 권유를 통하여 당해 회사의 인수를 추진하는 것이 당해 회사가 이를 거절할 수 있는 사유인가 하는 점이 문제될 수 있다.

아직 이 점에 관하여 논의하고 있는 학설은 거의 없는 것으로 보인다.[4] 판례를 살펴보면, 대법원 판례는 아직 없는 것으로 보이나 하급심 판결[5]에서 적대적 인수합병을 시도하고 있는 주주의 주주명부 열람 및 등사 청구를 거절한 사례가 있다. 이 사건에서 신청인은 적대적 인수를 시도하면서 법원에 회계장부·이사회 의사록 및 주주명부 등에 대한 열람 및 등사를 청구하였는데 법원은 이러한 열람·등사권이

---

3) 대법원 1997. 3. 19.자 97그7 결정.

4) 회계장부 열람 및 등사청구권과 관련해서는 부정한 목적에 대하여 논의가 있으나, 주주명부 열람 및 등사 청구와 회계장부 열람 및 등사 청구는 아래에서 보는 바와 같이 그 목적이 달라 회계장부 열람 및 등사 청구에 있어 정당하지 아니한 목적에 관한 논의를 주주명부 열람 및 등사 청구에 그대로 대입하는 것은 적절하지 않은 것으로 보인다.

5) 부산지방법원 2002카합1243 회계장부 등 열람 및 등사 가처분.

주주가 회사에 대한 경영 감독을 하기 위하여 인정된 것으로서 대표소송 제기권 등 주주로서 가지는 다른 권리를 행사하기 위한 예비적 · 보조적 권리라 할 것이므로, 오로지 회사를 괴롭힐 목적으로 행사하거나 주주의 자격에 관계없이 순개인적 이익을 위하여 행사하거나 회사의 경쟁자로서 취득한 정보를 경업에 이용하려고 행사하거나 회사에 지나치게 불리한 시기나 방법을 택하여 행사하는 경우 등에는 그 행사가 정당한 목적을 결하여 부당한 것이라고 보아야 할 것이고, 이의 판단에는 그 행사에 이르게 된 경위 · 행사의 목적 · 악의성 유무 등 제반 사정을 종합적으로 고려하여야 한다고 전제하고 이 건 신청은 신청인 회사가 주주로서 피신청인 회사를 압박함으로써 자신의 목적인 경영권 인수(적대적 M&A)를 용이하게 하기 위하여 위 서류들에 대한 열람 · 등사권을 행사하는 것이라고 할 것이어서 이는 정당한 목적을 결한 것이라 봄이 상당하다고 하여 신청인의 청구를 기각하였다.

통상 적대적 기업인수를 추진하는 상대방이 행사하는 회계장부 열람 및 등사청구권의 목적은 그러한 권리의 행사를 통하여 주주대표소송을 제기하거나 업무상 배임 또는 횡령 등을 이유로 당해 회사의 임원을 형사 고발하기 위한 자료 수집에 그 주요목적이 있다고 보인다. 그리고 이 경우 형사 고발은 물론 주주대표소송도 단순히 당해 회사의 손실을 임원들로 하여금 배상하게 함에 궁극적인 목적이 있다기보다는 주주 개인으로서 추진하는 적대적 기업인수에 있어 당해 회사 임원을 압박하여 협조를 받는 등 유리한 환경조성에 실질적 목적이 있다고 보일 수도 있고, 그러한 사정이 존재하는 경우 회계장부 열람 및 등사 청구에 있어 부정한 목적이 있다고 보지 못할 바도 아닌 것으로 보인다.

그러나 주주명부 열람 및 등사 청구의 목적은 회계장부 열람 및 등사 청구와 달리 그 자체로 당해 회사의 임원이 직접적인 압력을 느낄 수 있는 권리의 행사가 아닐 뿐만 아니라 상대방의 이러한 권리의 행사로 인하여 당해 회사에 어떠한 손해가 발생하는 경우도 쉽게 생각하기 어렵다. 그렇다면 위 판례의 경우에도 이러한 점을 고려하여 일률적으로 주주명부 열람 및 등사 청구를 회계장부 열람 및 등사 청구와 같은 이유로 배척할 것이 아니라 주주명부 열람 및 등사 청구는 인용을 하거나 회계장부 열람 및 등사 청구와는 차별되는 이유로 배척하였어야 옳지 않았나 하는 생각이 든다.

특히 주주총회 각 목적 사항에 대하여 찬반을 명시한 위임장을 권유하는 의결권대리행사 권유는 증권거래법이 허용하고 있는 행위이므로 비록 주주총회 목적 사항에 이사의 해임 또는 선임 등 경영권과 관련이 있는 사항이 포함되어 있다 하더라도 이를 부정한 목적으로 보아서는 아니 될 것이다. 그러나 필자가 경험한 현실에서는 당해 회사가 위 하급심 판례를 이유로 하여 일단 상대방의 주주명부 열람 및 등사 청구를 거절하는 경우가 상당히 있었고, 이는 결과적으로 당해 회사와 상대방의 위임장 권유행위에 있어 기회의 평등이 심각하게 침해되는 결과를 낳는 문제점이 있었다.

의결권 대리행사 권유 기간이 단기간일 수밖에 없는 점, 이 제도에 있어서는 기회의 평등이 무엇보다 중요한 점 등을 고려한다면 입법론적으로 증권거래법 제85조 제1항 후단에 "권유자가 본 조에 따른 의결권대리행사의 권유를 목적으로 당해 상장법인 또는 코스닥 상장법인에 대하여 주주명부의 열람 및 등사를 청구하는 경우, 당해 상장법인 또는 코스닥 상장법인은 즉시 권유자에게 주주명부(실질주주명부 포함)의 사본(주주명부를 컴퓨터 파일의 형태로 보관하는 경우에는 그 파일의 복사본)을 제공하여야 한다"[6]라는 규정을 추가하는 것이 바람직한 것으로 보인다.

3. 실질주주명부

상장법인의 주주명부를 보면, 실질주주들은 모두 증권예탁원으로 명의개서가 되어 있어 나타나지 아니한다. 증권거래법 제174조의7 제3항 · 제4항에 의하면, 상장법인인 당해 회사가 주주총회의 소집을 위한 주주명부의 폐쇄 또는 기준일을 정한 때에는 예탁원에 지체 없이 통지하고, 이 통지를 받은 예탁원은 다시 당해 회사 또는 당해 회사의 명의개서 대리인에게 실질주주의 성명 및 주소와 소유 주식의 종류 및 수를 통지하여야 한다. 그리고 이를 통지받은 당해 회사 또는 당해 회사의 명의개서 대리인은 통지받은 사항과 통지 연월일을 기재하여 예탁원으로 명의개서된 주주들의 명부를 작성하게 되는바, 이것이 실질주주명부이며 이 실질주주명부의 기재는 주주명부에의 기재와 동일한 효력을 가진다(증권거래법 제174조의8 제1항, 제2항).

한편 상법 제352조 제1항은 주주명부의 기재 사항으로 i) 주주의 성명과 주소, ii) 각 주주가 가진 주식의 종류와 수, iii) 각 주주가 가지는 주식에 대하여 주권이 발행된 때에는 그 번호, iv) 각 주식의 취득 연월일을 규정하고 있다. 그런데 실무에서 문제가 되는 것은, 예탁원이 당해 회사에 통지하는 주주에 관한 사항이 상법에서 정하고 있는 주주명부에 기재될 사항보다 많은 사항을 포함하고 있어 실질주주명부

---

6) 이 조문의 구체적인 내용은 본 항에서 살펴보는 문제점뿐만 아니라 아래 3항 및 4항에서 살펴보는 문제를 같이 해결할 수 있는 내용으로 작성된 것이다.

에 포함되는 기재사항이 주주명부에 기재된 사항보다 많다는 점이다. 즉 실질주주명부에는 상법 소정의 주주명부 기재 사항이 아닌 i) 주주구분, ii) 주주번호, iii) 소유자코드, iv) 주주의 주민등록번호, v) 외국인 실질주주가 상임대리인을 선임한 경우에는 상임대리인의 명칭 및 주소 등이 포함되는데 이중 vi) 주주의 주민등록번호와 vii) 외국인 실질주주의 상임대리인의 명칭 및 주소는 위임장 권유를 함에 있어 아주 중요한 정보이다. 주민등록번호는 권유자가 통신회사나 카드회사 또는 증권회사 등인 경우 자신들이 가지는 개인정보를 위임장 권유행위에 사용할 가능성이 있고, 외국인 실질주주의 국내 상임대리인은 위임장 권유자가 해외에 있는 실질주주를 접촉하는 것보다는 국내 상임대리인을 접촉하여 위임장을 받는 것이 훨씬 빠르고 수월하기 때문이다. 따라서 주주명부 열람 청구가 있는 경우, 당해 회사가 이에 응한다 하더라도 실질주주명부에서 주민등록번호와 외국인 실질주주의 국내 상임대리인에 관한 정보는 주주명부 기재 사항이 아니라는 이유로 이를 삭제하고 상대방에게 주는 경우가 거의 대부분이었으며, 위임장대결과 관련된 주주명부 열람 및 등사 청구 가처분사건[7]에서도 항상 당해 회사는 위 정보를 삭제하고 주주명부를 제공하여야 한다고 주장하고 상대방은 위 정보도 실질주주명부의 일부이므로 제공되어야 한다고 주장하였다. 위 두 건의 가처분사건에서도 이러한 공방이 있었는바, 법원의 결정 주문은 단순히 "주주명부(실질주주명부)의 열람 및 등사를 하게 하여야 한다"라는 것이어서 명시적으로 위 쟁점에 대한 해답을 제시하지는 아니하였다. 그러나 그중 서울중앙지방법원에서 내

7) 서울중앙지방법원 2004. 3. 9. 선고 2004카합607 주주명부 열람 및 등사 가처분 ; 수원지방법원 여주지원 2004. 2. 17. 선고 2004카합47 주주명부 열람 및 등사 가처분 등.

린 결정에 대하여 신청인이 법원에 결정 주문이 위 쟁점에 대한 명확한 판단이 없어 의문이라고 질의하자, 법원은 주민등록번호 및 외국인 실질주주의 국내 상임대리인에 대한 정보를 포함하여 실질주주명부를 있는 그대로 열람 · 등사할 수 있게 하라는 취지라고 답한 사실이 있어 비공식적으로 법원의 입장을 확인한 경우는 있었다. 증권거래법이 실질주주명부에의 기재가 주주명부에의 기재와 동일한 효력이 있다고 하는 이상, 당해 회사의 실질주주명부에 기재된 사항은 그대로 청구 주주에게도 열람 · 등사되도록 하는 것이 타당하다고 판단된다. 다만, 증권예탁원에서 실질주주의 주민등록번호까지 당해 회사에게 제공하는 것은 문제가 있다고 보인다. 주주를 특정하기 위해서는 주소만으로 충분할 뿐만 아니라 이러한 개인정보가 주주라는 이유만으로 당해 회사에 알려지고 또한 주주명부 열람 및 등사를 청구한 주주가 수만 명에 달하는 주주의 주민등록번호를 제공받는 것은 문제가 있기 때문이다.

4. 주주명부 열람 및 등사청구권의 내용

(1) 청구권의 행사 방법

학설은 회계장부 열람 및 등사청구권의 해석에 관하여 이 청구권은 회계의 장부 · 서류의 열람 및 등사를 구하는 것으로서 회사는 이를 청구주주에 대하여 일시적으로 제시하여 그 내용을 열람 · 등사하게 하되, 이를 위하여 회사로서는 열람 · 등사를 위한 장소를 제공하여야 하고, 또 그사이에 주주의 열람 · 등사를 방해하지 아니할 부작위의무를 부담하는 데 그칠 뿐이라고 보며,[8] 이와 달리 해석하는 견해는 없는 것으로 보인다. 주주명부 열람 및 등사청구권에 대해서는 논의가 없으나, 위 회계장부 열람 및 등사청구권의 논의가 그대로 적용될 수 있을 것으로 보인다.

이러한 해석은 주주가 소수인 경우에는 별 문제가 없는 해석이다. 그러나 현실은 이미 상장법인의 실질 주주수가 수만, 수십만 명을 상회하는 회사가 상당수 있고 그러한 회사의 경우 이러한 해석은 실질적으로 당해 회사가 상대방의 주주명부 열람 · 등사청구권을 방해하는 이론적 토대가 된다. 즉 당해 회사에서는 수백, 수천 장에 이르는 실질주주명부를 보여 주고 상대방 주주로 하여금 알아서 열람 및 등사를 하라고 하면, 주주가 트럭에 복사기를 싣고 가지 않는 한 주주명부를 열람 · 등사할 방법이 없다. 따라서 실제로는 주주명부 열람 · 등사청구권을 행사하기 위해서는 트럭에 복사기를 싣고 가야 하는 어이없는 일이 발생한다.

개인적 견해로는 주주명부 열람 및 등사청구권을 이와 같이 새기는 것은 올바른 해석이 아닌 것으로 본다. 상법 제396조 제2항은 "… 등사를 청구할 수 있다"라고 하는바, 이 문언 자체에서도 등사를 청구 주주 스스로 하라는 취지라고 반드시 읽히지는 아니한다. 이 조문을 위와 같이 해석하는 이유는 주주명부 등 회사 문서의 관리권은 회사에 있기 때문이라고 하는데,[9] 그렇다고 하여 회사는 주주 스스로 주주명부를 복사하게 하고 다만 수인의 의무를 부담하는 것이라고 바로 해석되지도 아니한다. 해석론으로도 물적 설비가 있는 당해 회사가 사본을 준비하여 주주에게 교부하라고 하는 것이 타당한 것으로 보인

---

8) 이종태, "회계장부 열람 및 등사청구권의 행사방법과 가치분성," 상사판례연구 IV권, 박영사, 1999 ; 上柳克郎 外, 新版注釋會社法(9), 205면 등.

9) 이종태, 앞의 논문 등.

다. 굳이 이 부분이 계속 문제된다면 입법론으로 주주명부 열람 · 등사청구권을 청구 주주가 실비를 회사에 지급하고 사본의 교부를 요구할 수 있는 권리로 개정하는 것이 필요하다.

(2) 등사의 방법—컴퓨터 파일의 복사

등사는 일반적으로 문서를 열전사방식에 의한 복사 등의 방법으로 사본을 작성하는 것을 의미하는 것으로 이해된다. 그러나 현재 실질주주명부에 관한 증권예탁원의 실무는 실질주주의 수가 매우 많은 경우가 대부분이므로 CD롬 형태의 컴퓨터 파일로 작성하여 이를 당해 회사에 제공하고 있다. 따라서 주주명부 열람 및 등사청구권의 내용이 컴퓨터 파일의 복사까지 허용되는 것으로 이해된다면, 주주들이 쉽게 등사를 할 수 있어 상당히 편리해질 것이다. 특히 위임장 권유행위를 함에 있어서는 주주명부를 컴퓨터 파일로 받으면 우편물 발송이나 권유대상인 주주를 주소별 · 주식 수별로 나누어 담당자를 정하는 일 등이 아주 간편해지는 이점이 있다.

그러나 주주명부 자체가 문서를 의미하는 것이어서 이의 등사 청구가 컴퓨터 파일의 복사까지 의미하는 것으로 해석하는 것은 다소 무리가 있다. 일본 상법은 주주명부가 컴퓨터 파일로 작성될 수 있음을 염두에 두고 개정되었는바, 그 내용은 주주명부가 전자적 기록으로 작성된 경우 전자적 기록을 문서에 출력하거나 출력장치 영상면에 표시하는 방법으로 제공하도록 하고 있다.[10] 따라서 일본 상법도 컴퓨터 파일 자체로 존재하는 경우, 그 파일을 복사하는 방법으로의 열람 청

10) 일본 상법 제263조 제3항 제2호 및 일본 상법 시행규칙 제7조.

구는 허용하고 있지 않은 것으로 보인다.

한편 주주명부 열람 및 등사청구권을 피보전권리로 한 주주명부 열람 및 등사 가처분신청사건에 있어서는 주주명부가 컴퓨터 파일로 존재하는 경우 이를 컴퓨터 파일 형태로 복사하도록 허용하는 결정이 자주 내려지고 있다.[11)·12)] 이러한 법원의 결정 근거는, 위와 같은 형태의 가처분이 민사소송법 제714조 제2항에 정한 임시의 지위를 정하는 가처분에 속하는 것이고,[13)] 이러한 임시의 지위를 정하는 가처분에서는 당사자의 권리 실행을 돕기 위하여 필요하다고 인정되는 적절한 처분을 명할 수 있다고 보는 것이 타당하므로 본안과의 대응이 일단 완화되어 있다고 봄이 상당하기 때문인 것으로 보인다.[14)] 그러나 어쨌든 증권예탁원에서 당해 회사에 대하여 실질주주명부를 CD롬 형태로 주고 있음에도 불구하고 상대방 주주가 이를 받기 위해서는 당해 회사의 자발적 협조가 없는 한 가처분을 거쳐야 하는 문제가 있어, 당해 회사가 위임장 권유자가 되는 경우에는 형평에 문제가 발생하므로 위 2에서 설명한 바와 같은 입법이 필요한 것으로 보인다.

---

11) 서울중앙지방법원 2004카합607 ; 수원지방법원 여주지원 2004카합47 등.

12) 회계장부 열람 및 등사청구권을 피보전권리로 하는 가처분사건에 있어서도 컴퓨터 파일의 복사를 허용한 예가 다수 있다. 서울지방법원 1998. 7. 3. 98카합149 회계장부 열람 및 등사 가처분 ; 서울중앙지방법원 2004카합123 회계장부 등 열람 및 등사 가처분 등.

13) 서울고등법원 1997. 7. 11.자 97라100 결정.

14) 이태종, 앞의 논문.

III. 위임장심사와 관련된 문제점

1. 문제의 소재

위임장의 유효성에 대한 판단은 주주총회 소집권자인 당해 회사가 할 수밖에 없다. 그러나 당해 회사로서는 당해 회사를 적대적으로 인수하려는 자가 권유자가 되어 가져온 위임장은 가급적 인정하려고 하지 않을 것이다. 여기에 더하여 이러한 경우에는 당해 회사 스스로도 위임장 권유자가 되어 상대방과 반대되는 의사를 가진 주주로부터 위임장을 받았을 것이므로 당해 회사가 받은 위임장에 대해서는 최대한 이를 인정하려고 한다.

실제로 위임장대결이 벌어진 상당한 사례에서 당해 회사는 상대방이 받은 위임장에 대해 당해 회사가 미리 내부적으로 정한 일정한 증빙(주주총회 참석장 원본 · 주민등록증 · 운전면허증 사본 · 인감증명서 원본 등)을 첨부한 경우에만 이를 인정하고, 당해 회사가 받은 위임장은 아무런 증빙이 없어도 모두 그 유효성을 인정한 경우가 있었다. 이와 같은 위임장심사는 일견하여 보기에도 지극히 공정성을 잃고 있어서 당연히 주주총회 결의에 영향을 미칠 수 있는 하자인 것처럼 보이나, 실제 이론적으로만 보면 꼭 그렇지도 않다. 이는 뒤에서 살피는 바와 같이 대법원 판례로 상당 부분 해결되었으나 종국적 해결은 입법으로 해결할 수밖에 없는 문제이며, 위임장 다툼에 있어 가장 중요한 핵심 쟁점으로 이 쟁점이 해결되지 않는 한 공정한 위임장대결은 요원한 일이 될 수도 있다.

2. 관련 규정 및 판례와 학설

상법 제368조 제3항은 "주주는 대리인으로 하여금 그 의결권을 행사하게 할 수 있다. 이 경우 그 대리인은 대리권을 증명하는 서면을 총회에 제출하여야 한다"라고만 규정하고 있고 어떠한 서면이 위임장으로서 유효한지에 대한 요건에 관해서는 전혀 규정이 없다. 이는 일본 상법도 마찬가지여서 일본 상법 제239조 제2항은 주주가 의결권의 대리행사를 행하는 경우, 대리인은 대리권을 증명하는 서면을 회사에 제출하지 않으면 안 된다고만 규정하고 있고 위임장의 요건에 관해서는 역시 규정하고 있는 바가 없다.

한편 대법원 판례[15]에 의하면 대리권을 증명하는 서면은 위조나 변조 여부를 쉽게 식별할 수 있는 원본이어야 하고 특별한 사정이 없는 한 사본은 이에 해당하지 않는다고 판시한 바가 있고, 학설의 경우에는 의결권대리행사 권유에 사용되는 위임장은 금융감독위원회에 신고된 양식으로 권유자가 주주들에게 발송하였으며, 나중에 위임장이 위조된 것이 밝혀지면 사문서 위조로 형사처벌을 받을 수 있는 사정이 있으므로 신분증 등의 증빙이 없어도 위임장 자체만으로 이를 인정해야 한다는 견해가 있다.[16]

일본 학설의 경우에는 회사가 주주들에게 일정한 위임장 용지를 송부한 경우, 이러한 위임장 용지에 서명 또는 기명날인되어 있는 때에는 일일이 인감조회[17]를 행하지 않아도 일단 진정한 것으로 추정된다

15) 대법원 1995. 2. 28. 선고 94다34579 판결.

16) 이상훈, "의결권의 대리행사(위임장의 요건과 효력을 중심으로)".

17) 일본의 경우 회사의 정관에 의결권을 대리행사할 때 위임장의 인감과 회사에의 신고 인감이 동일하여야 한다는 규정을 두는 경우가 있고, 이에 따라 미리 인감을

는 견해[18]가 있고, 서면의 방식에 대하여는 법률에 특별한 정함이 없기 때문에 대리권의 수여와 그 권한을 아는 것에 족한 기재가 있으면 된다는 견해[19]도 있다.

3. 2004년까지의 위임장대결에서 당해 회사의 위임장심사 실태

(1) 당해 회사의 위임장심사기준

2004년까지 위임장대결이 이루어진 사례를 보면, 모두 공통적으로 당해 회사의 위임장은 신분증 사본 등 아무런 위임장의 진정성을 입증할 만한 서면이 첨부되지 아니하여도 모두 유효한 것으로 인정하는 반면, 상대방이 위임장 권유를 통하여 받은 위임장에 대해서는 위임장 원본에 더하여 i) 주주총회 참석장 원본, ii) 주민등록증 · 운전면허증 및 여권 등 공적 신분증의 사본, iii) 당해 회사가 주주총회 소집통지를 한 우편봉투 또는 그 속의 반송봉투가 첨부된 경우 또는 iv) 위임장에 인감증명이 날인되고 인감증명 원본이 첨부된 경우에 한하여 이를 진정한 것으로 인정하였다. 심지어 거부된 위임장에는 위임장 원본에 i) 사원증 사본, ii) 주민등록등본, iii) 위임장에 인감이 날인되고 인감증명서 사본이 첨부된 위임장도 있었다.

이러한 심사기준이 적용되면 상대방으로서는 주주로부터 위임장을 받기가 매우 곤란해진다. 일단 복사기를 들고 다니면서 신분증 사

신고하는 경우가 많다. 그러나 이 규정에 따르지 않았다 하여 위임장을 무효로 해서는 아니 된다는 일본 하급심 판례(神戸地判 昭和 31.2.1.下 民 7券2 185項)가 있다.

18) 上柳克郎 外, 新版注釋會社法(5), 205면.

19) 大隅健一郎 編, 株主總會, 社團法人 商事法務研九會, 147면.

본을 받을 수가 없을 뿐만 아니라 신분증 사본을 만들려고 부탁하면 개인 신용정보의 유출을 꺼려 신분증을 주지 않거나 심지어는 위임장을 주려다 마는 경우도 발생하기 때문이다. 그리고 그러한 부담의 차이는 그대로 주주총회에서 표 차이로 연결되게 마련이므로 당해 회사의 이러한 편파적 심사가 계속되는 한, 위임장대결의 공정성은 확보되기 어렵다.

(2) 편파적 심사기준의 이론상 근거

당해 회사에서 이와 같이 편파적으로 위임장심사를 할 수 있었던 근거는 무엇일까? 바로 주주총회 소집권자로서의 지위와 의결권대리행사 권유자로서의 이중적 지위를 적절히 활용하는 것이다. 즉 당해 회사는 위임장의 권유자인 한편, 그와 같은 권유행위를 통하여 받은 위임장의 유효성에 대하여 심사권한이 있는 주주총회 소집권자인 것이므로 권유행위와 심사권한을 적절하게 섞어서 활용하는 것이다.

당해 회사가 받은 위임장은 i) 당해 회사의 직원이 직접 주주들을 방문하여 받은 위임장과 ii) 주주총회 소집통지를 발송할 때 위임장과 반송봉투를 동봉하여 발송하고 그 위임장이 우편으로 돌아온 경우로 나누어 볼 수 있다. 먼저 당해 회사의 직원들이 주주를 직접 방문하는 방법으로 권유하여 받은 위임장은 동시에 주주총회 소집권자가 주주들에게 위임 의사를 직접 확인한 것으로 본다. 이러한 직접 방문에 의하여 권유받았다는 위임장에는 통상 회사의 직원이 주주를 직접 만나 신분증을 확인하고 위임장을 교부받았다는 내용의 진술이 포함되어 있고 주주의 전화번호가 기재되어 있는 것이 대부분이었다.

주주에게 우편으로 발송된 위임장이 우편으로 반송되어 돌아오는 경우, 그러한 위임장은 주주에게 발송된 것이므로 그렇게 발송된 위임장의 우편반송은 중간에 절취되는 등 이례적인 사정이 없는 한 그 주주의 의사에 기해서 반송되어 온 것으로 추정한다는 위 일본 학설〔(각주 18) 참조〕에 근거한 것이다. 이러한 입장을 강화하기 위하여 실제 사례를 보면 당해 회사는 위임장 용지의 재질을 흔히 볼 수 있는 재질이 아니라 유색종이에 요철면이 있게 하거나 투문지를 사용하고 크기도 흔히 볼 수 있는 A4용지가 아닌 B4용지를 사용하여 당해 회사가 발송한 위임장이 돌아온 것이라는 점을 강조하기도 한다.

이러한 당해 회사의 설명은 사실 상당한 설득력이 있는 것이었고, 이론적으로도 이러한 입장을 부정하는 것이 쉽지는 않은 일이었다. 이를 위해서는 주주총회 소집권자로서의 회사의 지위와 위임장 권유자로서의 회사의 지위는 중첩되는 것이 아니어서 권유자로서의 지위에서 얻은 정보가 곧바로 주주총회 소집권자로서의 지위에서 아는 정보로 보기는 어렵다는 이론적 접근[20]이 받아들여져야 하는데, 설령 주주총회 결의 취소소송 등을 제기하더라도 이러한 주장이 법원으로부터 받아들여질 가능성은 그리 높아 보이지 아니한다. 결국 이 문제를 해결하는 것은 당해 회사가 받은 위임장에 신분증 사본이 첨부되지 아니하였다는 점을 문제삼는 것이 아니라 상대방이 받은 위임장 원본을 당해 회사가 정한 일정한 증빙이 첨부되지 아니하였다는 이유로 배척한 것을 문제삼는 것이 이론적으로는 더욱 가능성이 있는 것이었

20) 즉 법인이 특정 사안을 알고 있는지 여부는 자연인으로서 알고 있는 것을 기준으로 할 수밖에 없는데 위임장심사권한은 이사회가 가지고 있다고 보아야 하므로, 이사가 아닌 일반 직원이 위임장 권유행위를 통해 알게 된 위임장의 진정성 여부는 위임장심사 주체인 이사회가 알고 있는 것으로 볼 수 없다는 주장이 이론적으로 제기될 수 있다.

다(아래 대법원 판례 참조).

4. 대법원 2004. 4. 27. 선고 2003다29616 주주총회 결의 취소사건

대법원은 12월 말 결산법인의 2004년도 정기주주총회가 모두 종료된 직후인 2004년 4월 27일 의결권 대리행사 권유에 있어 무척 중요한 의미가 있는 판결을 내놓았다.

이 사건은 대우전자의 감자 결의에 있어 이에 반대하는 주주들이 증권거래법에 따라 의결권대리행사 권유를 하여 위임장을 모아 주주총회일에 대우전자에 제출하였으나, 대우전자는 그러한 위임장 중 i) 일부는 신분증 사본이 첨부되지 아니하였다는 이유로[21] ii) 일부는 팩스로 수신된 것이라는 이유로 배척하였다. 이에 배척된 위임장을 권유한 주주가 주주총회 결의 취소소송을 제기하였는바, 1심 판결인 서울지방법원 서부지원 2001카합989 결정은 "대리권을 증명하는 서면이 반드시 위임장에만 국한되어 위임장과 더불어 그것이 위임인 본인이 작성한 것임을 증명할 수 있는 서류나 자료의 첨부를 요구하는 것을 금지하는 취지라고 볼 수는 없다 할 것이고, 나아가 그것이 지나치게 구비하기 어려워 상당성의 정도를 벗어난다고 여겨질 정도가 아니하면 그러한 증빙자료를 첨부시키는 것이 법률행위 대리권 수여에 있어서의 일반적 관행이라 할 것인바"라고 설시하여 이러한 회사의 조치를 정당한 것이라고 판시하였다. 그러나 이에 대한 항소심 판결[22]은

---

21) 거절된 위임장에는 위임장 원본에 '받는 이가 소액주주본부'로 명기된 반송봉투가 첨부된 것, 주민등록등본이 첨부된 것, 잔고증명서가 첨부된 것 또는 사업자등록증이 첨부된 것 등이 있었다(이상훈, 앞의 논문 참조).

22) 서울고등법원 2003. 5. 13. 선고 2002나65037 판결.

"대리권의 증명은 서면으로써만 할 수 있을 뿐, 그 서면의 양식이나 첨부 서류에 관하여는 아무런 추가적인 요건을 규정하고 있지 않으므로, 특별한 사정이 없는 한 대리인은 주주총회에 확인된 위임장 원본의 제시만으로 그 대리권 수여 사실을 일응 증명하였다고 보아야 한다"라고 설시하여 신분증 등 위임장의 진정성을 입증할 수 있는 서면이 없다는 이유로 위임장 접수를 거절한 회사의 행위는 위법하다고 보았다. 그리고 이 고등법원 판결은 대법원에서 상고 기각으로 확정되었는바, 이 대법원 판결[23] 역시 "피고회사가 강행규정인 상법 제368조 제3항에 위배하여 주주총회에 앞서 다른 일부 소액주주들을 위한 원고 등의 대리권 증명에 신분증의 사본 등을 요구하면서 그 접수를 거부하여 원고 등의 의결권의 대리권행사를 부당하게 제한하여 이루어진 위 주주총회의 감자 결의에는 결의방법상의 하자가 있고"라고 설시하여 위임장 원본이 제출되는 한 이를 회사가 받아들여야 한다고 판시하였다. 당시 대우전자의 주주 수는 약 6만 5,000명에 달하여 회사에서 위임장만으로는 위임장의 유효성을 쉽게 판단하기 어렵다고 볼 사정이 있었음에도 불구하고 대법원이 위와 같이 판시한 것은 굉장히 의미 있는 것으로, 향후 위임장대결시 당해 회사의 위임장심사 권한에 대한 큰 제약으로 작용할 것으로 보인다.

필자의 판단으로는 위 대법원 판결에 따라 당해 회사가 위임장 원본 이외에 추가적인 서면을 요구하는 것은 어려워졌고, 그동안 여러 가지 법적 근거를 이유로 이중적인 위임장심사기준을 가지고 있던 당해 회사로서는 더 이상 그러한 기준을 적용하기 어려워졌다고 판단된다. 그러나 위 대법원 판례만으로 당해 회사의 위임장심사가 공정해

---

23) 대법원 2004. 4. 27. 선고 2003다29616 판결.

질 것이라고 보기는 어렵다. 예를 들어 당해 회사가 위임장대결에서 패배할 것이 거의 명확한 경우에는 위임장심사 권한을 남용하여 상대방이 권유받은 위임장을 증빙이 첨부되지 아니하였음을 이유로 일방적으로 배척하고 당해 회사가 권유받은 위임장은 모두 인정하여 나중에 주주총회 결의가 취소되더라도 일단 주주총회 표대결에서 승리하여 경영권을 방어하려고 하는 경우가 충분히 있을 수 있기 때문이다. 따라서 다음의 6에서 보는 제도적 보완은 위 대법원 판례에 불구하고 필요한 것이다.

5. 중복위임장의 처리

대리권의 수권은 언제든지 철회가 가능하다. 따라서 일방 권유자에게 위임장을 주었더라도 이를 철회하고 타방 권유자에게 위임장을 주는 것은 얼마든지 가능하다. 철회의 의사 표시는 원래 대리권을 수여하였던 권유자에게 하여야 할 것이나, 이러한 대리권 철회에 대한 의사표시도 대리에 친한 행위이므로 다른 권유자에게 철회의 의사 표시를 할 수 있는 권한을 위임하는 것도 가능하다.

이러한 점을 염두에 두고 권유자들은 중복위임장이 있는 경우, 자신들에게 유리하게 해석될 수 있도록 위임장에 여러 장치를 해두는 것이 일반적이다. 그러한 가장 대표적인 예가 위임장 작성일자를 주주총회 전일(심지어는 주주총회 당일)로 기재하여 자신이 받은 위임장이 가장 최근에 받은 위임장이라고 주장하거나 위임장에 "이 위임장 작성 이전에 위임한 의결권은 이 위임장을 작성함으로써 철회하고 그러한 철회의 의사 표시를 할 수 있는 권한도 수임인에게 위임합니다"라는 문구를 기재하는 것이다.

이론적으로만 보면 가장 최후에 작성된 위임장을 유효하다고 인정하는 것이 타당하다. 그러나 실무적으로는 위에서 보는 바와 같이 위임장의 일자 기재는 쉽게 믿기 어렵다는 문제가 있을 뿐만 아니라 주주총회 당일 위임장이 제출되므로 현실적으로 이러한 철회의 의사 표시를 일일이 확인하기가 어렵다. 이러한 문제를 해결하기 위하여 당해 회사는 주주총회일에 콜센터를 설치하여 당해 회사와 상대방의 대표자 각 1명이 참관하는 가운데 위임장에 기재된 주주에게 전화[24]를 하여 주주에게 최후의 진의를 물어보고 그 진의에 따라 의결권을 인정하되 확인이 되지 아니하면 쌍방 다 같이 무효 처리하는 것으로 진행하는 것이 대부분인 것으로 보인다.[25]

6. 위임장대결의 공정성을 확보하기 위한 제도적 보완책

증권거래법 시행령 제85조 제1항은 주권 상장주식 또는 코스닥 상장주식의 의결권행사를 자기 또는 제3자에게 대리하게 할 것을 권유하는 자(주주총회 소집의 통지시 위임장을 송부하는 당해 주권 상장법인 또는 코스닥 상장법인을 포함한다. 이하 '권유자')라고 규정하여 명문으로 당해 법인도 위임장 권유를 할 수 있도록 허용하고 있다.

이러한 입법이 타당한 것인지에 대해서는 강한 의문이 든다.[26] 왜냐

24) 권유자는 위임장의 진정성을 입증하기 위한 방법으로 연락처를 받아 위임장에 기재하는 경우가 많다.

25) 이러한 처리방식에 동의하는 견해로는 이상훈, 앞의 논문이 있다.

26) 현행 의결권대리행사권유제도가 불평등하고 문제가 있다는 점에는 학자들이 거의 동의하는 것으로 보인다. 안동섭, "위임장권유제도의 개선방안," 경제법상사법론집, 4면 ; 권종호, "주주에 의한 위임장권유의 법제도상의 제약요인과 그 규제론," 비교사법(춘강 손주찬 교수 정년기념), 13면 ; 김재범, "주주의결권의 대리행사와 위임장권유자의 책임," 내동 우홍구 박사 회갑기념, 9면 등.

하면 위임장 권유를 통한 주주총회에서의 표대결은 말 그대로 주주 간 다툼이다. 그런데 회사가 기존 지배주주의 편을 들어 위임장의 권유자로 나선다면, 이는 주주 간 다툼에서 중립을 지켜야 할 회사가 특정 주주를 옹호하고 특정 주주를 배척하는 행위가 되어 주주 평등의 원칙에 반하게 되는 결과를 낳는다.[27] 그리고 당해 회사는 주주총회 소집권자로서 가지는 위임장심사 권한을 당해 회사의 기존 지배주주의 의사가 관철될 수 있도록 최대한 협조하는 방향으로 행사되고, 그러한 문제점은 위에서 본 바와 같이 매우 심각하다. 그러한 점에서 보면 당해 회사는 의결권대리행사 권유를 해서는 아니 된다고 하는 것이 맞을지 모른다. 그러나 당해 회사가 권유자가 될 수 없다면, 예를 들어 창업주 개인이 경영권을 방어하기 위하여 위임장 권유에 나설 필요가 있는데, 적대적 인수를 기도하는 상대방은 국내 굴지 법인이어서 법인 스스로 권유자가 되어 직원을 대규모로 동원하여 위임장 권유를 하지만 창업주는 당해 회사가 권유자가 될 수 없으므로 개인 혼자서 위임장 권유에 나서야 하는 가혹한 일이 벌어질 수도 있다.

따라서 절충적 관점에서 보면, 당해 회사가 위임장 권유자가 되는 것은 허용하되 당해 회사와 상대방이 권유한 위임장의 심사는 당해 회사가 아닌 제3의 공정한 기관을 설치하여 이 기관이 동일하고 공정한 기준에 의하여 할 수 있도록 하는 것이 좋을 것 같다. 미국의 경우, 위임장대결이 벌어지는 대회사에서는 위임장의 조사를 신중하고 공

27) 당해 회사는 결국 당해 회사의 직원들을 동원하여 위임장을 받아 오게 하는데 이를 독려하기 위하여 인사고과에 위임장 수거 실적을 반영하겠다고 하는 경우도 많고, 또한 노동조합에서는 적대적 인수 세력이 회사를 인수하는 경우 정리해고 등 긴축경영을 할 가능성이 있다고 보고 스스로 권유자로 나서기도 한다. 이때 노동조합의 도움으로 경영권을 방어하였다면 결국 기존 경영진이 구조조정에 나서기는 매우 어려운 것이 현실이다.

정하게 하려고 특별히 선거검사인(inspector of election)을 임명하여 선거검사위원회(committee of inspector)에 권한을 위임하고, 이 위원회는 장래의 분쟁을 방지하기 위하여 위임장의 효력 · 정족수 충족 여부 · 의결권 수 · 의결권 유무 등을 판정하고 투표 결과를 산정하여 이를 총회에 보고하도록 하고 있는바,[28] 이러한 정도의 제도를 우리나라도 채택하는 것이 좋을 것으로 보인다.

IV. 의결권대리행사 권유절차에서의 하자는 주주총회 결의에 영향을 미치는가

1. 의결권대리행사 권유절차의 하자

(1) 문제의 소재

증권거래법 시행령 제85조에 따르면, 의결권대리행사 권유자는 금융감독위원회가 정하는 바에 따라 참고서류 및 위임장 용지를 송부하는 방식으로 권유행위를 하며 i) 허위의 사실을 기재한 서류, ii) 중요사항에 관하여 오해를 발생시킬 수 있는 기재를 한 서류, iii) 중요사항에 관하여 오해를 발생시키지 아니하기 위하여 필요한 사실의 기재가 누락된 서류를 통하여 권유행위를 하는 것이 금지되고 이에 위반하는 경우 2년 이하의 징역 또는 1,000만 원 이하의 벌금형에 처해질 수 있다.[29]

28) 이상훈, 앞의 논문 ; 권종호, 앞의 논문.
29) 증권거래법 제209조 제9호.

그렇다면 위임장 권유를 위하여 사용된 문서에 허위의 기재를 하거나 중요한 사항에 관하여 오해를 유발할 수 있는 사항의 기재 또는 고의적 누락이 있는 경우, 이러한 사정은 주주총회 결의의 효력에 영향을 미치는가? 결의의 내용이 법령에 위반하는 경우에는 주주총회 결의 무효 사유가 되며, 소집절차 또는 결의방법에 하자가 있는 경우에는 그 정도에 따라 주주총회 취소 · 무효 또는 부존재 사유가 된다. 그러나 위와 같은 사정이 딱히 위 어떠한 사유에 해당한다고 보기에는 어려운 점이 있고 그로 인하여 의결권대리행사 권유과정에서의 하자가 주주총회 결의 효력에 영향을 미치는지에 대한 검토가 필요하다.

(2) 학설의 대립

의결권대리행사 권유절차의 하자는 증권거래법 소정의 벌칙이 적용되는 것은 별론으로 하고, 주주총회의 결의에는 영향이 없다는 학설[30]이 있다. 이러한 학설은 의결권대리행사 권유절차가 주주총회의 소집절차 또는 결의방법과는 관계가 없다는 점을 근거로 들고 있는 것으로 보인다. 한편 이러한 견해에 반대하여 의결권대리행사 권유행위를 함에 있어 참고서류의 하자가 중대한 경우라면 이는 주주총회 결의에 하자가 있다고 보아야 한다는 견해도 있다.[31] 이 견해에 따르면 위임장 권유가 주주총회의 소집 전에 법적으로 요구되는 절차가 아니고 상법상 주주총회의 소집에 있어 선결조건인 소집의 통지나 공

30) 이철송, 회사법 강의(11판), 박영사, 2004년, 435면 ; 정동윤, 회사법(제4전정증보판), 1998년, 317면.

31) 박용주, "우리나라의 의결권대리행사," 한양법학 제3집, 116면 ; 신영무, 증권거래법, 서울대학교출판부, 1997, 412면.

고와 다르기 때문에 이 문제를 해결하는 데 있어 결정적인 규정은 없으나, 하자 있는 소집의 통지나 공고보다 하자 있는 참고서류가 더 심각한 문제를 발생시키기 때문에 주주총회 취소 사유가 되어야 한다고 한다.

생각건대 주주총회 소집절차 또는 결의방법을 너무 좁게 새길 필요는 없는 것으로 보인다. 의결권대리행사권유제도는 기본적으로 주주가 주주총회에서 의결권을 행사하는 것과 밀접하게 연결되어 있다. 특히 증권거래법은 의결권대리행사 권유의 경우, 주주총회 각 목적사항에 대하여 찬반을 명기할 수 있는 위임장으로 권유행위를 하도록 하고 있는바, 이러한 찬반의 의사 표시가 왜곡될 수 있는 허위의 사실이 참고서류에 기재되어 있다면 이는 주주들의 결의를 왜곡시킨 것으로 결의방법에 하자가 있다고 보아도 무방할 것이다. 따라서 의결권대리행사 권유절차에 있어 주주들의 주주총회 목적 사항에 대한 찬반 의사 형성과정에 영향을 미칠 수 있는 하자는 주주총회 결의의 하자를 구성한다고 보는 것이 타당한 것으로 판단된다.

2. 위임장대결에서 일방 권유자의 주주명부 열람 및 등사권의 침해

위임장대결이 벌어지면 위임장을 더 많이 받은 권유자가 유리해지는 것은 당연하다. 만일 당해 회사에서 상대방의 위임장 권유행위를 방해하기 위하여 주주명부 열람 및 등사 청구를 부당히 거절하여 주주명부를 열람 · 등사하지 못하게 하거나 이를 심각히 지연시키는 경우, 이는 위임장대결에서 기회의 평등이 심각하게 침해되는 것이며 주주의 의사가 왜곡되어 주주총회에 반영될 위험이 충분히 있게 된다. 이러한 사유가 당해 주주총회 결의의 하자로 인정될 수 있는가?

이는 의결권대리행사 권유절차 자체의 문제이기보다는 그 이전 단계의 문제인 것으로 보인다.

위에서 살핀 바와 같이 의결권대리행사 권유절차에서의 하자는 주주총회 결의의 효력에 영향을 미치지 못한다는 견해에 의하면, 이 역시 주주총회 결의의 하자 원인이 되지 못할 것이다. 그러나 의결권대리행사 권유절차에서 주주명부의 확보는 필수적 전제로 주주명부가 확보되지 아니하면 의결권대리행사 권유 자체가 진행되지 못한다는 점, 그리고 당해 회사가 실질적으로 상대방이 권유행위 자체를 하지 못하도록 주주명부 열람 · 등사를 거부하면서 당해 회사 스스로는 위임장의 권유자가 되어 권유행위를 한다면 이러한 하자 역시 하자 있는 소집통지나 공고보다 더 심각한 문제를 불러일으킨다고 볼 여지가 충분하다는 점, 그리고 의결권대리행사 권유절차상의 하자가 주주총회 결의의 효력에 영향을 미친다고 본다면 이러한 기회 자체가 박탈되는 주주명부 열람 및 등사청구권의 침해는 더 큰 악영향이 있다고 보아야 한다는 점 등을 고려하면, 이 또한 주주총회 결의의 취소 사유를 넓게 해석하여 이에 해당된다고 보는 것이 타당하다고 판단된다.

V. 상장법인 이사선임의 건에서 미리 공고된 이사후보자 외의 자를 이사로 선임하는 것이 가능한지 여부 및 의안상정가처분

1. 증권거래법상 상장법인 특례와 관련된 문제점

상법상 주주총회의 목적 사항 중 이사선임의 건은 그 자체가 안건으로 회사가 예정하였던 후보자가 아닌 제3의 자를 이사로 선임하여도 무방하다. 이는 이사해임의 건이 해임되는 이사 각 1명을 특정하여 그것이 하나의 안건을 구성하는 것과 다르다.

그러면 상장법인의 경우에는 어떠한가? 적대적 기업인수를 시도하는 상대방이 미처 증권거래법 제191조의14 소정의 주주제안권을 행사하지 못한 경우, 상대방은 위와 같은 이론을 통하여 주주총회에서 자신이 추천한 이사 후보자에 대해서도 표결을 요청할 수 있을 것이다. 비상장법인이면 이러한 주주의 요청을 받아들여야 할 것이나 상장법인은 논란의 여지가 있다. 즉 증권거래법 제191조의10 제2항은 주권상장법인 또는 코스닥 상장법인이 상법 제363조 제1항의 규정에 의한 소집통지 또는 제1항의 규정에 의한 공고를 함에 있어 회의의 목적사항이 이사의 선임에 관한 사항인 경우에는 이사 후보자의 성명 · 약력 · 추천인 · 그 밖의 대통령령령이 정하는 후보자에 관한 사항을 통지 또는 공고하여야 한다고 규정하고 있으므로 미리 공고되지 아니한 이사 후보자를 이사로 선임하는 경우, 위 증권거래법 위반이 아닌가 하는 점이다. 이 점에 관하여 재정경제부는 2002년 12월 10일 주권 상장법인 또는 코스닥 상장법인의 주주총회에서 이사 후보자로서 기 통지, 공고된 자가 아닌 자를 이사로 선임하는 것은 증권거래법 제191조의10 제2항에 위배된다는 질의회신을 한 바 있다.

한편 위와 같은 재정경제부의 질의회신에도 불구하고, 이러한 위반이 단순히 단속법규 위반에 그치는 것인지 아니면 주주총회 결의의 취소 원인이 되는 것인지에 대해서는 여전히 의문이 남아 있었다. 그런데 이 점에 관하여 최근 하급심 판결[32]이 나온바, 이 판결에 의하면 "이 사건 결의는 위와 같은 이사 후보자에 관한 사항을 미리 통지 ·

32) 서울중앙지방법원 2004. 3. 18. 선고 2993가합56996 주주총회 결의 취소.

공고하지 아니한 채 이루어진 것이므로, 특별한 사정이 없는 한 주주총회의 소집절차 또는 결의방법이 법령 또는 정관에 위반된 것으로서 취소되어야 할 것이다"라고 판시하여 주주총회 결의 취소 사유가 됨을 명확히 하였다. 또한 2005년 코스닥 상장법인인 넥스콘테크놀로지(주) 정기주주총회에서 적대적 인수를 기도하던 (주)케이아이씨가 넥스콘테크놀로지를 상대로 주주총회에서 케이아이씨가 추천하는 이사 후보에 대한 선임 여부의 표결을 거부하는 행위를 하여서는 아니 된다는 의결권침해금지 등 가처분 등을 신청한바, 이 사건에 있어 법원은 "증권거래법 제191조의10 제2항 등의 내용과 규정취지 · 소수주주의 주주제안제도 등을 함께 고려해 볼 때, 피신청인들이 증권거래법상의 사전통지 또는 공고절차를 거치지 않았다는 이유로 신청인이 행하고자 하는 이사 후보 추천 등을 거부하는 것이 신청인의 주주권에 기한 임원추천권이나 의결권 · 수정동의권 등을 과도하게 제한하여 위법한 것이라고 단정하기 어렵고, 나아가 신청인이 행한 의결권대리행사 권유만으로 증권거래법 제191조의10 제2항의 절차를 갈음할 수 있다고 보기도 어렵다"라고 판시[33]하여 위 서울중앙지방법원과 같은 취지의 판결을 한 예가 있다.

아직 대법원 판례가 나오지는 아니하였으나, 위와 같은 하급심 판결에 비추어 보면 향후 주권 상장법인 또는 코스닥 등록법인이 주주총회를 운영함에 있어 미리 공고된 이사 후보자 외의 자를 이사 후보로 하려는 주주의 긴급동의는 위 증권거래법 규정을 이유로 받아들이지 않아도 좋을 것 같다.

33) 대전지방법원 천안지원 2005. 3. 25. 선고 2005카합159 의결권침해금지 등 가처분.

2. 의안상정가처분

그러면 적대적 인수를 시도하는 상대방이 법원에 임시주총 소집요구를 하지 아니하면 원하는 이사 후보자를 미리 주총 소집통지시 이사 후보자로 통지 · 공고할 수 없으므로 정기주총 등 당해 회사가 주주총회를 개최하는 기회에는 이사 후보자를 낼 수 없는 것인가? 이에 관하여 증권거래법 제191조의14는 상장법인 의결권 있는 발행주식총수의 1% 이상을 6개월 전부터 계속하여 보유한 주주에게 일정한 사항을 주주총회 목적 사항으로 할 것을 제안할 수 있는 권리를 부여하고 있으며, 이 권리에 따라 적대적 인수를 시도하는 상대방은 일정한 요건에 따라 스스로가 원하는 이사 후보자를 추천하여 이사선임의 건을 의안으로 할 것을 당해 회사에 요청할 수 있다.

그러나 당해 회사가 이러한 제안을 거절하는 경우에는 결국 이 역시 가처분을 통하여 해결하는 수밖에 없다. 예를 들면 동아제약(주)에 대하여 적대적 인수를 시도하던 수석무역주식회사는 2007년 3월 16일자 정기주주총회 6주 전인 2007년 1월 30일 동아제약의 이사들에 대하여 이사 후보자를 추천하면서 이사선임의 건을 주주총회의 목적 사항으로 할 것을 제안하면서, 동시에 그러한 의안의 요령을 주총 소집통지와 공고에 기재할 것을 청구하였으나, 동아제약이 이에 응하지 아니하자 가처분을 제기하였다. 이 신청에 대한 결정문[34)]에서 법원은, i) 주주제안의 내용이 증권거래법 소정의 주주제안의 거부 사유에 해당하지 아니하고 ii) 임시주주총회 소집청구절차를 취하는 것이 가능하다는 이유로 주주제안권 침해 상태가 해소되는 것은 아니며, iii) 나아가

34) 서울북부지방법원 2007카합215 의안상정 등 가처분.

주주제안의 목적이 된 의안의 상정을 위해 새로운 임시주주총회를 개최하는 것보다는 기왕 개최하기로 한 주주총회의 목적 사항에 제안의 목적이 된 의안을 추가하는 것이 당해 회사의 비용 · 절차의 효율성 측면에서 더욱 타당하다는 점 등의 이유를 들어 가처분 신청을 인용하고, 동아제약에 대하여 주주제안을 의안으로 상정할 것과 주주제안의 의안 및 취지를 기재하여 정기주주총회 소집통지 · 공고를 하여야 한다고 명하였다.

VI. 결어

위임장대결이 벌어지는 주주총회에서 자주 문제가 되나 기존 학설로 잘 해결이 되지 아니하는 쟁점에 대해서는 대체로 위에서 살펴본 바와 같다. 물론 이는 중요한 논점만 살펴본 것이고 이론적으로 해결이 쉽지 않은 부분도 많이 남아 있다.[35)]

필자가 보기에 우리나라 의결권대리행사권유제도의 근본적인 문제점은 주주 간 다툼이라고 볼 수 있는 주주총회에서의 위임장대결에 당해 회사가 특정 주주의 편을 들고 다른 주주들을 적대시하는 것이다. 그리고 이러한 주주 간 다툼에 구조조정 등을 기피하는 노조가 다시 기존 주주의 편을 들어 당해 회사의 직원들까지 특정 주주를 적대

---

35) 이중 가장 대표적인 것은 증거 보전에 관한 것이다. 과거 하나로통신 주주총회에서의 위임장대결에 있어서는 법원이 증거 보전을 받아들여 관련 위임장을 전부 복사하여 법원에 보관하였는데, 위임장 복사에만 전자동 복사기 30대를 설치하여 꼬박 1박 2일 동안 복사한 적이 있다. 일본 상법은 2개월간 위임장을 회사에 보관하고 주주가 원하는 경우 이의 복사를 허용하도록 하는 규정을 가지고 있는데(일본 상법 제239조 제4항), 우리의 경우는 이러한 입법이 필요하다.

시하는 경우도 있는데 어느 경우나 바람직하지는 않다.[36] 이러한 문제는 당해 회사는 직접 위임장 권유행위를 하지 못하도록 하고 외부의 위임장 권유 전문회사(미국에는 상당수 있다)를 통하도록 하는 것으로 해결될 수 있으나, 아직 국내에는 이러한 회사가 없어 이의 시행도 곤란한 점이 있다.

위임장대결이 있는 주주총회에서는 통상 양측 대리인인 변호사들이 만나 이른바 룰 미팅이라는 것을 하는 경우가 대부분이다. 이는 아직 입법이 미비하거나 기존 학설만으로는 해결되기 어려운 쟁점이 많이 있어 이른바 사적으로 룰을 만드는 것이다. 이러한 일에 관여하는 변호사와 회사 실무자들의 많은 연구와 발표를 기대한다.

36) 정승욱, "위임장 권유에 관한 연구," 서울대 법대 석사논문, 88면.

제3장 신주발행금지가처분의 실무상 쟁점에 관한 고찰

—KCC와 현대그룹 사이의 적대적 M&A사건을 중심으로

김현태*· 윤용준**

I. 서론

M&A는 기업의 지배권을 취득할 목적으로 그 기업의 주식이나 자산을 취득하거나 합병하는 등의 거래를 행하는 것을 총칭하는 개념이고, 그중 해당 기업의 경영진이나 현재 지배주주의 의사에 반하여 이루어지는 M&A를 적대적 M&A라고 부르는 것이 일반적이다. 사실 우리나라에서 적대적 M&A는 적어도 IMF사태 이전에는 그다지 일반적 현상이 아니었다. 그러나 최근 KCC와 현대그룹 사이의 분쟁, 소버린과 SK 사이의 분쟁, 칼 아이칸과 KT&G 사이의 분쟁 등에서 보듯이 적대적 M&A는 이제 우리나라에서도 더 이상 특별한 사건이 아니게

* 법무법인(유한) 광장 변호사
** 법무법인(유한) 광장 변호사

되었다.

적대적 M&A의 양상은 사안별로 그 모습이 매우 다양하나, 통상적으로는 M&A 주체가 대상회사 주식의 매집 또는 우호세력의 결집을 통해 기존 지배주주보다 다수의 지분을 차지한 후 주주총회를 통해 기존 이사진을 개편함으로써, 종국적으로 대상기업의 경영권을 장악하는 방식으로 이루어진다. 한편 적대적 M&A 시도에 대한 대상기업 또는 기존 지배주주의 방어수단 역시 사안에 따라 여러 가지가 있을 수 있지만, 가장 일반적이면서도 통상 최초로 시도하는 방법은 대상기업이 우호세력에게 제3자 배정방식으로 신주를 발행하여 M&A 주체의 지분율을 희석시키고 기존 지배주주의 지분율을 증대시키는 것이다.

따라서 적대적 M&A에 따른 경영권분쟁사건에서는 많은 경우 초기 단계에서 대상기업의 제3자 배정 신주 발행 시도와 그를 저지하기 위한 M&A 주체의 신주발행금지가처분을 만날 수 있으며, 또한 대상기업의 그러한 신주 발행 시도가 성공하는 경우에는 그 자체로 적대적 M&A가 실패할 가능성이 크므로[1] 법원의 신주발행금지가처분에 대한 판단 결과에 따라 적대적 M&A의 성패가 초기에 결정되는 양상까지 보이고 있다.

이에 이 글에서는 최근 M&A분쟁과 관련하여 중요성이 점증하고 있는 신주발행금지가처분과 관련하여 현재 실무상 제기되고 있는 몇 가지 쟁점에 관해 고찰하고자 하며, 특히 최근 사회적으로 크게 이슈

---

1) 타이밍이 중요한 경영권분쟁의 특성상 가처분결정에 대한 이의나 본안소송의 제기는 당사자들의 입장에서 유효한 구제수단이 아닌 경우가 대부분이며, 따라서 경영권분쟁 상황에서는 통상 1회의 가처분만으로 분쟁이 종결되는 경우가 많다.

가 되었고 필자들이 실제로 관련 업무를 담당하였던 KCC와 현대그룹 사이의 적대적 M&A사건에서 제기된 신주발행금지가처분을 중심으로 논의를 진행하도록 한다.[2)]

II. KCC와 현대그룹 사이의 경영권분쟁사건에서 제기된 가처분의 개관

KCC와 현대그룹 사이의 경영권분쟁사건은 주지하는 바와 같이 KCC가 현대그룹의 경영권을 장악하기 위해 현대그룹의 지주회사[3)]인 현대엘리베이터와 핵심 계열사인 현대상선의 주식을 매집한 것을 계기로 촉발된 사건이며, 이 사건과 관련하여서는 이 글의 주제인 신주발행금지가처분을 비롯하여 경영권분쟁사건에서 일반적으로 제기되는 대부분의 가처분이 제기되었다. 따라서 이하에서는 이 글의 주제인 신주발행금지가처분에 대해 본격적으로 논의하기에 앞서 그 가처분의 전제가 된 KCC와 현대그룹 사이의 경영권분쟁사건의 기본 구조를 이해하는 의미에서, 이 사건에서 제기된 가처분의 전반적 내용에 관해 개관하도록 한다.[4)]

---

2) 필자들이 소속된 법무법인 광장은 KCC와 현대그룹 사이의 경영권분쟁사건에서 KCC 측을 대리하였음을 밝힌다.

3) 현대엘리베이터는 독점규제 및 공정거래에 관한 법률상 지주회사의 요건을 갖춘 것은 아니었으나 당시 현대그룹의 지분구조를 고려할 때 사실상 지주회사의 역할을 수행하고 있었으므로, 이 글에서는 편의상 현대엘리베이터를 현대그룹의 지주회사로 부르기로 한다.

4) KCC와 현대그룹 사이의 경영권분쟁사건의 배경, 구체적인 진행경과 등은 이미 언론 보도를 통해 일반에 상세히 알려진 상태일 뿐 아니라 이 글의 주제와 직접적 관련이 없으므로 상술하지 않는다.

다만 이 사건에서는 가처분만 10건이 제기되었고, 가처분 이의를 포함한 관련 본안소송 · 간접강제 · 집행정지 등을 포함하면 이 사건에서 제기된 쟁송은 그 수가 무려 20건에 이르므로, 이하에서는 그중 이 사건의 진행과정에서 중요한 의미를 가졌던 신주 발행 관련 가처분 · 회계장부 및 주주명부 관련 가처분 · 의결권 관련 가처분에 대해서만 간략하게 살펴보도록 한다.[5]

1. 신주 발행 관련 가처분

이미 언급한 바와 같이 적대적 M&A 시도가 있는 경우 통상 대상기업이 최초로 취하는 방어수단은 우호세력에 대한 제3자 배정방식의 신주 발행이며, 이는 KCC와 현대그룹 사이의 경영권분쟁사건에서도 예외가 아니었다. 즉 KCC가 현대그룹의 지주회사인 현대엘리베이터 발행주식총수의 약 44.39%를 취득한 것이 알려지자, 현대엘리베이터는 즉시 이사회를 개최하여 일반공모증자방식으로 1,000만 주의 신주 발행을 결의하였다.

이에 KCC는 수원지방법원 여주지원에 신주발행금지가처분을 제기하였고, 법원은 이를 인용하였다.[6] 당시 현대엘리베이터의 발행주식총수는 560여만 주에 불과했으므로 현대엘리베이터가 계획대로 1,000만 주의 신주를 발행한 경우에는 KCC의 지분율은 약 15.96%로 크게 희석되고, 반대로 현대그룹은 우리사주조합에 대한 우선배정 · 실권주

5) 이 사건에서는 그 외에도 KCC의 현대엘리베이터에 대한 공개매수의 중지를 구하는 이사위법행위유지가처분, KCC가 취득한 현대엘리베이터 자기주식에 대한 처분금지가처분 등이 제기되었다.

6) 수원지방법원 여주지원 2003. 12. 12.자 2003카합369 결정.

의 처리 등을 통해 상당한 우호지분을 확보할 수 있게 되어 그 자체로 KCC의 M&A 시도가 좌절될 상황이었기 때문에, 이 가처분의 인용은 KCC와 현대그룹 사이의 경영권분쟁에서 매우 중요한 의미를 가지는 것이었다.

2. 회계장부 및 주주명부 관련 가처분

경영권분쟁이 있는 경우 M&A 주체는 대상회사의 주주총회를 통해 기존 이사진을 개편함으로써 종국적으로 대상기업의 경영권을 장악하려는 시도를 하는 것이 보통이고, 그 수단으로 주주들에 대한 의결권 대리행사의 권유를 위해 대상회사에 주주명부 열람 및 등사 청구를 하는 것이 일반적이다. 그러나 경영권분쟁이 있는 경우 대상회사는 M&A 주체의 주주명부 열람 및 등사 청구를 무조건 거부하는 것이 보통이므로, 결국 이를 강제하기 위한 주주명부 열람 및 등사 가처분이 M&A 주체에 의해 제기되는 것이 일반적이다. 또한 경영권분쟁이 발생한 경우 M&A 주체는 대상회사 경영진을 압박하고 우호세력 설득의 근거자료를 확보하기 위해 대상회사에 대해 회계장부 열람 및 등사를 청구하는 경우가 많고, 대상회사는 이를 거부하는 것이 보통이므로 경영권분쟁 상황에서는 M&A 주체에 의한 회계장부 열람 및 등사 가처분이 제기되는 경우가 상당히 많다.

이 사건에서 KCC 역시 의결권 대리행사 권유를 위해 현대엘리베이터와 현대상선을 상대로 주주명부 열람 및 등사 가처분을 제기하였고, 법원은 이를 인용하였다.[7] 또한 KCC는 현대상선에 대해 회계장부

7) 수원지방법원 여주지원 2004. 2. 17.자 2004카합47 결정 ; 서울중앙지방법원 2004. 3. 9. 자 2004카합607 결정. 현대엘리베이터는 법원의 가처분결정에도 불구하고 주주명부의 제

열람 및 등사 가처분을 제기하였고, 법원은 이 역시 인용하였다.[8)]

3. 의결권 관련 가처분

경영권분쟁은 대상회사의 주주총회에서 이사선임 또는 해임 안건에 관한 표 대결의 결과에 따라 승패가 결정되는 것이 보통이다. 그러나 이 사건의 경우에는 앞에서 본 바와 같이 KCC가 현대그룹의 지주회사인 현대엘리베이터의 발행주식총수의 약 44.39%(자사주를 제외한 의결권 있는 발행주식총수의 약 47.54%)를 취득한 상태에서 분쟁이 시작되었으므로, 승패는 통상의 경우와는 달리 주주총회에서의 표 대결 자체가 아니라 KCC가 보유하는 현대엘리베이터 주식의 의결권제한 여부에 관한 법적 공방에 따라 결론이 나는 다소 특이한 상황이 발생하였다.

즉 이 사건의 경우에는 KCC 측이 현대엘리베이터 주식을 취득함에 있어 증권거래법 제200조의2가 규정하는 주식의 대량보유 등의 보고(이른바 5%룰)를 위반했으므로 KCC 측 보유주식 상당 부분의 의결권이 제한되어야 한다는 주장이 현대그룹 측으로부터 제기되었고, 그에 따라 KCC 측이 보유하는 현대엘리베이터의 주식 중 일부의 의결권

공을 거부하였고, 이에 KCC는 법원에 간접강제를 신청하였다. 법원은 KCC의 신청을 수용하여 현대엘리베이터에 1일 5,000만 원의 이행강제금을 부과하였고(수원지방법원 여주지원 2004. 3. 7.자 2004타기73 결정), 그후에야 현대엘리베이터는 KCC에게 주주명부를 제공하였다.

8) 서울지방법원 2004. 2. 23.자 2004카합123 결정. 현대상선은 주주명부의 경우와는 달리 회계장부 열람 및 등사 가처분의 이행을 거부하였다. 그에 대해 KCC는 법원에 간접강제를 신청하였고 법원은 1일 2억 원의 이행강제금을 부과하는 간접강제 결정을 하였으나(서울중앙지방법원 2004. 3. 8.자 2004타기548 결정), 그럼에도 불구하고 현대상선은 계속 이행을 거부하여 KCC는 결국 현대상선의 회계장부를 열람 및 등사를 하지는 못하였다.

유무에 관해 의결권행사의 허용 또는 금지를 구하는 가처분이 각 KCC와 현대그룹에 의해 제기되었다.[9)]

그런데 이들 가처분에서 의결권제한 유무가 문제된 KCC 측 보유주식은 현대엘리베이터 발행주식총수의 약 15.34%에 달하였고, 또한 이들 가처분에서 문제된 주식과는 별도로 KCC 측이 보유하고 있던 현대엘리베이터의 주식 12.87%에 대해 이미 증권선물위원회가 KCC 측에 대해 의결권제한 및 처분 명령을 한 상태였으므로, 결과적으로 이들 가처분에서 문제되는 주식의 의결권까지 제한되는 경우 KCC 측은 현대엘리베이터 주주총회에서 불과 16.18%의 주식에 대해서만 의결권을 행사할 수 있는 상황이었다. 따라서 이들 가처분의 승패에 따라 현대엘리베이터 주주총회에서 양측 표 대결의 승패가 결정되는 상황이었는바, 치열한 공방 끝에 법원이 KCC 측의 의결권행사를 제한하는 가처분결정[10)]을 하여 결국 KCC와 현대그룹 사이의 경영권분쟁은 현대그룹의 승리로 종결되었다.[11)]

---

9) KCC의 의결권과 관련하여서는 그 외에도 이 사건이 표면화되기 전에 KCC 측이 현대엘리베이터로부터 취득한 자사주 8만 주에 관한 매매계약이 사기 · 강박 또는 착오에 의한 것이고, 그 매매계약은 현대엘리베이터에 의해 추후 적법하게 취소되었으므로 KCC 측은 그 주식과 그에 대해 배정된 무상신주 2만 2,400주, 합계 10만 2,400주에 대해 더 이상 의결권이 없을 뿐 아니라 이를 현대엘리베이터에 반환해야 한다는 주장이 제기되었다. 이에 KCC 측은 수원지방법원 여주지원에 문제되는 주식 10만 2,400주에 대한 의결권행사허용가처분을 제기하였고, 이 가처분은 인용되어 KCC의 동 주식에 대한 의결권행사가 허용되었다(수원지방법원 여주지원 2004. 3. 23.자 2004카합50 결정).

10) 수원지방법원 여주지원 2004. 3. 24.자 2004카합51 결정 ; 서울중앙지방법원 2004. 3. 26.자 2004카합809 결정.

11) KCC의 5%룰 위반을 이유로 한 증권선물위원회의 처분 명령과 법원의 위 가처분결정은 증권거래법의 해석과 관련하여 많은 법률상 쟁점을 내포하고 있으나〔김정수, "KCC의 현대엘리베이터 경영권 장악 시도와 증권규제의 법리적 쟁점들," BFL 제7호(2004. 9), 서울대학교 금융법센터, 119-134면 ; 강희철/김성진/강권도, "주식 등의 대량보유 보고 의무 위반과 관련된 법적 쟁점—실무상 제기된 몇 가지 문제의 검토," BFL 제6호

III. KCC와 현대엘리베이터 사이의 신주발행금지가처분 사건의 내용

KCC와 현대그룹 사이의 경영권분쟁사건에서는 앞에서 본 것과 같이 수많은 가처분이 제기되었지만, 그중에서도 신주발행금지가처분(이하 '본건 가처분')은 분쟁의 초기단계에서 제기된 가처분으로 이 사건의 승패 자체를 좌우하는 의미를 가졌다는 점에서 현실적인 의의가 있을 뿐 아니라 뒤에서 기술하는 바와 같이 법률상으로도 많은 쟁점을 내포하고 있으며, 특히 일반공모증자를 금지한 우리나라 최초의 가처분이라는 점에서 실무상 의의가 매우 크다. 따라서 이하에서는 본건 가처분에서 제기된 실무상 쟁점에 대한 구체적 검토에 앞서 논의의 전제로서 이 사건의 배경, 당사자들의 주장, 법원의 판단 등에 대해 먼저 간략히 살펴보도록 한다.

1. 사건의 배경

KCC가 현대그룹의 지주회사인 현대엘리베이터 발행주식총수의 약 44.39%를 취득했다는 사실이 2003년 11월 14일 시장에 알려지자, 현대엘리베이터는 그로부터 3일 후인 2003년 11월 17일 긴급히 이사회를 개최하여 일반공모증자방식으로 1,000만 주의 신주를 발행(이하 '본건 신주 발행')할 것을 결의하였다.[12] 당시 현대엘리베이터의 발행

(2004. 7), 서울대학교 금융법센터, 71-84면), 그에 관한 논의는 이 글의 주제를 벗어나는 것이므로 더 이상 언급하지는 않는다.

12) 현대엘리베이터는 그로부터 2일 후인 2003년 11월 19일, 다시 이사회를 개최하여 청약한도 · 실권주처리방법 등 본건 신주 발행의 내용을 다소 변경하였다.

주식총수는 560여만 주에 불과했으므로, 본건 신주 발행의 규모는 현대엘리베이터 발행주식총수의 약 2배에 달하는 것이었다. 현대그룹 측은 이러한 대규모 일반공모증자를 통해 현대그룹을 국민기업으로 만들 것이라는 점을 명분으로 내세웠다.

앞에서 본 바와 같이, 본건 신주 발행이 현대엘리베이터의 계획대로 실시될 경우 그 자체로 KCC의 현대그룹에 대한 M&A 시도가 실패하는 결과를 초래할 것이 명백하였으므로, KCC는 본건 신주 발행에 관한 이사회 결의가 확정된 다음 날인 2003년 11월 20일 수원지방법원 여주지원에 그 금지를 구하는 신주발행금지가처분을 긴급히 제기하였다.

2. 당사자들의 주장

현대엘리베이터와 같은 상장회사의 경우 일단 신주가 발행되어 상장되고 나면 단기간 동안 수많은 거래가 이루어질 것이므로, 신주발행무효소송을 통해 추후 그 효력을 다툰다는 것은 이미 시장에서 신주를 취득한 불특정 다수인에게 큰 손해를 입힐 가능성이 있다는 점에서 현실적으로 매우 어려운 일이다. 또한 본건의 경우에는 2004년 3월 중에 개최될 현대엘리베이터 정기주주총회에서 KCC 측과 현대그룹 측의 표 대결이 있을 것이 이미 명백하였고, 현대엘리베이터 정관상 정기주주총회에서 의결권을 행사할 주주는 본건 가처분 제기 시점에서 불과 한 달 정도 후인 2003년 12월 31일 주주명부에 등재된 주주로 정해지므로, 본건 신주 발행이 이루어지고 나서 KCC가 본안소송인 신주발행무효소송으로 이를 다투는 것은 현실적으로 아무런 실익이 없음이 분명하였다. 따라서 본건 가처분의 경우, 보전의 필요성 인정 여부와 관련하여서는 당사자들 사이에 비교적 큰 논란이 없었으므로 당사자들 사이의 공방은 주로 피보전권리, 즉 상법 제424조가 규정하는 주주의 신주발행유지청구권이 본건에서 인정될 수 있는지에 모아졌다. 본건 가처분에서 제기된 당사자들의 주요 주장을 법률적 주장을 중심으로 요약하면 다음과 같다.

(1) KCC 측 주장

KCC 측은, 본건 신주 발행은 주주의 신주인수권을 규정하고 있는 상법 제418조 제2항과 현대엘리베이터 정관에 명백히 위배되고 현저하게 불공정한 방법에 의한 것이므로 상법 제424조가 규정하는 신주발행유지청구권의 모든 요건을 충족한다고 주장하였다. KCC 측의 구체적인 주장 내용은 다음과 같다.

1) 상법 제418조 제2항은 주주 외의 자에게 신주를 발행하는 경우에는 정관상 근거라는 형식적 요건과 신기술의 도입, 재무구조의 개선 등 회사의 경영상 목적을 달성하기 위해 필요한 경우라는 실질적 요건을 명문으로 요구하고 있고, 상법 제418조 제2항이 규정하는 이러한 요건은 일반공모증자에도 그대로 적용되어야 한다. 그런데 현대엘리베이터의 정관은 주주 외의 자에게 부여할 신주의 수량을 전혀 특정하지 않아 주주의 신주인수권을 배제할 수 있는 정관규정으로서의 구체성을 결하고 있기 때문에 이러한 위법한 정관규정에 근거한 본건 신주 발행은 상법 제418조 제2항이 규정하는 형식적 요건을 결한 것이며, 또한 본건 신주 발행은 회사의 경영상 목적은 전혀 없이 기존 주주의 신주인수권 배제를 통해 KCC 측의 지분비율을 현저히 낮

추는 한편, 기존 경영진에 우호적인 세력의 지분비율을 높여 결과적으로 지배구조의 변동을 초래하고자 하는 목적에 전적으로 기인한 것이므로 상법 제418조 제2항이 규정하는 실질적 요건 역시 충족하지 못하였다.

2) 현대엘리베이터 정관 제9조 제2항은 일반공모증자도 "신기술의 도입, 재무구조의 개선 등 회사의 경영상 목적을 달성하기 위한 경우"에 한하여 할 수 있는 것으로 규정하고 있다. 그런데 본건 신주 발행은 경영상 목적은 없이 오로지 기존 주주의 신주인수권 배제를 통해 기존 경영진에 우호적인 세력의 지분비율을 높이고자 하는 목적에 기인한 것이어서 위 정관규정에도 명백히 위반된 것이다.

3) 본건 신주 발행은 형식적으로는 일반공모증자의 방식을 취하고 있지만 실제로는 기존 경영진에 대한 우호세력인 우리사주조합에게 우선적으로 신주를 배정하고, 또한 청약한도를 제한하여 대량의 실권주가 발생되도록 한 후 그 실권주를 우호세력에게 배정하는 방식을 통해 경영권을 유지하고자 하는 목적에 기한 것이기 때문에 발행방법이 현저하게 불공정하다.

(2) 현대엘리베이터 측 주장

KCC 측 주장에 대해 현대엘리베이터는, 본건 신주 발행이 일반공모증자라는 점을 강조하며 본건 신주 발행은 법령과 정관에 위배된 것도 현저하게 불공정한 방법에 의한 것도 아니므로 상법 제424조가 규정하는 신주발행유지청구권의 요건을 전혀 충족하지 않는다고 주장하였다. 현대엘리베이터 측의 구체적인 반박 내용은 다음과 같다.

1) 증권거래법은 상법의 특별법이므로 증권거래법 제189조의3에 근거한 일반공모증자에는 상법 제418조가 적용되지 않는다. 게다가 일반공모증자에 상법 제418조가 적용되더라도 일반공모증자는 대량의 자본조달을 예정하고 있는 것이므로 정관에 반드시 발행주식 수량을 제한하는 규정을 두어야 하는 것은 아니다. 또한 일반공모증자의 경우에는 보통의 제3자 배정의 경우와는 달리 경영상 목적의 존재가 추정되기 때문에 신주 발행의 목적이 지배권 유지 및 강화에만 있다는 것이 객관적으로 명백하게 입증되지 않는 이상 경영상 목적의 존재는 인정되어야 한다. 따라서 본건 신주 발행에는 상법 제418조 제2항이 적용되지 않으며, 적용된다고 하더라도 본건 신주 발행은 상법 제418조 제2항이 규정하는 형식적 요건과 실질적 요건을 모두 구비하였다.

2) 현대엘리베이터 정관 제9조 제2항이 일반공모증자를 "신기술의 도입, 재무구조의 개선 등 회사의 경영상 목적을 달성하기 위한 경우"에 한하여 할 수 있는 것으로 규정하고 있다고 하더라도 일반공모증자의 특성상 그 의미를 상법 제418조 제2항이 규정하는 것과 동일하게 해석할 수는 없다. 즉 일반공모증자방식인 본건 신주 발행의 경우에는 특별한 사정이 없는 한 경영상 목적의 존재가 추정되므로 본건 신주 발행은 위 정관규정에도 위반되지 않는다.

3) 상법 제424조가 규정하는 현저하게 불공정한 방법에 의한 신주 발행이란 특정한 자에게 다수의 주식을 부당하게 배정하는 것과 같이

신주의 배정방법이나 절차가 부당한 경우를 의미하는 것이므로, KCC 측에도 증자 참여의 기회가 동등하게 주어지는 일반공모증자방식으로 행하여지는 본건 신주 발행을 현저하게 불공정하다고 볼 수는 없다.

3. 법원의 판단

법원은 결론에서는 KCC 측 주장을 수용하여 본건 신주 발행을 금지하는 가처분결정(이하 '본건 가처분결정')을 하였으나,[13] 본건 가처분결정에서 법원이 판시한 이유는 KCC 측이 주장한 내용과 완전히 동일하지는 않다. 본건 가처분결정에 나타난 법원의 판시를 요약하면 다음과 같다.

(1) 증권거래법이 상장법인에 관해 일반공모증자제도를 도입한 경위에 비추어 증권거래법 제189조의3에 의한 일반공모증자에는 상법 제418조 제2항이 적용되지 않는다고 봄이 타당하다. 다만 일반공모증자에는 상법 제418조 제2항이 직접 적용되지는 않지만, 일반공모증자를 허용하는 정관을 둔 회사가 그 요건에 관해 상법 제418조 제2항과 같은 내용의 규정을 두고 있다면, 이러한 정관규정에 대해서는 상법 제418조 제2항과 동일한 해석을 하여야 한다.

(2) 신주 발행의 주요목적이 기존 지배주주의 대상회사에 대한 지배권 및 현 이사회의 경영권 방어에 있고, 회사의 경영을 위한 기동성 있

13) 수원지방법원 여주지원 2003. 12. 12.자 2003카합369 결정.

는 자금조달의 필요성 및 이를 위한 적합성을 인정하기 어려운 경우라고 하더라도 적대적 M&A를 시도하는 자본의 성격과 M&A의 의도, 기존 지배주주 및 현 경영진의 경영전략, 대상회사의 기업문화 및 종래 대상회사의 사업 내용이 사회경제적으로 차지하는 중요성과 M&A로 인한 종래 사업의 지속 전망 등에 비추어 기존 지배주주의 지배권 또는 현 경영진의 경영권이 유지되는 것이 대상회사와 일반주주에게 이익이 되거나 특별한 사회적 필요가 있다고 인정되고, 또한 신주 발행에 있어 대상회사가 경영권분쟁 당사자인 기존 지배주주가 아닌 일반 주주의 의견과 중립적인 전문가의 조언을 듣는 절차를 거치는 등 합리성이 있는 경우라면, 이는 상법 제418조 제2항 및 이와 동일한 내용의 정관규정이 정하는 회사의 경영상 목적을 달성하기 위하여 필요한 경우에 해당한다고 볼 수 있다.

(3) 본건 신주 발행은 경영권분쟁 상황에서 회사의 경영을 위한 자금조달이 필요하다고 볼 사정이 없음에도 주로 회사의 기존 지배주주나 경영진의 지배권 유지 또는 경영권 방어의 목적으로 이루어졌다고 봄이 상당하며, 그 외 본건 신주 발행의 경우 기존 지배주주의 지배권 또는 현 경영진의 경영권이 유지되는 것이 회사와 일반 주주에게 이익이 되거나 사회적 필요가 있다는 등의 특별한 사정이 없는 것으로 보이므로, 본건 신주 발행은 상법 및 정관에 위배하여 주주의 신주인수권을 위법하게 침해한 것에 해당한다.

Ⅳ. KCC와 현대엘리베이터 사이의 신주발행금지가처분 사건에서 제기된 실무상 쟁점

본건 가처분에는 위에서 보듯이 실무상 관심을 기울일 만한 상당히 많은 쟁점이 내포되어 있다. 다만, 여기에서는 그중 특히 중요하다고 생각되는 쟁점인 i) 일반공모증자의 경우에는 상법 제418조 제2항이 규정하는 실질적 요건의 적용이 배제되는지 여부, 즉 회사의 경영상 목적이 존재하지 않는 경우에도 일반공모증자가 가능한 것인지 여부, ii) 상법 제418조 제2항이 규정하는 실질적 요건 즉 회사의 경영상 목적의 구체적 범위, 특히 법원의 판시와 같이 대상회사와 일반 주주에게 이익이 되거나 특별한 사회적 필요가 있다고 인정된다면 기존 지배주주의 지배권 또는 현 경영진의 경영권이 유지되는 것이 회사의 경영상 목적에 포함될 수 있는지 여부, iii) 이사의 선관의무 위반이 신주발행유지청구의 이유가 될 수 있는지 여부에 대해서만 차례로 살펴보도록 한다.

1. 일반공모증자에 대한 상법 제418조 제2항의 적용

(1) 문제의 소재

증권거래법 제189조의3 제1항은 "주권 상장법인 또는 코스닥 상장법인은 정관이 정하는 바에 따라 이사회의 결의로써 대통령령이 정하는 일반공모증자방식에 의하여 신주를 발행할 수 있다"라고 규정하고, 증권거래법 시행령 제84조의5 제1항은 "법 제189조의3 제1항에서 대통령령이 정하는 일반공모증자방식이라 함은 주주의 신주인수권을 배제하고 불특정 다수인(당해 법인의 주주를 포함한다)을 상대방으로 하여 신주를 모집하는 방식을 말한다" 라고 규정하여, 상장법인은 정관이 정하는 바에 따라 주주의 신주인수권을 배제하는 일반공모증자방식으로 신주를 발행할 수 있음을 명시하고 있다.

따라서 상장법인이 정관의 근거규정에 따라 일반공모증자방식으로 신주를 발행할 수 있고, 그 경우 주주의 신주인수권은 배제된다는 점 자체에는 의문이 없다. 문제는 일반공모증자의 경우에는 상법 제418조 제2항이 규정하는 실질적 요건, 즉 회사의 경영상 목적이 요구되지 않는가 하는 점이다. 앞에서 본 바와 같이 본건 가처분에서 현대엘리베이터 측은 증권거래법은 상법의 특별법이므로 증권거래법 제189조의3에 근거한 일반공모증자에는 상법 제418조 제2항이 적용되지 않는다는 취지의 주장을 하였고, 법원 역시 증권거래법이 상장회사에 관하여 일반공모증자제도를 도입한 경위에 비추어 증권거래법 제189조의3에 의한 일반공모증자에는 원칙적으로 상법 제418조 제2항이 적용되지 않는다는 취지의 판시를 하였다. 즉 법원은 일반공모증자의 경우, 상법 제418조 제2항이 규정하는 실질적 요건의 적용이 없으므로 원칙적으로 회사는 정관에 달리 정함이 없는 한 경영상 목적이 없는 경우에도 일반공모증자를 할 수 있다는 취지의 판시를 한 것이다.[14)]

그러나 법원의 이러한 판시에는 상당한 의문이 있다. 뒤에서 기술하는 바와 같이 이론적으로 보나 현실적으로 보나 일반공모증자에도

14) 현재 대부분의 상장회사는 현대엘리베이터와 달리 정관에 단순히 일정 수량 범위의 일반공모증자의 경우 주주의 신주인수권이 배제된다는 내용의 규정만을 두고 있고 있다(상장회사 표준정관 제10조 제2항 제2호). 따라서 법원의 판시에 따르면, 현재 대부분의 상장회사는 경영상 목적 없이도 정관이 정하는 수량의 범위 내에서는 언제나 일반공모증자에 따른 신주 발행이 가능하므로, 일반공모증자는 상장회사 경영권 방어의 매우 유효한 수단이 될 수 있다.

상법 제418조 제2항의 실질적 요건이 적용 또는 유추적용된다고 봄이 타당하다고 생각되기 때문이다. 이하에서 항을 바꾸어 자세히 살펴보도록 한다.

(2) 일반공모증자에 대한 상법 제418조 제2항의 적용 또는 유추적용의 타당성

법원의 판시는 대체로 증권거래법 제189조의3 제1항과 동법 시행령 제84조의5 제1항의 문언, 특히 시행령이 일반공모증자방식을 주주의 신주인수권을 배제하고 불특정 다수인에게 신주를 모집하는 것이라고 명시하고 있는 점과 증권거래법이 상법의 특별법 성격을 가진다는 점을 근거로 한 것으로 이해된다. 그러나 이와 같은 해석론은 다음에서 보는 바와 같이 일반공모증자제도 도입의 경위, 증권거래법과 상법의 관계에 관한 기존 판례의 태도, 현재 학설의 입장, 일반공모증자에 실질적 요건을 적용하지 않는 경우 발생할 수 있는 현실적 문제점 등을 고려할 때 수용하기 어렵다.

1) 증권거래법 제189조의3 제1항과 증권거래법 시행령 제84조의5 제1항은 일반공모증자의 경우 정관에 따라 주주의 신주인수권을 배제할 수 있음을 규정하고 있을 뿐, 어디에도 상법 제418조 제2항의 적용을 배제한다는 규정은 두고 있지 않다. 따라서 위 규정의 문언만으로 일반공모증자에는 상법 제418조 제2항이 규정하는 실질적 요건이 적용되지 않는다고 단정할 수는 없다. 오히려 일반공모증자가 증권거래법에 도입된 시기와 상법 제418조 제2항이 신설된 시기를 고려할 때에는 일반공모증자에도 상법 제418조 제2항이 적용된다고 봄이 더

자연스럽다.

주지하는 바와 같이 일반공모증자제도는 1997년 1월 13일 개정 시 증권거래법에 도입된 제도이고, 상법 제418조 제2항은 2001년 7월 24일 개정시 상법에 신설된 조항이다. 즉 일반공모증자가 증권거래법에 도입될 당시 상법은 단지 "주주는 정관에 다른 정함이 없으면 그가 가진 주식의 수에 따라서 신주의 배정을 받을 권리가 있다"라고만 규정하고 있었고, 그 외 실질적 요건에 관해서는 명문의 규정을 두지 않고 있었다.[15]

그러나 다수의 학설은 당시에도 이미 주주 외의 자에 대한 신주 발행에는 정관규정이라는 형식적 요건 외에 현행 상법 제418조 제2항이 규정하는 것과 유사한 실질적 요건이 요구된다고 해석하고 있었고,[16] 그러한 학설의 입장을 수용하여 2001년 7월 24일 개정 시 현행 상법 제418조 제2항이 신설된 것이다.

그렇다면 증권거래법이 1997년 1월 13일 일반공모증자제도를 도입하면서 조문의 내용을 당시 상법 제418조 제1항과 거의 동일하게 규정한 취지는 일반공모증자에는 상법과 달리 실질적 요건이 적용되지 않는다는 것이 아니라 일반공모증자에도 상법과 동일하게 실질적 요건이 적용된다는 것이라고 해석함이 훨씬 자연스럽다. 실제로 증권거래법에 일반공모증자제도가 도입될 당시 정부의 제안 이유, 국회의 심사보고서, 검토보고서, 회의록 어디에도 일반공모증자의 경우에는

15) 2001년 7월 24일 개정 전 상법 제418조 제1항.
16) 이태로/이철송, 회사법강의, 박영사, 1992, 632-634면 ; 이기수, 회사법학, 박영사, 1997, 502면 ; 손주찬 · 정동윤(편)/송종준(집필), 주석상법(회사III), 학국사법행정학회, 2003, 450-451면 ; 이동승, "주주의 신주인수권에 관한 연구 — 그 배제요건을 중심으로," 고려대학교 박사학위 논문, 1998, 243-245면 ; 이준섭 "주주의 신주인수권 배제," 상사법연구 제13집(1994), 228-230면 등 다수.

상법이 요구하는 실질적 요건이 배제된다는 취지의 언급은 없다.

2) 증권거래법은 일반적으로 상법의 특별법으로 인식되고 있지만, 역시 그 이유만으로 일반공모증자에 상법 제418조 제2항이 적용되지 않는다고 단정할 수는 없다. 증권거래법이 상법의 특별법이라는 의미는, 증권거래법이 특히 상장법인에 관해 상법이 허용하지 않는 사항을 예외적으로 허용하는 규정을 두고 있거나[17] 상법상 제한에 더하여 추가적 제한을 규정하는 경우[18]에 증권거래법의 규정이 상법에 우선하여 적용된다는 것일 뿐, 나아가 증권거래법과 상법이 동일한 사항에 대해 규정을 두고 있기만 하면 상법의 적용이 무조건 배제된다는 의미는 결코 아니다.

판례도 이 점을 분명히 하고 있다. 즉 임시주주총회 소집청구권을 행사할 수 있는 요건에 대해 발행주식총수의 3% 이상의 주식을 소유할 것을 규정하고 있는 상법 제366조와 회사의 규모에 따라 3% 또는 1.5% 이상의 주식을 6개월간 계속 보유할 것을 규정하고 있는 증권거래법 제191조의13 제5항의 관계에 관해 대법원은 증권거래법 제191조의13 제5항은 상법 제366조의 적용을 배제하는 특별법에 해당한다고 볼 수 없으므로 상장법인의 주주는 증권거래법 제191조의13 제5항이 정하는 요건을 갖추지 못한 경우라도 상법 제366조의 요건을 갖추고 있으면 주주총회 소집청구권을 행사할 수 있다고 판시하였다.[19]

---

17) 상장법인의 자기주식 취득을 허용하는 제189조의2, 분기배당에 관한 제192조의3 등이 그 예이다.

18) 상장법인의 합병에 대한 제한을 규정한 제190조 및 제190조의2, 소집통지 및 공고 사항을 규정하는 제191조의10, 감사선임에 관한 제191조의11 및 제191조의12 등이 그 예이다.

19) 대법원 2004. 12. 10. 선고 2003다41715 판결.

3) 현재 학설상 명시적으로 일반공모증자의 경우 상법 제418조 제2항이 규정하는 실질적 요건의 적용이 배제된다는 주장을 하는 견해는 전혀 찾아볼 수 없다. 그와는 반대로 현재 이 문제를 논의하고 있는 학설은 거의 예외 없이 일반공모증자의 경우에도 상법 제418조 제2항이 규정하는 실질적 요건이 적용되어야 한다는 입장을 취하고 있다.[20] 주주 외의 자에 대한 신주 발행에 실질적 요건이 요구되는 이유는 신주인수권이라는 주주의 비례적 이익은 다수결에 의해서도 자의적으로 제약할 수 없는 성질의 것으로 회사나 주주 전체에 이익이 되는 경우에만 예외적으로 그 제약을 긍정해야 하기 때문이다.[21] 그렇다면 주주의 신주인수권을 명시하고 있는 우리 법제하에서 이를 배제하는 경우 적용되는 실질적 요건은 특정 제3자에 대한 신주 발행뿐 아니라 일반공모증자에 의한 신주 발행에도 당연히 요구된다고 보아야 한다.

4) 증권거래법은 제189조의3 제2항에서 일반공모증자의 경우 발행가격의 하한에 대한 제한을 규정하고 있기는 하나, 그 밖에 발행가격의 상한 · 청약한도 · 실권주가 발생한 경우 처리방법 등에 대해서는 아무런 규정을 두고 있지 않다. 따라서 일반공모증자의 경우, 발행가격의 하한이 준수되기만 하면 구체적 발행가격 · 청약한도 · 실권주의 처리방법은 이사회가 마음대로 정할 수 있다. 그에 따라 만일 일반공

20) 권기범, 현대회사법론, 삼지원, 2005, 800면 ; 이준섭, 앞의 논문, 236면 ; 정충명, "적대적 기업매수의 방어행위에 대한 법적고찰 — 제3자에 대한 신주 발행의 적법성을 중심으로," 사법연구자료 제25집(1999), 법원도서관, 433-434면 ; 김응진, "주주의 신주인수권 제한에 관한 연구," 서울시립대학교 석사학위 논문, 2004, 42-43면 ; 홍용호, "적대적 M&A에 대한 방어행위로서의 증권발행의 적법성에 관한 연구," 서울대학교 석사학위 논문, 1998, 51-53면.

21) 이태로/이철송, 앞의 책, 633면 ; 이동승, 앞의 논문, 242면.

모증자에는 상법 제418조 제2항의 실질적 요건이 적용되지 않는다고 해석한다면 본건 가처분사건에서도 보듯이 회사가 발행가격은 높게, 청약한도는 매우 낮게 설정하여 대규모 일반공모증자를 시도하는 경우 당연히 실권주가 대량 발생할 것이고 그 실권주는 회사가 이사회 결의만으로 마음대로 처분할 수 있을 것이므로, 결국 상장법인은 정관에 근거 규정을 두기만 하면 일반공모증자의 방식을 통해 마음대로 자신이 원하는 제3자에게 신주를 배정할 수 있게 된다. 즉 상장법인의 경우에는 항상 일반공모증자를 통해 주주의 신주인수권을 부정할 수 있게 되므로, 결국 상장법인에는 주주의 신주인수권이 인정되지 않는 것과 동일한 결과가 초래되는 것이다.[22)]

따라서 위와 같은 점들을 고려할 때, 상장회사가 증권거래법 제189조의3에 근거하여 일반공모증자방식으로 신주를 발행하는 경우에도 상법 제418조 제2항이 규정하는 실질적 요건은 적용 또는 유추적용된다고 봄이 타당하다. 다만, 일반공모증자의 경우에는 불특정 다수인을 대상으로 하고 발행가격의 하한이 제한된다는 특성상, 단순히 특정 제3자에게 신주를 발행하는 경우에 비해서는 상대적으로 실질적 요건의 충족이 용이하게 인정될 가능성이 높을 것이다.[23)]

---

22) 김융진, 앞의 논문, 43면.

23) 상법 제418조 제2항이 규정하는 실질적 요건은 기본적으로 독일법에서 인정되고 있는 실질적 요건의 개념을 계수한 것으로 이해되고 있으며, 독일법상 인정되고 있는 실질적 요건은 주주평등원칙과 회사이익기준이다〔이철송, 회사법강의, 2006, 694면 ; 손주찬 · 정동윤(편)/송종준(집필), 앞의 책 451면 ; 김융진, 앞의 논문 36면〕. 따라서 실질적 요건 중 주주평등원칙은 불특정 다수인을 대상으로 하는 일반공모증자에서는 크게 문제되지 않을 것이고, 또한 회사이익기준 역시 일반공모증자가 지배권의 유지 · 변동을 목적으로 하는 등의 특별한 사유가 없고 그 규모가 그렇게 크지 않으며, 주식이 시가에 근접하여 발행되는 경우에는 현실적으로 크게 문제되지 않는 경우가 많을 것이다(이동승, 앞의 논문, 222면).

그런데 이와 관련하여 일부 학설은 한 걸음 더 나아가 일반공모증자의 경우에는 실질적 요건의 존재가 추정될 수 있다는 취지의 주장을 하고 있다.[24] 그러나 이는 우리 법의 해석으로는 수용하기 어려운 견해라고 생각된다. 물론 일반공모증자의 경우에는 앞에서 언급한 것처럼 상대적으로 실질적 요건이 인정될 가능성이 높을 것이나, 그렇다고 하여 명문의 근거도 없이 일반공모증자의 경우에는 언제나 실질적 요건, 특히 경영상 목적의 존재가 추정된다고 볼 수는 없기 때문이다.

2. 상법 제418조 제2항이 규정하는 경영상 목적의 구체적 범위

(1) 문제의 소재—학설 및 판례의 개관

상법 제418조 제2항 단서는 주주 외의 자에게 신주를 발행하기 위해 요구되는 실질적 요건으로 '신기술의 도입, 재무구조의 개선 등 회사의 경영상 목적을 달성하기 위해 필요한 경우'를 규정하고 있다. 즉 현행 상법상 제3자에 대한 신주 발행의 실질적 요건으로는 '회사의 경영상 목적'이 요구된다. 다만 회사의 경영상 목적이란, 가치개념으로서 그 의미가 일의적인 것은 아니므로 구체적으로 어떤 경우가 이에 해당하는지는 전적으로 해석에 맡겨져 있다.

현재 우리나라 학설이 상법이 명시하는 신기술의 도입 · 재무구조의 개선 외에 회사의 경영상 목적으로 예시하고 있는 사항은 외국 자본의 도입 · 전후방 연계시장의 확보 등 회사의 발전을 위해 필요하고 주주배정에 의해서는 같은 목적을 달성할 수 없다고 인정되는 경우,[25]

---

24) 정충명, 앞의 논문, 434면 ; 홍용호, 앞의 논문, 52면.

25) 이철송, 앞의 책, 694면.

자금조달의 기동성,[26] 기업구조조정 · 외국 기업과의 합작 또는 전략적 제휴[27] 등 모두 회사의 영업 수행과 관련하여 필요한 경우에 한정되고 있다. 즉 현재 학설은 기본적으로 상법 제418조 제2항 단서가 규정하는 회사의 경영상 목적에 기존 지배주주의 지배권 또는 현 경영진의 경영권이 유지되는 것은 포함시키지 않는 입장을 취하고 있는 것으로 이해되며, 실제로 일부 학설은 명시적으로 경영상 목적 달성과는 상관없이 특정 주주를 축출하거나 지배권을 빼앗기 위해 주주의 신주인수권을 제한할 수는 없다는 입장을 취하고 있다.[28]

판례 역시 기본적으로 위의 학설과 입장을 같이하고 있는 것으로 보인다. 즉 판례[29]는 종래 경영권분쟁 상황하에서 열세에 처한 구지배세력이 지분비율을 역전시켜 경영권을 방어하기 위해 기존 주주를 배제한 채 제3자인 우호세력에게 집중적으로 전환사채를 발행한 것은 주주의 신주인수권을 침해한 것이라고 판시하거나[30] 자금조달의 필요가 있고 합리적인 경영상 목적이 인정되는 한 그에 부수하여 다른 목적이 있었더라도 주주 외의 자에 대한 전환사채발행을 무효라고 할 수는 없지만, 자금조달목적은 표면적 이유에 불과하고 다른 주주들의 의사를 무시한 채 지배주주나 경영진의 이익만을 위하여 회사의 지배관계에 변동을 주는 것을 주된 목적으로 하는 전환사채발행은 무효라

26) 정동윤, 회사법, 법문사, 2003, 504면.
27) 권기범, 앞의 책, 801면.
28) 정동윤, 앞의 책, 504면 ; 손주찬 · 정동윤(편)/송종준(집필), 앞의 책, 451면.
29) 본문에 소개된 판례 중 상당수는 신주 발행이 아니라 전환사채 발행에 관한 것이나, 주주 외의 자에 대한 전환사채의 발행에 제418조 제2항 단서를 준용하고 있는 상법의 태도를 고려할 때(제513조 제3항 후문), 그 논리는 신주 발행에 그대로 적용된다고 볼 수 있다고 생각된다.
30) 서울고등법원 1997. 5. 13.자 97라36 결정.

고 판시해 오고 있다.[31] 최근에도 회사에 경영권분쟁이 계속 중이거나 임박해 있는 등 오직 지배권 변동을 초래하거나 이를 저지할 목적으로 전환사채를 발행한 경우에는 당연히 무효 원인이 된다는 취지로 판시하였고,[32] 특히 회사의 경영권분쟁이 발생한 상황에서 주주의 신주인수권을 배제하고 신주를 대규모 발행함으로써 주주의 회사에 대한 종전 지배권에 현저한 영향을 미치는 경우라면 비록 신주 발행이 회사의 경영목적에 부합하는 면이 있더라도 경영상 필요성으로 인하여 불가피하게 경영권분쟁이 종결되기 전에 주주의 신주인수권을 배제할 수밖에 없다는 사정이 존재하여야만 그와 같은 신주 발행이 유효하다고 판시하거나[33] 회사 지배구조의 변경을 기도하거나 그러한 세력으로부터 기존의 지배주주를 보호할 목적으로 특정인에게 대량으로 전환사채를 발행하는 것은 경영상 목적에 포함되지 않는다는 취지로 판시하여,[34] 기본적으로 상법 제418조 제2항이 규정하는 회사의 경영상 목적에 기존 지배주주의 지배권 또는 현 경영진의 경영권이 유지되는 것은 포함시키지 않는 입장을 취하고 있다.

그런데 본건 가처분결정에서 법원은 위와 같은 학설 및 판례에 상치되는 취지의 판시를 하였다. 즉 법원은 "기존 지배주주의 지배권 또는 현 경영진의 경영권이 유지되는 것이 대상회사와 일반 주주에게 이익이 되거나 특별한 사회적 필요가 있다고 인정되고, 신주 발행에 있어 일반 주주의 의견과 중립적인 전문가의 조언을 듣는 절차를 거친 경우"에는 상법 제418조 제2항이 규정하는 경영상 목적을 달성하기

31) 수원지방법원 1997. 12. 16.자 97카합7333 결정.
32) 대법원 2004. 6. 25. 선고 2000다37326 판결.
33) 서울중앙지방법원 2005. 5. 13.자 2005카합744 결정.
34) 서울고등법원 2006. 6. 23. 선고 98나4608 판결.

위하여 필요한 경우에 해당한다고 볼 수 있다고 판시하여, 경영상 목적에 기존 지배주주의 지배권 또는 현 경영진의 경영권이 유지되는 것도 예외적으로 포함될 수 있다고 인정하였다. 또한 법원은 기존 지배주주의 지배권 또는 현 경영진의 경영권이 유지되는 것이 대상회사와 일반주주에게 이익이 되거나 특별한 사회적 필요가 있다고 인정하는 판단기준으로 적대적 M&A를 시도하는 자본의 성격과 M&A의 의도, 기존 지배주주 및 현 경영진의 경영전략, 대상회사의 기업문화 및 종래의 대상회사의 사업내용이 사회경제적으로 차지하는 중요성과 M&A로 인한 종래 사업의 지속 전망 등을 고려할 수 있다고 판시하였다.

법원의 이러한 판시는 기본적으로 미국에서 판례이론으로 형성된 주요목적기준(primary purpose test)을 변형하여 수용한 것으로 이해된다.[35] 따라서 이하에서는 먼저 미국 판례상 인정되고 있는 주요목적기준의 내용을 간략히 살펴본 다음, 우리 법 해석상 이를 수용할 수 있는지 여부를 중심으로 본건 가처분결정에 나타난 법원 판시의 타당성에 대해 검토하도록 한다.

(2) 주요목적기준의 내용[36]

미국 모범회사법은 정관에 다른 규정이 없는 이상 주주의 신주인수권을 인정하지 않는 입장을 취하고 있고, 그에 따라 대부분의 공개회

---

35) 최문희, "신주(예약권)의 제3자 배정에 의한 경영권 방어의 적법성 — 일본방송사건에 비추어 본 일본 판례의 분석을 중심으로," BFL 제12호(2005. 7), 서울대학교 금융법센터, 38면 ; 김용진, 앞의 논문, 57면 ; 김병태/이성훈/김수련, "M&A 계약상 Fiduciary-Out 조항에 관한 연구," BFL 제20호(2006. 11), 서울대학교 금융법센터, 45-46면.

36) 이 부분의 내용은 주로 이동승, 앞의 논문, 155-170면과 홍용호, 앞의 논문, 23-39면을 발췌 인용하였음을 밝힌다.

사가 주주의 신주인수권을 명시적으로 배제하는 규정을 정관에 두고 있다.[37] 따라서 미국법상 신주 발행의 적법성은 주주의 신주인수권 배제가 실질적 요건을 충족했는지 여부에 따라 결정되는 것이 아니라 신주 발행을 결정할 때 이사가 충실의무를 위반했는지 여부에 따라 결정된다. 주요목적기준은 이러한 미국법의 특성하에서 신주 발행에 대한 이사의 충실의무위반을 판단하는 기준으로 판례상 정립된 이론이다.

주요목적기준은 1903년 Luther v. C. J. Luther Co.사건[38]에서 최초로 인정된 것으로 이해되고 있다. 이 사건에서 미국 법원이 인정한 주요목적기준의 기본 내용은 신주 발행의 주요목적이 자금조달 · 영업재산의 취득 · 종업원지주제도의 창설 및 확대와 같이 회사의 정당한 사업목적의 추진에 있는지 아니면 지배권의 유지 · 강화에 있는지를 심사하여, 전자에 해당하는 경우에는 경영판단의 원칙을 적용하고 후자에 해당하는 경우에는 이사의 충실의무 위반을 인정하는 것이었다.

그런데 주요목적기준은 1980년대에 접어들어 미국 사회에서 적대적 공개매수가 일반화됨에 따라 내용이 수정되기에 이른다.[39] 그 이유는 적대적 공개매수의 경우 대상회사 이사의 방어행위는, 한편으로는 회사의 존립이나 기본방침을 위협하는 공개매수에 대해 이사가 회사나 주주 전체의 이익을 고려한 상태에서 행해질 수도 있지만 다른 한편으로는 이사 개인의 이익을 보호하기 위해 행해질 수도 있기 때문

37) 김용진, 앞의 논문, 10-11면.

38) Luther v. C. J. Luther Co. 118 Wis. 112, 94 N. W. 69, 1903.

39) 주주의 신주인수권이 인정되지 않는 미국법상으로는 신주 발행의 적법성에 대한 논의는 공개매수에 대한 방어조치를 포함한 경영권 방어조치의 적법성이라는 주제로 함께 다루어지므로 공개매수에 대한 방어조치의 적법성에 관한 판례는 신주 발행의 적법성 심사에서도 그대로 적용되는 것으로 이해되고 있다.

에, 그러한 방어행위가 지배권의 유지 · 강화에 주요목적이 있다고 하여 이를 일률적으로 충실의무 위반이라고 보는 것은 부당하다는 견해가 일반화되었기 때문이다. 그에 따라 주요목적기준은 1985년 Unocal Corp. v. Mesa Petroleum Co.사건[40]과 1989년 Paramount Communication, Inc. v. Time Incorporated사건[41]에서 상당 부분 수정되었고, 그 입장이 현재까지 계속되는 것으로 이해되고 있다.[42]

수정된 주요목적기준은 신주 발행을 포함한 경영권 방어행위 자체의 주요목적은 회사의 정당한 사업목적의 추진이 아니라 지배권의 유지 · 강화에 있다고 하더라도, 그 방어행위가 회사와 주주 전체에 유리한지 여부를 심사하여 이사의 충실의무 위반 여부를 판단하는 이론이다. 방어행위가 회사나 주주 전체에 이익이 되는지 여부에 관한 구체적인 심사기준으로는 i) 공개매수의 가액 · 시기 · 위법 여부, ii) 공개매수가 주주 · 종업원 · 고객 · 채권자 · 지역사회 등에 미치는 영향, iii) 공개매수 주체의 성격, iv) 공개매수가 회사의 경영전략에 위협이 되는지 여부, v) 공개매수 이후 회사의 존속 여부, vi) 방어조치에 대해 전문적인 자문이 있었는지 여부, vii) 방어조치를 취한 이사회의 독립성 및 중립성, viii) 방어조치를 취한 시기의 적절성, ix) 방어조치의 비례성 등이 모두 고려된다. 특히 법원은 이미 언급한 Unocal Corp. v. Mesa

40) Unocal Corp. v. Mesa Petroleum Co. 493 A. 2d 946, Del. 1985.

41) Paramount Communication, Inc. v. Time Incorporated 571 A. 2d 1140, Del. 1989.

42) Unocal Corp. v. Mesa Petroleum Co.사건은, Unocal Corp.의 주식 13%를 소유하고 있던 주주인 Mesa Petroleum Co.가 Unocal Corp.을 상대로 공개매수를 시도하자 Unocal Corp.이 그에 대한 방어조치로 자기주식을 공개매수한 사건이다. 또한 Paramount Communication, Inc. v. Time Incorporated사건은, Paramount Communication, Inc.가 Time Incorporated에 대해 공개매수를 시도한 것에 대해 Time Incorporated가 공개매수를 거부하는 내용의 방어조치를 취한 사건이다. 미국 델라웨어주 대법원은 이 사건들에서 모두 이사의 방어행위가 적법하다고 판시하였다.

Petroleum Co.사건에서 Mesa Petroleum Co.를 소유한 T. 피켄스가 그린메일러로 유명한 회사약탈자라는 점을 강조하며 Unocal Corp.의 자기주식에 대한 공개매수가 적법하다고 판시하였고, Paramount Communication, Inc. v. Time Incorporated사건에서는 공개매수가 Time Incorporated의 문화와 장기적 경영전략에 위협이 된다는 점을 강조하여 방어조치의 적법성을 긍정하였다.

따라서 현재 미국 판례가 취하고 있는 수정된 주요목적기준에 따르면, 경영권분쟁하에서 지배권 변동 또는 유지를 위한 방어행위로서의 신주발행도 그것이 회사나 주주 전체에 이익이 되는 경우에는 허용되며, 그에 관한 구체적 판단기준으로는 적대적 M&A 주체의 성격, 적대적 M&A가 주주 등이나 회사의 문화 및 경영전략에 미치는 영향, 적대적 M&A 이후 회사의 존속 여부 등도 고려되는 것으로 이해되고 있다.[43)]

(3) 법원 판시의 타당성

본건 가처분결정에서 법원은 위에서 본 수정된 주요목적기준을 거의 그대로 수용하여 이를 상법 제418조 제2항이 규정하는 경영상 목적의 판단기준으로 인정한 것으로 보인다.[44)] 또한 법원은 수정된 주요목적기준에서 한 걸음 더 나아가 기존 지배주주의 지배권 또는 현 경영진의 경영권이 유지되는 것이 대상회사와 일반 주주에게 이익이 되

43) 미국과 마찬가지로 원칙적으로 주주의 신주인수권을 인정하지 않는 일본의 경우에도 수정된 주요목적기준은 신주 발행의 적법성 판단기준으로 수용되고 있다(최문희, 앞의 논문, 36면).

44) 최문희, 앞의 논문, 38면 ; 김용진, 앞의 논문, 57면 ; 김병태/이성훈/김수련, 앞의 논문, 45-46면.

는 경우뿐 아니라 특별한 사회적 필요가 있는 경우까지 경영상 목적이 인정된다고 판시함으로써 수정된 주요목적기준보다도 주주 외의 자에 대한 신주 발행이 가능한 범위를 오히려 넓히고 있다.

그러나 수정된 주요목적기준은 내용의 합리성 여부를 떠나서 이를 우리 법의 해석상 그대로 적용할 수 있는지에 대해 상당한 의문이 있다. 이미 언급한 바와 같이 수정된 주요목적기준은 주주의 신주인수권을 인정하지 않는 미국법하에서 이사의 충실의무 위반의 판단기준으로 정립된 이론임에 반해, 우리 법은 주주의 신주인수권을 명문으로 인정하고 있으므로 근본적으로 이를 동일한 평면에서 적용하기는 어렵기 때문이다. 즉 내용의 타당성을 떠나서 신주인수권 배제를 위한 실질적 요건인 회사의 경영상 목적의 판단기준으로 이사의 충실의무 위반의 판단기준인 주요목적기준을 그대로 적용하는 것은 법체계적 관점에서 난점이 있는 것으로 생각된다.[45)]

물론 우리 법과 같이 주주의 신주인수권을 인정하는 독일법상으로도 회사를 파멸할 목적을 가진 주주를 배제하기 위한 신주 발행이 회사이익에 부합하는 것으로 판례상 인정되고 있다는 점을 고려하면,[46)] 회사의 경영상 목적을 영업 관련 목적에 한정하지 않고 기존 지배주주의 지배권 또는 경영진의 경영권 유지가 회사 또는 주주 전체에 이익이 되는 경우까지 포함시키는 해석이 적어도 이론상으로는 불가능

45) 우리 회사법 체계상 수정된 주요목적기준은 보충적으로 적용되어야 한다는 견해로는 이동승, 앞의 논문, 243면. 수정된 주요목적기준이 우리 법의 해석상 그대로 적용될 수 있다는 견해로는 홍용호, 앞의 논문, 39면.

46) BGHZ 33, 175 : 125, 239(이동승, 앞의 논문, 185면에서 재인용). 앞에서 언급한 바와 같이 상법 제418조 제2항이 규정하는 실질적 요건은 기본적으로 독일법에서 인정되고 있는 실질적 요건의 개념(회사이익기준 · 주주평등원칙)을 계수한 것으로 이해되고 있고, 따라서 우리 법상 회사의 경영상 목적에 상응하는 독일법상 개념은 회사이익이다.

하지 않다고 생각된다. 그러나 상법 제418조 제2항이 규정하는 회사의 경영상 목적의 문언 해석상 그에 회사의 영업 관련 목적뿐 아니라 기존 지배주주의 지배권 또는 경영진의 경영권 유지라는 목적까지 포함시키는 것이 적절한지, 또한 기존 지배주주의 지배권 또는 경영진의 경영권 유지가 회사에 이익이 되는 경우뿐 아니라 주주 전체에 이익이 되는 경우, 나아가 미국 판례에서조차 인정되지 않는 사회적 필요성이 있는 경우까지 회사의 경영상 목적에 포함된다고 보는 것이 타당한지에 대해서는 상당한 의문이 있다. 또한 현실적인 측면에서도 회사의 경영상 목적을 이와 같이 광범위하게 인정하는 경우에는 결과적으로 주주의 신주인수권을 부정하는 것과 동일한 결과를 초래할 우려가 있다.

따라서 본건 가처분결정에서의 법원의 판시는 회사의 경영상 목적을 기존 학설과 판례처럼 반드시 회사의 영업 관련 목적에 한정할 필요는 없다는 것을 시사했다는 점에서 매우 전향적이라고 할 수 있고, 향후 실무의 운영에도 적극 참고할 필요가 있다고 생각되기는 하나 우리 법의 해석상 이를 그대로 수용하기는 어렵다고 생각된다.[47] 무엇보다도 주주의 신주인수권을 인정하는 우리 상법의 해석하에서 경영상 목적은 원칙적으로 회사의 영업상 목적을 의미한다고 봄이 문언에 부합하는 해석이기 때문이다. 다만, 본건 판시와 같이 미국의 수정된 주요목적기준을 일정 부분 수용해서 회사의 경영상 목적에 자금조달, 기술도입과 같이 직접적으로 영업에 관련되는 것뿐 아니라 회사의 장기적 전략이나 문화, 회사의 향후 존속 여부 등과 같이 간접적으로 영업에 관련되는 것까지 포함되는 것으로 해석하는 것은 이론적으로 가

47) 각주 32) 내지 34)에서 언급한 판례는 본건 가처분결정 이후의 것이라는 점에서 현재 법원의 실무도 본건 가처분결정의 내용을 그대로 수용하고 있지는 않은 것으로 이해된다.

능할 뿐 아니라 현실적 필요성도 있다고 생각되므로, 향후 그 수용의 범위 등에 관한 학설 및 실무의 적극적 논의 및 검토가 요망된다.[48)]

3. 이사의 선관의무 위반을 신주발행유지청구의 이유로 삼을 수 있는지 여부

법원이 그에 관해 구체적 판단을 하지는 않았으나, 본건 가처분에서 쟁점이 된 사항 중 하나는 이사의 선관의무 위반을 신주발행유지청구의 사유로 삼을 수 있는가 하는 점이었다. 현재 이에 관한 학설상 논의는 대체로 이사의 선관의무 위반을 상법 제424조가 규정하는 신주발행유지청구의 사유 중 법령 위반에 해당하는 것으로 볼 수 있는지를 중심으로 진행되고 있으며, 상당수의 학설은 여기서 법령은 상법 제418조와 같은 구체적 규정을 의미하고 이사의 선관의무와 같은 추상적 규정은 그에 해당하지 않는다고 보아, 결과적으로 이사의 선관의무 위반은 신주발행유지청구의 이유로 삼을 수 없다는 취지의 해석을 하고 있다.[49)]

그러나 상법 제424조가 규정하는 법령이 구체적인 규정만을 의미하며, 이사의 선관의무위반은 추상적 규정이어서 그에 해당되지 않는

---

48) 또한 뒤에서 기술하는 바와 같이 수정된 주요목적기준은 부당한 주주배정방식 신주발행, 현물출자, 자기주식 처분의 경우 유효한 통제이론으로 기능할 수 있을 것으로 생각된다.

49) 권기범, 앞의 책, 826면 ; 손주찬 · 정동윤(편)/송종준(집필), 앞의 책, 504면 ; 김상원/정지형, 가압류 · 가처분, 한국사법행정학회, 1995, 613면 ; 주기종, "적대적 M&A에 대한 방어대책으로서 신주 등의 발행에 관한 연구," 상사법연구 제21호(1998), 301면 ; 박기종, "주주의 신주인수권에 관한 연구," 조선대학교 박사학위 논문, 2003, 112면 ; 홍용호, 앞의 논문, 58면.

다는 견해는 납득할 수 없다. 법령이 어떤 기준으로 구체적 규정과 추상적 규정으로 나뉘는지가 불분명할 뿐 아니라 상법 제424조의 법령은 구체적 규정이어야 한다는 해석 또한 근거가 없다고 생각되기 때문이다. 또한 이사위법행위유지청구권이 규정하는 법령에는 이사의 선관의무가 포함된다는 점에 학설상 이론이 없는바,[50] 신주발행유지청구권의 경우에도 이를 달리 해석할 이유는 없다고 생각된다는 점에서도 여기에서의 법령 역시 이사의 선관의무를 포함한다고 봄이 옳다고 생각된다.[51]

게다가 상법 제424조는 신주발행유지청구의 사유로 법령과 정관 위반에 더해 발행방법이 현저히 불공정한 경우를 규정하고 있다. 발행방법이 현저히 불공정한 경우는 통상 부당한 목적을 달성하는 수단으로 신주를 발행하는 것을 말하는 것으로, 신주 발행의 목적이 특정 주주나 경영진의 이익을 위한 경우가 대표적이다. 그렇다면 위에서 소개한 학설의 입장에 따라 이사의 선관의무 위반은 법령 위반에 해당되지 않는다고 보더라도 이사의 선관의무에 현저히 위반된 신주 발행, 특히 경영권분쟁하에서 특정 주주 또는 경영진의 이익을 위해 단행된 신주 발행은 그 방법이 현저하게 불공정한 것으로 보아 신주발행유지청구의 행사 사유가 된다고 볼 수 있다.

따라서 이사의 선관의무 위반은 법령 위반 또는 발행방법이 현저히

---

50) 손주찬 · 정동윤(편)/박길준(집필), 앞의 책, 300면 ; 권기범, 앞의 책, 711면 ; 정동윤, 앞의 책, 462면.

51) 일부 학설은 이사위법행위유지청구권의 법령은 추상적 규정인 선관의무를 포함하나 신주발행유지청구권의 법령은 구체적 규정만을 의미한다는 입장을 취하고 있는데〔권기범, 앞의 책, 826면 ; 손주찬 · 정동윤(편)/송종준(집필), 앞의 책, 504면 ; 김상원/정지형, 앞의 책, 613면 ; 박기종, 앞의 논문, 112면 ; 홍용호, 앞의 논문, 58면〕, 역시 납득할 수 없는 해석이다.

불공정한 경우[52]로서 신주발행유지청구의 행사 사유가 될 수 있다고 보는 것이 타당하다. 특히 이와 같이 보는 실익은 주주의 신주인수권을 침해하지는 않으나 부당한 신주 발행을 통제할 수 있다는 데에 있다. 즉 자력이 부족한 소수주주가 연합하여 경영권 교체 의사를 밝히는 것에 대항하여 지배주주가 회사에 자금조달의 필요성이 전혀 없음에도 불구하고 오로지 경영권을 유지할 목적으로 대규모 주주배정방식의 증자를 추진하는 경우, 고액의 발행가액 또는 과다한 발행물량 등의 사유로 주주의 청약이 사실상 불가능한 경우,[53] 뒤에서 설명하는 현물출자에 따른 신주 발행 등의 사례에서 이사의 선관의무 위반 여부는 신주 발행의 적법성 판단기준으로 기능할 수 있다고 생각된다.[54]

V. 기타 신주발행금지가처분 관련 실무상 쟁점

지금까지 본건 가처분과 관련하여 제기된 실무상 쟁점 몇 가지를 살펴보았으나, 신주발행금지가처분과 관련하여서는 이상에서 살펴본 것 외에도 현재 실무상 다양한 쟁점이 제기되고 있다. 따라서 이하에

52) 물론 이사가 선관의무를 위반한 모든 신주 발행이 발행방법이 현저히 불공정한 경우에 해당하지는 않을 것이다. 그러나 이사의 선관의무 위반의 태양이 이미 언급한 것처럼 경영권분쟁 상황 등에서 특정 주주 또는 경영진의 이익을 위한 것이라면 대부분 그에 해당할 수 있을 것이다.

53) 권기범, 앞의 책, 826-827면.

54) 본건 가처분결정에서 법원이 수용한 수정된 주요목적기준이 이와 같은 경우, 현저히 불공정한 발행방법의 판단기준으로 적용될 수 있을 것으로 본다. 이와 관련하여 앞에서 본 바와 같이 주주의 신주인수권을 인정하지 않는 일본법의 경우, 신주 발행의 적법성은 당해 신주 발행이 불공정한 것인지 여부에 따라 결정되고 있으며, 그 경우 불공정성의 판단기준으로는 이사의 선관의무 또는 충실의무의 위반 여부를 검토하는 수정된 주요목적기준이 활용되고 있다는 점은 시사하는 바가 크다.

서는 그러한 쟁점들 중 i) 종래 학설상 논란이 되어 왔던 현물출자에 주주의 신주인수권이 인정되는지의 문제, ii) 최근 논란이 되고 있는 자기주식 처분에 신주 발행의 법리를 유추적용할 수 있는지의 문제, 그리고 iii) 이사회 결의 전에 신주발행금지가처분을 제기할 수 있는지와 그 경우 신주발행 금지기간을 설정하는 것이 가능한지의 문제에 관해 차례로 살펴보도록 한다.

1. 현물출자와 주주의 신주인수권

신주발행금지가처분과 관련하여 종래 실무상 상당히 논란이 되고 있던 쟁점 중 하나가 현물출자의 경우, 주주의 신주인수권에 관한 상법 제418조를 적용할 수 있는가의 문제이다. 이와 관련하여 종래 학설상의 논의는 주로 현물출자가 주주의 신주인수권의 예외인지를 중심으로 이를 긍정하여 현물출자에 따른 신주 발행은 상법 제416조 제4호에 따라 이사회 결의만으로 가능하다고 보는 견해[55)]와 이를 부정하여 현물출자에 따른 신주 발행의 경우에도 상법 제418조 제2항에 따라 정관상 근거규정이나 그에 준하는 주주총회 특별결의를 요한다는 견해[56)]가 첨예하게 대립하고 있었다. 한편 이에 관해 대법원은 비록 조세에 관한 것이기는 하나, 명시적으로 현물출자에는 주주의 신주인수

55) 최기원, 신회사법론, 박영사, 2005, 730-731면 ; 권기범, 앞의 책, 798-799면 ; 정동윤, 앞의 책, 504-505면 ; 이준섭, 앞의 논문, 238면 ; 이동승, 앞의 논문, 262-263면 ; 김응진, 앞의 논문, 63-64면 ; 김은주, "주주의 신주인수권 배제에 관한 연구 — 배제의 이론적 근거와 요건을 중심으로," 연세대학교 석사학위 논문, 1999, 84면.

56) 이철송, 앞의 책, 690-692면 ; 김건식, "현물출자와 신주인수권," 법학 제31권 1-2호(1990), 서울대학교, 205면 ; 조윤주, "주주의 신주인수권 제한에 관한 연구," 연세대학교 석사학위 논문, 2004, 96-97면 ; 박기종, 앞의 논문, 77-78면.

권이 적용되지 않으므로 이사회 결의만으로 현물출자에 따른 신주 발행은 가능하다는 입장을 취하고 있다.[57)]

생각건대 현물출자에는 주주의 신주인수권이 적용되지 않는다는 명시적인 대법원 판례가 존재하는 이상 실무상 논의는 학설과는 달리 현물출자에는 주주의 신주인수권이 적용되지 않고, 따라서 이사회의 결의만으로 그것이 가능하다는 것을 전제로 함이 옳다고 본다. 즉 현물출자에 관한 실무상 논의는 현물출자에 주주의 신주인수권이 적용되는지 여부가 아니라 현물출자에는 주주의 신주인수권이 적용되지 않는다고 할 경우, 부당한 현물출자를 현행법상 어떻게 규제할 것인지를 중심으로 진행되어야 한다고 생각된다.

이와 관련하여 현재 학설 중 상당수는 현물출자가 주주의 신주인수권의 예외임을 인정하면서도 상법 제418조 제2항의 실질적 요건이 현물출자에 적용 또는 유추적용된다는 입장을 취하고 있으며,[58)·59)] 이러한 학설의 입장은 타당한 것으로 생각된다. 즉 먼저 이론적 측면에서 앞서 본 바와 같이 주주 외의 자에 대한 신주 발행에 실질적 요건이 요구되는 이유가 신주인수권이라는 주주의 비례적 이익은 다수결에 의해서도 자의적으로 제약할 수 없는 성질의 것으로, 회사나 주주 전체에 이익이 되는 경우에만 예외적으로 그 제약을 긍정해야 하기 때문이라면[60)] 실질적 요건의 적용에서 금전출자와 현물출자를 구별할 이유가 없을 것이다. 또한 현실적 측면에서도 현물출자의 대상인 현

57) 대법원 1989. 3. 14. 선고 88누889 판결.

58) 정동윤, 앞의 책, 504-505면 ; 이준섭, 앞의 논문, 238면 ; 이동승, 앞의 논문, 262-263면 ; 김웅진, 앞의 논문, 63-64면 ; 김은주, 앞의 논문, 84면.

59) 현물출자가 주주의 신주인수권의 예외가 아니라고 보는 학설은 상법 제418조 제2항의 실질적 요건은 당연히 현물출자에 적용된다고 해석하게 될 것이다.

60) 이태로/이철송, 앞의 책, 633면 ; 이동승, 앞의 논문, 242면.

물이 회사의 영업을 위해 반드시 필요한 경우에는 대부분 실질적 요건은 쉽게 충족될 수 있을 것이라는 점에서도[61] 현물출자에 실질적 요건의 적용을 긍정하는 것이 부당한 결과를 초래하지는 않을 것이다.

따라서 일반공모증자와 마찬가지로 현물출자에 따른 신주 발행의 경우에도 상법 제418조 제2항의 실질적 요건은 적용 또는 유추적용된다고 봄이 합리적이라고 생각된다. 즉 현물출자에 따른 신주 발행은 주주의 신주인수권의 예외로서 정관상 근거규정이나 주주총회 특별결의 없이 이사회 결의만으로 가능하나, 이 경우에도 상법 제418조 제2항의 실질적 요건이 적용되므로 회사의 경영상 목적을 달성하기 위해 필요하지 않은 현물출자는 허용되지 않는다고 봄이 타당하다.

나아가 만일 현물출자에는 주주의 신주인수권이 배제되어 상법 제418조 제2항의 실질적 요건은 현물출자에 적용되지 않는다고 보더라도[62] 부당한 현물출자에 따른 신주 발행은 많은 경우, 상법 제424조가 신주발행유지청구의 사유로 규정하고 있는 발행방법이 현저하게 불공정한 경우에 해당되는 것으로 보아 이를 통제할 수 있을 것으로 생각된다. 즉 회사에 현물출자의 필요성이 없음에도 현물출자방식으로 신주를 발행하거나 현물출자에 따른 신주 발행의 주요목적이 지배권 유지 · 변경 등에 있거나 현물출자의 방식이 주주 평등의 원칙에 반하는 경우에는 그러한 신주 발행은 현저하게 불공정한 것으로 보아[63] 신주발행유지청구가 가능하다고 볼 수 있을 것으로 생각된다.[64]

---

61) 이준섭, 앞의 논문, 238면 ; 김웅진, 앞의 논문, 63면.

62) 권기범, 앞의 책, 799면과 최기원, 앞의 책, 731면이 이와 같은 입장을 밝히고 있는 것으로 이해된다.

63) 이미 언급한 바와 같이 이 경우 현저한 불공정성의 판단기준으로는 미국 판례상 이론인 수정된 주요목적기준이 적용될 수 있을 것으로 생각된다.

64) 권기범, 앞의 책, 826면.

2. 자기주식의 처분에 대한 신주 발행 법리의 적용

신주발행금지가처분과 관련하여 실무상 제기되고 있는 쟁점 중 비교적 새로운 것이 자기주식의 처분에도 상법이 규정하는 신주 발행의 법리를 적용할 수 있는가 하는 점이다. 이와 관련하여서는 자기주식의 처분은 그 법적 형식에서 신주 발행과 완전히 다르지만, 자기주식이 처분되는 경우 의결권 있는 주식 수가 증가하여 기존 주주의 지위에 영향을 미치는 점을 고려할 때 자기주식의 처분은 그 실질에 있어서는 신주 발행과 동일한 것으로 신주 발행의 법리가 적용되어야 한다는 취지의 학설이 종래 주장되어 왔다.[65)]

그런데 최근의 하급심 판례[66)] 가운데 이러한 학설의 입장을 수용한 것이 있어 주목을 요한다. 즉 이 사건에서 법원은 우리 상법 및 증권거래법이 자기주식 처분에 대하여 신주 발행에 관한 규정을 준용하고 있지 아니하고, 자기주식 처분은 형식적으로는 신주 발행과 효과가 다르지만, 회사가 자기주식을 처분하는 행위는 그 처분으로 인한 보유주식비율의 변동에 따라 주주로서의 회사에 대한 권리나 지위에 중대한 영향을 초래하게 되는데, 특히 자기주식을 일방적으로 특정 주주들에게만 매각할 경우에는 그 매각으로 인해 초래되는 기존 주주의 지분비율의 감소로 인해 신주 발행과 동일한 결과를 가져오므로 신주 발행에서와 마찬가지로 통제를 가할 필요성이 있다고 전제한 후, 이 사건의 경우 회사가 다른 주주들에게는 자기주식을 매수할 기회를 전혀 주지 않은 채 특정 주주에게 일방적으로 자기주식을 매도한 것은

65) 이동승, 앞의 논문, 255면.

66) 서울서부지방법원 2006. 3. 24.자 2006카합393 결정 ; 서울서부지방법원 2006. 6. 29. 선고 2006가합 8262 판결. 동일한 사건에 대한 가처분결정과 본안 판결이다.

주주평등원칙에 반하고 주주의 회사지배에 대한 비례적 이익과 주식의 경제적 가치를 현저히 해한 것으로, 그 처분행위는 무효라고 판시하였다.[67)·68)]

그러나 이 판례의 논리는 현행법 해석상 수용하기 어렵다고 생각한다. 먼저 이 판례가 자기주식의 처분에 신주 발행의 법리가 유추적용된다고 판시한 것은 비록 자기주식 처분이 그 실질에 있어 신주 발행과 유사한 측면이 있다고 하나 해석의 한계를 넘는다고 생각된다. 신주 발행과 자기주식의 처분은 법적 형식이 너무나 다를 뿐 아니라 자기주식 처분에 신주 발행의 법리를 유추적용하기 위해서는 상법이 신주 발행에 관해 규정하고 있는 10여 개의 조문을 모두 유추적용하여야 하는바, 이는 사실상 새로운 입법에 해당하는 것이라고 판단되기 때문이다.[69)·70)] 또한 이 판례가 자기주식 처분이 주주평등원칙에 반

67) 판례의 사안은 상장회사인 갑 회사에서 현재 경영권을 장악하고 있는 A가 29.98%, B가 34.11%의 주식을 보유하며 경영권을 다투던 중 갑 회사가 자기주식을 A에게 매각하여 A의 지분율이 47.49%로 상승하고 B의 지분율이 23.6%로 떨어지자, B가 자기주식 처분의 무효를 주장하는 소를 본안으로 하고 동시에 A가 취득한 자기주식 부분의 의결권행사금지가처분을 신청한 사건이다.

68) 서울지방법원 2003. 12. 23.자 2003카합4154 결정은 위 판례와는 완전히 다른 취지의 판시를 하여 주목된다. 이 판례의 사안은 소버린과 SK의 경영권분쟁 당시 SK가 발행주식총수의 9.67%에 달하는 자기주식을 채권은행을 포함한 우호주주에게 매각한 사건인데, 이 사건에서 법원은 SK가 자기주식을 처분한 것이 소버린의 지분율을 희석한다고 해서 이를 무효라고 할 수는 없고 자기주식의 취득이 위법하지 않는 한 처분행위가 위법한 것은 아니며, 경영권분쟁 상황하에서 이사들의 자기주식 처분 결의는 경영판단에 속한다고 판시하였다〔강희주, "적대적 M&A에 대한 방어수단으로서의 자기주식의 제3자에 대한 처분," CFO 제16호(2007. 봄), 한국CFO협회, 56면에서 재인용〕.

69) 송종준, "자기주식의 처분절차규제에 관한 소고," 법률신문, 2006. 11. 19, 13면 ; 이철송, "불공한 자기주식거래의 효력," 증권법연구 제7권 제2호(2006), 20-22면.

70) 판례의 논리가 정당성을 인정받기 위해서는 무엇보다도 주주에게 신주인수권에 상응하는 자기주식매수권을 인정할 수 있어야 하는바, 현행법 체계하에서 이를 해석으로 인정하는 것은 무리라고 본다.

하여 무효라고 판시한 것 역시 단체법적 개념인 주주평등원칙을 개인법적 거래인 자기주식 처분에 그대로 적용하였다는 점에서 논리적 정당성을 인정하기 어렵다고 생각한다.[71)]

따라서 현행법의 해석상 이 판례와 같이 자기주식 처분에 신주 발행 규정 자체를 유추적용하는 것은 타당하지 않다고 생각된다. 즉 현행법의 해석상으로는 자기주식 처분은 개인법적 거래로서 원칙적으로 이사들의 경영판단에 속하는 사항으로 봄이 타당하고, 예외적으로 그러한 자기주식 처분이 법령 또는 정관에 위반되고 회사에 회복할 수 없는 손해를 끼치는 것일 경우에 한해 상법 제402조가 규정하는 이사위법행위유지청구권으로 제한될 수 있다고 봄이 옳다고 생각된다.[72)]

다만, 법무부가 2006년 9월 입법 예고한 상법개정시안(이하 '상법개정시안')은 제342조 제1항에서 자기주식 처분에 있어 처분할 주식의 종류와 수 · 처분가액과 납입기일 중 정관에 규정이 없는 것은 이사회가 결정한다고 규정하고, 제2항에서 자기주식 처분에 상법 제417조 내지 제419조 · 제421조 · 제422조 · 제423조 제2항 및 제3항 · 제424조 · 제424조의2 · 제427조 내지 제432조를 준용하는 규정을 두고 있다.[73)] 따라서 상법개정시안이 시행되는 경우에는 신주 발행의 법리가 자기주식의 처분에 그대로 적용될 것이고, 그에 따라 자기주식의 처분을 이용한 경영권 방어조치가 매우 어려워질 것이라는 점은 주의를 요한다.

---

71) 송종준, 앞의 논문, 13면 ; 이철송, 앞의 논문, 18-19면.

72) 서울지방법원 2003. 12. 23.자 2003카합4154 결정과 송종준, 앞의 논문, 13면이 기본적으로 이와 같은 입장에 서 있는 것으로 이해된다. 이 경우 이사위법행위유지청구의 판단기준으로는 앞에서 본 미국 판례상의 수정된 주요목적이론이 적용될 수 있다고 본다.

73) 이는 일본 회사법의 규정을 수용한 것으로(송종준, 앞의 논문, 13면 ; 이철송, 앞의 논문, 14면), 결국 주주의 자기주식매수권을 명문으로 인정한 것으로 이해된다.

3. 이사회 결의 전 신주발행금지가처분 제기 및 신주발행 금지기간의 설정

신주발행금지가처분과 관련하여 실무상 종종 문제되는 것 중 하나가 신주 발행을 위한 이사회의 결의 전에 신주발행금지가처분을 제기할 수 있는가 하는 점이다. 실무상 이러한 문제가 제기되는 이유는 비상장회사의 경우에는 주주가 신주 발행 이사회 결의의 존재 자체를 알지 못하는 일이 많으며, 상장회사의 경우에도 제3자 배정 신주 발행 시에는 회사 경영진이 마음만 먹는다면 이사회에서 신주 발행을 결의한 당일에도 신주의 발행 및 납입이 가능하므로, 현실적으로 주주가 위법한 신주 발행에 대해 이사회 결의 후 신주발행금지가처분을 제기하는 것이 불가능한 경우가 많기 때문이다.

하급심 판례 중에는 제3자 배정 신주 발행의 개연성이 존재함은 인정하면서도 이사회의 결의가 없는 경우에는 유지청구의 대상이 존재하지 않는다는 것을 이유로 신주발행금지가처분을 기각한 사례가 있다.[74] 그러나 이 판례는 신주발행유지청구권의 실효성 확보라는 현실적 필요성을 고려할 때 부당하며, 이론상으로도 위법한 신주 발행의 개연성이 인정되는 경우라면 반드시 신주발행유지청구를 이사회 결의 후에 하여야 한다고 볼 이유가 없다. 또한 하급심 판례 중에도 이사회 결의는 아직 없는 상태이나 제3자 배정 신주 발행의 개연성이 인정된 경우 신주발행금지가처분을 인용한 사례가 있다.[75] 따라서 위법한 신주 발행의 개연성이 인정된다면 이사회의 신주 발행 결의 전에

---

74) 부산고등법원 2003. 7. 21.자 2002라96 결정.

75) 대전지방법원 천안지원 2006. 10. 31.자 2006카합671 결정 ; 대전지방법원 천안지원 2006. 12. 4.자 2006카합696 결정.

도 신주발행금지가처분은 허용되어야 할 것으로 생각된다.

신주발행금지가처분과 관련하여 실무상 종종 제기되는 또 다른 문제는 법원이 신주발행금지가처분 결정을 할 때 주문에 신주발행 금지기간을 설정하는 것이 가능한가 하는 점이다. 현재 실무상으로는 신주발행금지가처분의 주문은 '채무자가 ○○○○년 ○월 ○○일 이사회 결의에 기하여 현재 발행을 준비 중인 기명식 액면 금 ○○○○원의 보통주식 ○○○○주의 신주 발행을 금지한다'라는 식으로 기재됨이 통상적이며,[76] 실제로도 신주발행 금지기간을 설정하여 신주발행금지가처분 결정을 하는 경우는 찾아보기가 쉽지 않다.

그러나 경영권분쟁 상황에서 회사가 경영상 목적이 없음에도 끊임없이 신주 발행을 기도하는 경우, 특히 주주가 일단 신주발행금지가처분을 제기하여 인용 결정을 받았더라도 회사가 다시 신주 발행을 시도하고 주주는 이를 알지 못하거나 가처분을 제기할 시간적 여유가 없어 그에 대해서는 신주발행금지가처분을 제기하지 못하는 경우에는 당초 신주발행금지가처분 결정은 현실적으로 유명무실화되는 결과가 초래된다는 점에서, 회사가 계속 신주 발행을 할 개연성이 인정된다면 신주발행금지가처분의 주문에 신주발행 금지기간을 설정하는 것은 허용되어야 한다고 생각된다. 또한 신주발행금지가처분의 피보전권리는 상법 제424조의 신주발행유지청구권뿐 아니라 상법 제402조가 규정하는 이사위법행위유지청구권도 될 수 있다고 봄이 일반적이고[77]·[78] 이사위법행위유지가처분의 주문에는 위법행위의 금지기간

76) 법원실무제요, 민사집행 IV, 359면.

77) 최기원, 앞의 책, 780면 ; 정동윤, 앞의 책, 528면 ; 손주찬 · 정동윤(편)/송종준(집필), 앞의 책, 503면.

78) 다만, 신주발행유지청구권은 단독주주권이고 그 요건으로 주주가 불이익을 받을 염려

을 설정하는 것이 오히려 통상적이라는 점을 고려하면,[79] 신주발행금지가처분의 경우에도 신주발행 금지기간을 설정하는 것을 허용하지 않을 이유도 없다고 생각한다. 실제로 하급심 판례 중에는 신주발행 금지기간을 설정하여 신주발행 금지가처분을 인용한 사례가 있다.[80]

한편 상법개정시안은 이와 같은 문제를 방지하기 위해 제418조 제4항을 신설하여 주주 외의 자에게 신주를 배정하는 경우, 회사는 제416조 제1호 내지 제4호에서 정하는 사항을 납입기일 2주일 전 주주에게 통지하거나 이를 공고하여야 한다고 규정하여 제3자 배정 신주발행에 대한 통지 및 공고제도를 도입하였다.[81] 종래 학설[82]상 주장되던 것으로 기본적으로 타당한 입법이라고 생각된다. 다만 상법개정시안은 회사가 통지와 공고 중 하나를 선택할 수 있는 것으로 규정하고 있는데, 공고의 경우에는 현실적으로 주주가 그 내용을 인지하는 것을 기대하기 어렵다는 점에서 실효성에 의문이 있다. 따라서 이러한 점을 고려하여 상법개정시안 제418조 제4항은 상장법인의 주주총회 소집통지 및 공고에 관해 규정하고 있는 증권거래법 제191조의10

가 있는 경우를 요구하는 자익권이며 가처분의 피신청인이 회사가 됨에 반해, 이사위법행위유지청구권은 소수주주권(1% 이상)이고 회사에 회복할 수 없는 손해가 발생할 것을 요구하는 공익권이며, 가처분의 피신청인이 회사가 아니라 이사가 된다는 점에서 차이가 있다.

79) 법원실무제요, 앞의 책, 349면. 본안 판결 확정시로 설정하는 것이 일반적이다.

80) 대전지방법원 천안지원 2006. 12. 4.자 2006카합696 결정. 이 판례는 경영권분쟁이 있는 회사의 현 이사들에 대해 주주가 이사직무집행정지가처분을 제기한 상황에서 현 이사들이 우호세력에 대해 제3자 배정 신주 발행을 시도하자, 법원이 이사직무집행정지가처분의 결정시까지 제3자 배정방식의 신주 발행을 금지한 사건이다. 이 사건에서는 신주발행금지가처분의 피보전권리로 상법 제424조의 신주발행유지청구권뿐 아니라 상법 제402조의 이사위법행위유지청구권이 함께 주장되었으며, 법원은 이를 모두 인용하였다.

81) 이는 일본 회사법의 내용을 수용한 것으로 이해된다(이동승, 앞의 논문, 88면).

82) 이동승, 앞의 논문, 280면.

제1항을 본받아 공고와는 별도로 일정 비율 이상의 주식을 보유한 주주에 대해서는 통지를 의무화하는 것으로 수정하는 것이 합리적이라고 생각한다.

VI. 결론

지금까지 적대적 M&A분쟁과 관련하여 중요성이 점증하고 있는 신주발행금지가처분과 관련하여 실무상 제기되고 있는 몇 가지 쟁점을, 특히 KCC와 현대그룹 사이의 적대적 M&A사건에서 제기된 신주발행금지가처분을 중심으로 살펴보았다.

사실 신주발행금지가처분에 관해서는 그 중요성에 비해 아직까지 충분한 연구가 진행되지 않고 있어 많은 쟁점에 관해 정설이 정립되지 않은 상태일 뿐 아니라 판례와 실무의 사례 역시 그 축적이 매우 미비한 실정이다.[83] 특히 신주발행금지가처분에서 가장 중요한 쟁점이라고 할 수 있는 상법 제418조 제2항의 실질적 요건의 해석에 관해서는 앞에서 자세히 살펴본 바와 같이 아직도 그 구체적 범위 및 판단기준에 관해 상당한 논란이 있고, 또한 독일 · 미국 · 일본 등 외국에서의 논의도 법체계의 차이로 인해 이를 그대로 우리 법의 해석에 적용할 수 있는지 여부가 불투명한 상태이다.

따라서 이 글에서 그와 같은 몇몇 실무상 쟁점에 대해 나름대로 견해를 밝히기는 했으나, 이는 학설과 실무상의 본격적 논의를 촉구하

83) 신주발행금지에 관한 판례가 상대적으로 적고, 특히 대법원 판례를 비롯한 상급심 판례가 거의 없는 이유는 경영권분쟁의 특성상 가처분결정에 대한 이의 또는 본안소송의 제기 자체가 드물기 때문인 것으로 짐작된다.

고자 하는 의미를 가질 뿐이다. 향후 이에 대한 비판과 더불어 신주발행금지가처분 관련 쟁점에 관한 학설과 판례의 보다 활발하고 심도 있는 검토가 이루어지기를 기대한다.

제4장 신주예약권의 제3자 배정에 의한 경영권 방어의 적법성*
—일본방송 판례의 분석을 중심으로

최문희*

I. 머리말

근래 외국 투자자의 국내 기업 소유지분이 점차 증대되면서 적대적 기업매수 국면에서의 경영권 방어행위가 주목을 끌어 왔다. 최근까지 포이즌필의 도입을 둘러싸고 기업, 재정경제부, 금융감독원 간에 첨예한 의견대립이 있기도 하였다. 그러나 종래 우리나라에서는 적대적 M&A에 관한 다수의 연구가 있었음에도 불구하고 경영권 방어의 인정 여부에 관한 연구가 미진하였다. 또한 현행법하에서 대상회사 측에서 취할 수 있는 방어수단도 거의 없는 실정이다. 방어행위에 관해서 여러 가지 원론적인 문제들에 대한 논의가 본격적으로 이루어지지 않았고 이론도 형성되어 있지 않다. 몇 개만 들어 보면, 우선 대상회사

* 강원대학교 법학전문대학원 교수

경영진의 판단만으로 방어행위를 할 수 있는지 아니면 주주총회의 결의가 요구되는지와 같이 방어행위 결정 주체의 문제를 언급할 수 있겠다. 다음으로 경영진이 방어행위를 채택한 경우에 이것의 적법성 여부를 결정하는 주체는 누구인가 하는 문제이다. 나아가 어떠한 기준에 의거해 방어행위의 적법성을 판단할 것인가 하는 판단기준의 문제와 같은 것이다.[1)]

종래 일본에서도 우리의 상황과 크게 다르지 않았지만, 근래 일본에서는 상당한 변화가 일고 있다. 2000년 이후 주식의 상호보유구조의 붕괴에 의한 안정주주의 감소, 증권시장의 세계화와 외국 자본에 의한 주식 소유가 활발해지고,[2)] 펀드조성의 증가 · 삼각합병의 해금 등 경영환경의 변화에 따라 일본 기업의 적대적 기업매수의 위협에 대한 인식과 방어책 도입에 관한 관심이 높아져 왔다. 방어행위는 그것이 적정하게 이루어진다면 주주와 회사의 이익을 향상시키는 반면, 무능한 경영자의 경영권 · 지배권 유지를 위해 비효율적으로 이용될 수도 있고, 나아가서는 과잉방어에 대한 제재가 이루어지지 않는다면 기업 및 증권시장에 대한 신뢰를 상실할 우려가 있다. 따라서 일본에서는 적대적 기업매수에 관한 공정한 룰의 제정이 시급하다는 점을 각계에서 공통적으로 인식하였고 그 결과 적대적 기업매수의 방어행위에 관한 논의 및 제도 개편 작업이 활발히 진행되어 왔다. 이러한 상황 속에서 경영권분쟁과 방어조치 도입에 관한 최근의 사례들은 이

1) 이러한 원론적인 문제의 중요성과 적법성 판단기준에 관해 논급하고 있는 문헌으로는 김두식, "M&A 법제의 개선방안 연구," 상장협 제50호(2004. 9), 45면 ; 박준/허영만, "적대적 M&A의 방어와 관련한 법적 규제," 인권과 정의 제252호(1997. 8), 79면 이하.

2) 企業價値研究會(經濟産業省 經濟産業政策局長의 사적 연구회), 企業價値報告書, 2005. 5. 27, 13면.

같은 논의와 제도 개편 작업에 한층 박차를 가하였다. 이중 대표적인 것이 일본방송을 둘러싼 라이브도어와 후지TV의 경영권분쟁사건이다. 이전에도 일본에서 신주예약권 발행에 관한 가처분 신청의 선례가 있었기는 하지만,[3] 이 사건은 공개회사에서 주주총회의 승인을 얻지 않은 신주예약권 발행이 불공정 발행에 해당하는지를 법원에서 다룬 첫 사례이다.

위 사건이 담고 있는 법리적 쟁점은 회사법, 증권거래법, 공정거래법, 전파법, 방송법 등 여러 법역에 걸쳐 실로 다양하다. 위에서 언급한 원론적인 문제와 관련해서도 경영권분쟁 국면에 있어서 방어자(이사회)가 취할 수 있는 행위의 범위에 관한 논점도 제기되었다. 뒤에서 설명하듯이 대상회사(일본방송) 측은 신주예약권을 제3자에게 배정하여 경영권을 방어하려고 하였는데, 방어의 일환으로 이와 유사한 조치를 취한 사례가 우리나라에서도 사건화된 바가 있다. 따라서 이 사건의 판례는 우리나라에서 경영권분쟁 국면에서 방어조치로서 이용된 신주(예약권)의 제3자 배정의 적법성을 판단하는 데 시사점을 준다고 하겠다.

이 글에서는 이 사건의 여러 가지 논점 중 '경영권 방어를 위한 신주(예약권)의 제3자 배정'의 적법성의 문제에 초점을 맞추어 판례를 분석하고, 최근에 내려진 다른 몇 개의 판례와 아울러서 경영권분쟁 시 방어행위가 허용되기 위한 요건과 기준을 살펴보고자 한다.

글의 전개 순서는 다음과 같다. 먼저 이 사건의 개요와 법원의 판단

---

3) 예로서 이치야(イチヤ)사건을 들 수 있다. 高知地裁 2004. 6. 10(원심결정)과 2004. 7. 8 결정(보전이의결정), 商事法務 제1706호(2004. 8. 25), 51면과 제1710호(2004. 10. 5), 94면. 그러나 이 건에서는 주주총회의 특별결의를 얻어 신주예약권을 발행하였다는 점에서 일본방송사건과 차이가 있다.

및 법리적 쟁점의 개요를 살펴본다(II). 이어서 경영권방어를 위해 발행한 신주(예약권)의 제3자 배정의 적법성에 관한 문제를 불공정성의 판단기준을 중심으로 검토한다(III). 마지막으로 일본방송사건이 이후 일본의 입법에 미친 영향과 이후의 동향을 서술한 후 향후 우리나라에서 방어행위 논의와 입법에 대한 시사점(IV와 V)을 제시하기로 한다.

II. 일본방송사건의 개요와 법리적 쟁점[4)]

1. 사안의 개요

(1) 후지TV는 이전부터 일본방송(채무자)의 지분 12.4%를 보유하고 있었는데, 2005년 1월 17일 일본방송의 경영권을 취득할 목적으로 전 주식을 공개매수하기로 결정하였고[5)] 공개매수 완료 후 일본방송을 완전 자회사화하려는 계획을 갖고 있었다.[6)] 라이브도어(채권자)는 일본방송 주식 5%를 기보유하다가 후지TV의 공개매수 기간 중인 2005년 2월 8일 자회사인 라이브도어파트너스를[7)] 통해 동경증권거래소의

---

4) 사안의 개요 및 소송의 경과에 관해 보다 자세한 것은 최문희, "적대적 M&A와 신주예약권 발행에 관한 일본 판례의 동향," BFL 제11호(2005. 5), 서울대학교 금융법센터, 127-134면.

5) 공개매수의 조건은 매수가격 1주당 5,950엔, 최저매수수량은 발행주식총수의 50%로 설정하였다.

6) 일본방송은 당시 후지TV의 지분 22.5%를 보유하고 있었으며, 후지TV와 일본방송은 모두 후지산케이그룹에 속한 회사이다.

7) 이하 라이브도어와 라이브도어파트너스를 함께 '라이브도어(측)'라고 칭하고, 구분할 필요가 있는 경우에만 별개로 표기한다.

ToSTNet-1을[8] 이용하여 일본방송 주식을 30% 취득하여 그 결과 라이브도어 측은 총 35%의 지분을 보유하게 되었다. 같은 날 라이브도어의 호리에(堀江貴文) 사장은 일본방송 주주에 대해 모든 주식의 취득 및 후지산케이그룹과의 업무제휴를 희망한다는 뜻을 공표하였다. 2005년 2월 9일 후지TV는 라이브도어 측의 주식매집에 대한 투쟁방침을 발표하였으며, 2005년 2월 23일 일본방송 이사회는 후지TV에 신주예약권[9](이하 '본건 신주예약권')을 발행하기로 결의하였다.

(2) 후지TV의 공개매수는 2005년 3월 7일 종료하였고 후지TV는 일본방송 주식 약 37%를 보유하게 되었다. 한편 라이브도어도 계속 시장에서 주식을 취득하여 2005년 3월 7일 현재 약 42%를 보유하게 되었다. 본건 신주예약권이 모두 행사될 경우 후지TV는 총 발행주식의 1.44배에 달하는 주식을 소유하게 되고 지분율은 60%에 이르게 되는 반면, 라이브도어 측의 지분율은 42%에서 14.8%로 하락하게 되었다.

(3) 라이브도어는 2005년 2월 24일 본건 신주예약권의 발행이 당시 일본 상법에[10] 의거할 때 i) '특히 유리한 조건에 의한 발행'인 때에는

---

8) Tokyo Stock Exchange Trading Network System.

9) 신주예약권의 개요는 다음과 같다. 신주예약권의 수 4,720개, 납입기일 2005년 3월 24일, 행사기간 2005년 3월 24일~6월 24일, 1주당 발행가격 336엔, 행사가격 5,950엔(발행결의일 전일의 주가는 6,750엔), 발행목적은 기업가치 유지 및 언론의 공공성 확보, 자금조달총액 2,967억 엔.

10) 종래 일본 상법은 2007년 7월 새로이 제정 · 공포되어 2006년 5월 이후 시행된 신회사법으로 흡수되었다. 회사법은 종전 상법을 체계적 · 형식적으로 개편하였을 뿐만 아니라 실질적 내용의 개정도 단행하였다. 내용 개정이 이루어진 부분은 해당 사항에서 설명하기로 하고, 이하에서는 이해의 편의를 위하여 종전 일본 상법과 회사법의 조문을 병기한다.

주주총회의 특별결의를 거쳐야 함(종전 일본 상법 제280조의21 제1항 ; 회사법 제238조 제3항)[11]에도 불구하고 이를 따르지 않았으므로 법령에 위반했다는 점, ii) "현저히 불공정한 발행"(종전 일본 상법 제280조의39 제4항, 제280조의10 ; 회사법 제247조 제2호)에 해당한다는 점을 이유로 하여 본건 신주예약권의 발행의 유지를 구하는 가처분 신청을 제기하였다.

2. 소송의 경과

(1) 원심결정과 이의결정

원심인 동경지방법원은 2005년 3월 11일 본건 신주예약권의 발행이 '특히 유리한 조건에 의한 발행'이라는 점은 인정하지 않았지만, '현저히 불공정한 방법'에 의한 발행이라는 점은 인정하여 채권자로 하여금 5억 엔의 담보제공을 조건으로 본건 신주예약권의 발행을 금지하는 가처분 결정을 하였다(이하 '원심결정').[12]

이에 채무자는 원심결정에 불복하고 보전이의신청을 하였으나, 동경지방법원은 원심결정의 이유를 인용하면서 본건 신주예약권의 발행이 '현저히 불공정한 방법'에 의한 발행이라고 하여 원심결정을 인가하였다(이하 '이의결정').[13]

---

11) 일본 회사법에 의하면 유리발행의 경우 이사는 주주총회에 그 이유를 설명하여야 한다(제238조 제3항).

12) 東京地方裁判所 民事 제8부 平成 17年(ョ) 第20021號 · 新株予約權發行差止假處分命令申立事件, 商事法務 제1726호(2005. 3. 25), 47면.

13) 東京地方裁判所 民事 제8부 平成 17年(モ)第3074號 保全異議申立事件, 商事法務 제1726호(2005. 3. 25), 59면.

두 결정 모두 본건 신주예약권의 발행이 '특히 유리한 조건에 의한 발행'이라는 점은 부정하였으나, '현저히 불공정한 발행'이라는 점은 인정하여 가처분 신청을 인용하였다.

(2) 항고결정

채권자 측에서 본건 신주예약권이 '특히 유리한 조건에 의한 발행'이라는 주장은 철회하였으므로 항고심에서는 '현저히 불공정한 방법에 의한 발행'인가 여부가 주된 다툼의 대상이 되었다. 동경고등법원은 2005년 3월 23일 본건 신주예약권의 발행이 '현저히 불공정한 방법에 의한 발행'에 해당한다고 하면서 항고를 기각하였다(이하 '항고결정').[14)]

(3) 정리

위 결정들은 모두 본건 신주예약권의 발행이 '현저히 불공정한 방법'에 해당한다고 인정하고 채권자의 신청을 인용하였다. 법원의 판지를 요약하면 i) 회사에 현실적으로 경영권의 다툼이 발생한 국면에서, ii) 경영권을 다투는 특정 주주의 지주비율은 저하시키는 반면 '현 경영자 또는 현 경영자를 지지하고 그에게 사실상 영향력을 미치는 특정 주주'[15)]의 지배권은 유지 · 확보할 목적으로 신주예약권이 발행

---

14) 東京高等裁判所 第16民事部 平成 17年(ラ)第429號 新株予約權發行差止假處分決定認可決定に對する保全抗告事件, 商事法務 제1728호(2005. 4. 5), 41면.

15) 항고결정의 판시 사항이다. 이에 비해 원심결정은 '현 경영진'의 경영지배권이라 하고 있으며, 이의결정은 '현 경영진 또는 이에 우호적인 특정 주주'의 경영지배권이라 하고 있다.

된 경우에는 iii) 원칙적으로 '불공정한 방법에 의한 발행'에 해당하여 이러한 신주예약권의 발행은 허용되지 않지만, iv) 예외적으로 신주예약권 발행을 '정당화할 특단의 사정이 있으면' 지배권의 유지 · 확보를 목적으로 하는 신주예약권의 발행도 허용되며, v) 이 특단의 사정의 존재 여부에 관해서는 채무자가 소명 · 입증책임을 부담한다는 것이다.

어떠한 경우가 신주예약권 발행을 정당화하는 특단의 사정인가에 관해서 원심결정과 이의결정은 '회사와 주주 전체의 이익 보호의 관점에서 정당한지'를 살펴보아야 한다고 한다. 항고결정은 특히 적대적 매수자에게 네 가지 유형의 '대상회사를 이용할 목적이 있는 경우'를 '특단의 사정'이라고 판시하였다.

3. 일본방송사건의 법리적 쟁점

라이브도어와 후지TV의 분쟁에는 여러 가지 법리적 논점이 자리 잡고 있다. i) 회사법상 논점으로서 적대적 매수의 방어책으로 이용한 제3자 배정 증자의 적법성, ii) 증권거래법상 논점으로서 라이브도어가 행한 ToSTNet-1을 이용한 시간외거래와 증권거래법의 공개매수규제의 적용 여부 및 대주주의 회사에 대한 의결권을 상실시킬 목적으로 행한 공개매수의 적법성, iii) 전파법 · 방송법상 논점으로서 외국 자본에 의한 주식보유에 대한 규제(간접보유에 대한 규제)의 필요성,[16] iv) 전

---

16) 라이브도어 측은 일본방송 주식의 매수자금을 조달하기 위하여 Lehman Brothers Commercial Corporation Asia Limited(이하 'Lehman사')에게 제3자 배정에 의한 전환사채형 신주예약권부 사채(CB)를 발행하였다. 이 CB의 개요는, 납입금을 라이브도어의 M&A 자금 등에 충당한다는 것, 납입기일 · 발행일은 2월 24일, 신주

환가액 수회 수정조항부 전환사채형 신주예약권부 사채(MSCB, Moving Strike Convertible Bond)가 발행된 경우 유리발행규제의 적용 여부, v) 의결권 봉쇄를 목적으로 행한 주권소비대차계약의 체결[17]과 이사의 선관주의의무의 관계 등이 그것이다.

아래에서는 위 논점들 중 i)의 문제만을 다루고, 나머지 논점에 관해서는 추후의 과제로 남겨 두기로 한다. 특히 제3자에 대한 신주(신주예약권) 발행이 불공정 발행에 해당하는가의 논점에 집중하여[18] 판시 내용을 분석하고, 이전의 일본 판례에 비추어 볼 때 이 판례의 의미를 아울러 살펴보기로 한다.

예약권행사 청구 기간은 2005년 2월 25일~2010년 2월 23일, 총액 800억 엔이었다(2월 24일 Lehman사는 전액 납입). Lehman사가 이 CB를 주식으로 전환하여 라이브도어의 주주가 되면 Lehman사는 일본방송 주식을 간접보유하게 되었다(2005년 3월 7일 현재 Lehman사의 라이브도어 지분비율은 잠재적 주식인 CB를 포함하여 33.12%에 달하였다. 日本經濟新聞 www.nikkei.co.jp). 일본에서는 Lehman사의 간접보유분이 전파법상의 외국 자본에 대한 규제의 적용을 받는지에 관해 의론이 있었다. 일본 전파법은 외국 자본의 방송사 지분보유에 관해 20% 미만의 한도를 설정하고 있지만, 간접보유분에 대해서는 출자한도규제가 적용되는지 여부가 불분명하였기 때문이다.

17) 일본방송은 자사가 보유한 후지TV의 주식 전부를 각각 다이와증권(大和證券) SMBC(2005년 2월 23일 8.6%의 지분에 대해 2005년 2월 25일~2010년 3월 15일)와 Soft Bank Investment(이하 'SBI')(2005년 3월 24일 13.88%의 지분에 대해 2005년 3월 24일~2010년 4월 1일)에 5년간 대여하기로 하는 주권소비대차계약을 체결한 바 있다. 이 계약에 따라 소비대차기간 중 의결권이 차주인 두 회사에 이전되도록 되었다. 이것은 라이브도어가 일본방송의 경영권을 취득하더라도 후지TV에 대한 영향력 행사를 봉쇄하기 위함이었다. *商事法務* 제1724호(2005. 3. 5), 49면과 제1728호(2005. 4. 5), 52면.

18) 후지TV에 발행한 신주예약권이 '특히 유리한 조건에 의한 발행'에 해당하는지 여부는 원심과 이의결정에서는 다투어졌지만, 항고심 단계에서 채권자 측에서 이 주장을 철회함으로써 더 이상 다루어지지 않았다.

〔표 1〕 라이브도어와 일본방송(후지TV)의 경영권분쟁

연월일	주요 사항
분쟁개시 전	· 일본방송 : 후지TV 주식 22.5% 보유 · 후지TV : 일본방송 주식 12.4% 보유 · 라이브도어 : 일본방송 주식 5.4% 보유
2005. 1. 17.	· 후지TV : 일본방송에 대한 공개매수 발표 · (전 주식을 대상/최저매수수량 50%/1주당 5,950엔/완전 자회사화 계획)
2005. 2. 8.	· 라이브도어 : ToSTNeT-1거래를 통해 일본방송 주식 30% 추가 취득(총 35% 보유. 자회사 라이브도어파트너스의 보유분 포함)
2005. 2. 21.	· 라이브도어 : 일본방송 주식 37.85% 보유
2005. 2. 23.	· 일본방송 : 후지TV에 신주예약권 발행 결정
2005. 2. 24.	· 라이브도어 : 신주예약권 발행 금지 가처분 신청
2005. 3. 7.	· 후지TV : 공개매수 종료 ⇒ 일본방송 주식 37% 보유 · 라이브도어 : 일본방송 주식 42% 보유
2005. 3. 11.	· 원심 결정 : 가처분 신청 인용
2005. 3. 16.	· 이의결정 : 원심결정 인가
2005. 3. 23.	· 항고 결정 : 원심결정 유지
2005. 4. 18.	· 라이브도어 · 후지TV · 일본방송 화해 · 후지TV : 라이브도어에 1,473억 엔 출자 · 후지TV : 일본방송 주식 68.87% 보유(간접보유분 포함) · 라이브도어 : 일본방송 주식 17.6% 보유

III. 신주(예약권)의 제3자 배정과 불공정 발행

1. 서

일본방송사건에서 법원은 본건 신주예약권 발행이 불공정한 방법에 의한 발행에 해당한다고 판단하였다. 각 결정은 구체적 판시사항에 표현상 차이는 있지만, "회사에 지배권 다툼이 현실적으로 발생한 경우에 지배권을 다투는 특정 주주의 지주율은 저하시키면서 현 경영

진의 지배권을 유지시킬 것을 주요목적으로 하는" 신주예약권의 발행은 허용되지 않는다고 판시하였다.

이 판시와 마찬가지로 대개의 일본 판례는 제3자 배정 증자를 방어수단으로 이용한 경우 불공정성 여부는 지배권분쟁이 있는지 여부 및 제3자 배정 증자의 목적 여하에 따라 판단한다. 일본방송사건의 결정요지를 언급한 후 이 두 가지 요소가 제3자 배정 신주(예약권) 발행의 적법성 판단에 어떻게 고려되고 있는지 살펴본다.

2. 법원의 판단

(1) 원심결정

원심결정은 "불공정 발행이란 부당한 목적을 달성하기 위한 수단으로서 신주예약권 발행이 이용되는 경우를 말하고… 공개회사에 있어서 현실적으로 그 지배권에 관한 다툼이 구체화된 단계에서, 이사가 지배권을 다투는 특정 주주의 지주비율을 저하시키고 현 경영진의 지배권을 유지시킬 것을 주요목적으로 하여 신주 등을 발행하는 것은, 회사의 집행기관에 지나지 않은 이사가 회사지배권의 귀속을 스스로 결정하는 것이므로 원칙적으로 허용되지 않고, 신주 등의 발행이 허용되는 것은 회사, 나아가 주주 전체의 이익을 보호한다는 관점에서 이를 정당화하는 특단의 사정이 있는 경우에 한한다"라고 판시하였다.

(2) 이의결정

이의결정은 "회사의 지배권에 현실적으로 다툼이 발생하고 있는 국면에서 지배권을 다투는 특정 주주의 지주비율을 저하시키고, 현 경영진 또는 이에 우호적인 특정 주주의 지배권을 유지 · 확보할 것을 주요목적으로 하여 신주예약권을 발행한 경우에는 원칙적으로 불공정 발행에 해당한다. 다만 지배권 유지 · 확보를 주요목적으로 하는 신주예약권 발행이 허용되지 않는 것은 이사의 권한은 회사소유자인 주주의 의사에 기초를 둔다는 기관 간 권한분배질서에 따른 것이므로, 주주 전체의 이익보호라는 관점에서 신주예약권 발행을 정당화하는 특단의 사정이 있는 경우에는 예외적으로 지배권 유지 · 확보를 주요목적으로 하는 발행도 불공정 발행에 해당하지 않는다고 해석할 여지가 있다" 라고 하였다.

(3) 항고결정

항고결정은 "회사의 경영지배권에 현실적으로 분쟁이 발생한 경우에 주식의 적대적 매수에 의해 경영지배권을 다투는 특정 주주의 지주비율을 저하시키고 현 경영자 또는 이를 지지하는 사실상의 영향력을 미치는 특정 주주의 경영지배권의 유지 · 확보를 주요목적으로 하여 신주예약권이 발행된 경우에는 현저히 불공정한 방법에 의한 신주예약권의 발행이다. … 다만 주주 전체의 이익보호라는 관점에서 신주예약권의 발행을 정당화하는 특단의 사정이 있는 경우에는 예외적으로 경영지배권의 유지를 주요목적으로 하는 발행도 불공정한 발행에 해당하지 않는다" 라고 판시하였다.

(4) 불공정 발행 판단시 고려요소

법원은 신주예약권 발행의 불공정성을 판단함에 있어서 다음 몇 가지 요건의 충족 여부를 살피고 있다. 첫째, 현실적으로 (경영)지배권에 현실적으로 다툼이 발생한 국면에서 신주예약권을 발행한 것이어야 한다. 둘째, 현 경영자 또는 이에 사실상 영향력을 미치는(이하 '현 경영진')[19] 특정 주주의 경영지배권을 유지 · 확보할 것을 주요목적으로 한 것이어야 한다. 셋째, 둘째의 목적이 인정되는 경우라 하더라도 예외적으로 주주 전체의 이익보호라는 관점에서 신주예약권 발행을 정당화하는 특단의 사정이 있는 경우에는 경영지배권의 유지 · 확보를 주요목적으로 하는 발행도 불공정 발행에 해당하지 않는다고 본다.

3. 지배권분쟁의 현실화요건

(1) 문제 제기

위 판례는 방어조치를 실행하거나 계획한 시점에서 지배권분쟁이 발생하였는지 여부를 방어조치의 적법성 판단의 중요한 고려요소로 삼고 있다.

위 판시 내용과 관련해서는 두 가지 문제를 검토할 필요가 있다. 하

---

19) 원심결정은 '현 경영진'이라 하고 있고, 이의결정은 '현 경영자 또는 이에 우호적인 특정 주주'라고 하고 있다. 현 경영진에 '우호적인 특정 주주'나 '사실상 영향력을 미치는 자'라는 표현을 씀으로써 '현 경영자'라고 하는 경우보다 불공정 발행에 해당할 여지가 넓어졌다.

나는 판례에서 '지배권 분쟁이 현실화된 국면'이라고 하고 있지만, 언제 이러한 시점에 도달하였다고 볼 수 있는가 하는 점이다. 일본에서는 지배권분쟁이 현실화한 단계에서 대상회사의 경영진은 자신의 지위 또는 이익을 도모하는 한편 주주의 이익을 무시하려는 동기를 가질 수 있기 때문에, 지배권분쟁시의 방어행위에 관해서는 통상의 업무집행행위보다 엄격한 기준하에서 이사의 주의의무 위반 유무를 판정한다는 것이 지배적 견해이다. 유사시에는 방어행위가 보다 엄격한 기준하에서 심사받게 될 수 있다는 것이다. 이와 같이 유사시의 방어조치와 평상시의 방어조치에 대한 적법성이 다르게 판단된다고 보는 입장에 의하면, '유사시' 여부가 방어조치의 적법성을 판단하는 데 중요한 관건이 된다. 다른 하나는 이 결정이 '지배권 분쟁이 현실화된 국면'(유사시)의 방어조치가 허용되지 않는다고 하고 있기 때문에, 분쟁이 현실화되지 않은 시점에서는 (평상시) 방어조치를 취하는 것이 널리 허용되는가 하는 점이다.[20]

(2) '유사시'의 의미와 판단기준

일본의 판례와 학설은 유사시의 의미에 관해 '지배권에 관해 다툼이 있는 경우',[21] '주주 간에 지배권 쟁탈이 있는 경우',[22] '지배권의 쟁

---

20) 유사시 방어조치는 지배권분쟁이 현실화된 이후의 단계에서 취하는 것이라는 점에서 '사후적 방어조치'라고 하고, 평상시의 방어조치는 지배권분쟁이 발생하기 이전의 단계에서 취하는 것이어서 '사전적 · 예방적 방어조치'라고 할 수 있다.

21) 이나게야 · 주지쓰야(いなげや · 忠實屋) 사건에 관한 東京地決 1989. 7. 25. 선고, 判例時報 제1317호, 28면, 32면.

22) 엠케이 · 메이세이자동차(エムケイ · 明星自動車) 사건에 관한 京都地判 1992. 8. 5. 선고, 判例タイムズ 제819호 (1993), 172면.

탈이 구체화된 단계' [23]와 같이 거의 유사하게 표현하고 있다.[24] 즉 회사에 '지배권의 다툼이 있는 경우'가 유사시라는 것이다.

그렇다면 구체적으로 어떤 경우가 회사에 지배권의 다툼이 있는 때에 해당하는가. 다시 말하면 어느 시점에 '평상시'에서 '유사시'로 변경되는가. 이에 관해 의결권 있는 주식총수의 과반수 이상을 취득할 목적으로 적대적 공개매수의 개시 공고가 이루어진 시점에서는 '유사시'에 해당한다는 점에는 이론이 없다.[25] 나머지 경우에는 언제 유사시라고 볼 수 있는가.

한 견해는 공개매수자가 대상회사의 주식을 취득하는 과정을 단계화한 후, 유사시와 평상시를 가르는 시점을 결정하는 데에는 공개매수자의 주식보유비율뿐만 아니라 공개매수자의 속성과 대상회사의 재무 상태 등을 종합적으로 고려해야 한다고 한다.[26] 대상회사의 지배권을 취득하려는 목적을 지닌 매수자의 주식취득행위는 어느 한 순간 일거에 일어났다가 종료되는 것이 아니다. 즉 매수자는 처음부터 공개매수를 제의할 수도 있지만 시장에서 어느 정도 주식을 매집한 후 공개매수를 실시할 것이다.[27] 지배권을 취득하려는 자의 주식취득은

23) 黒沼悦郎, "公開會社における種類株式・新株豫約權の效用と問題點," 民商法雜誌 제126권 제4・5호(2002), 462면.

24) 太田 洋/原田充浩, "有事に際しての企業防衛戰略(上)ーユシロ・ソトーの經營權爭奪戰を機緣として," 商事法務 제1694호(2004. 4. 5), 23면 이하〔이하 '앞의 논문(上)'으로 인용〕.

25) 太田 洋/原田充浩, 앞의 논문(上), 23면 및 주 18.

26) 太田 洋/原田充浩, 앞의 논문(上), 23-24면.

27) 지배권 취득을 목적으로 공개매수를 시도하는 경우에 시가에 비해 상당액의 프리미엄을 제공하지 않으면 목표한 수의 주식을 매수하기가 어렵기 때문에, 이러한 프리미엄 비용을 낮추고 결과적으로 지배권 취득 비용을 낮추기 위해서 어느 정도의 주식을 취득하기까지는 공개매수를 실시하지 않고 시장에서 서서히 주식을 취득하는 것이 일반적이다. 太田 洋/原田充浩, 앞의 논문(上), 23면.

대개 다음의 몇 단계를 거치게 된다.[28)] 첫째 취득주식에 관해 대상회사에 명의개서를 요구하는 등으로 경영진이 그 자의 주식취득을 최초로 알게 되는 단계, 둘째 공개매수자가 주식을 대량보유자로서 대량보유보고서를 제출하는 단계, 셋째 의결권 있는 주식을 1% 이상 취득하여 증권거래법상 주요 주주에 해당하게 되는 단계, 넷째 의결권 있는 주식의 3분의 1을 초과하여 취득할 목적으로 공개매수를 개시하는 단계[29)]이다.

위 견해는 지배권 취득을 목적으로 과반수 이상의 주식에 대한 공개매수가 개시된 경우에는 지배권을 둘러싼 다툼이 현실화한 상태에 이르렀다는 점에는 동의하면서도 방어조치의 적법성을 보다 엄격히 심사받게 되는 시점인 유사시 여부의 판단은 주식보유비율에만 의거할 것은 아니라고 한다.[30)] 예컨대 넷째의 단계에 이른 경우라 하더라도 공개매수자의 속성에 비추어 볼 때 유사시가 아니라고 볼 수 있는 예가 있다는 것이다.[31)] 과거에 공개매수자가 대상회사에 대해 그린메일 등의 이력이 있는 경우에는 주식취득의 목적이 지배권 취득이 아닐 것이므로, 방어조치의 적법성 판단에 엄격한 판단기준을 적용해야 하는 유사시라고 할 수 없다는 것이다. 이와 반대로 주식매집자의 주식취득비율이 위 둘째 단계에 이르렀을 뿐인 때에도 유사시라고 볼 수 있는 경우도 있다고 한다.[32)] 주식매집자가 대상회사와 동종 사업을 영위하는 경우에 사업전략상 대상회사를 매수하여 시너지효과를 기하려고 할 가능성이 높은 경우와 같다. 이때에는 주식매집자의 주식

28) 우리 법에 의할 때에도 크게 차이는 있지 않을 것이다.

29) 강제공개매수가 개시되는 요건이다(일본 증권거래법 제27조의2 제1항 제4호).

30) 太田 洋/原田充浩, 앞의 논문(上), 24면.

31) 太田 洋/原田充浩, 앞의 논문(上), 24면.

32) 太田 洋/原田充浩, 앞의 논문(上), 24면.

취득비율이 낮은 때에도 유사시라고 할 수 있다고 한다. 나아가 대상회사의 주가순자산비율(PBR)이 1 미만이고 현금이나 상장유가증권 등 풍부한 유동자산을 갖고 있는 까닭에 적대적 기업매수의 대상이 되기 쉬운 재무 상태에 있는 때에는 주식매집자의 동기가 대상회사로부터 현금을 빼내기 위함인지 아니면 경영권 취득에 있는지를 판단하기가 어려울 것이다. 이와 같이 주식매집자의 속성이 명확하지 않은 때에는 주식보유비율이 넷째 단계에 이르지 않았다면 유사시가 아닌 것으로 판단되기가 쉽다고 한다.

유사시 여부를 판단함에 있어서는 주식취득비율뿐만 아니라 매수자의 성격, 대상회사의 재무 상태 등을 종합적으로 고려해야 한다는 견해는 설득력이 있어 보인다. 그런데 논리적으로 분석해 보면 이러한 요소들은 유사시 여부 판단에서 고려되어야 할 요소라기보다는 대상회사의 경영진이 취한 방어조치 자체의 적법성 판단에서 고려할 요소가 아닌가 한다. 물론 유사시인지 여부가 방어조치의 적법성 판단 시 고려되어야 하므로, 위 요소들이 유사시에 관한 판단요소인지 아니면 방어조치 자체의 적법성 판단요소인지 여하에 따라 방어조치의 적법성 판단의 결론이 달라지지는 않을 것이다. 그러나 이를 유사시의 판단요소로 보게 되면 대상회사가 방어조치를 취하는 데 더 제한을 받을 수 있다. 위에서 든 예에서 주식매집자의 주식보유비율이 두 번째 단계에 머물러 있는 단계도 유사시라고 한다면, 방어조치는 사후적 방어조치가 되어 엄격하게 적법성 심사를 받게 되고 그 조치에 부당함이 없다는 점을 방어자 측이 입증하여야 한다. 이에 비해 위 두 번째 단계에 머물러 있는 단계는 유사시가 아니라고 한다면, 대상회사가 취하는 방어조치는 사전적 방어조치에 해당하게 될 것이므로 사후적 방어조치의 경우보다 덜 엄격하게 심사받게 될 것이다. 후자의 경우에 대상회사의 경영진이 방어조치를 취함에 있어 재량의 여지가 넓어짐은 물론이다. 위 견해와 같이 파악한다면 주식매집자의 주식보유비율이 낮은 단계에서도 대상회사의 행위에 상당히 제약을 가하게 될 수 있을 것이다.

(3) 사후적 방어조치와 사전적 방어조치의 준별

1) 종래의 학설과 판례

종래 적대적 기업매수에 직면해서 대상회사의 경영진이 방어행위를 취하는 것은 당해 방어행위가 기업가치 훼손을 방지하고 장기적으로 주주의 이익을 위한 것이라면 일본 상법하에서도 정당화된다는 것이 일반적 견해였다.[33] 제3자 배정 증자의 적법성 판단에서도 마찬가지로 볼 수 있지만,[34] 이에 대해 경영진이 중립의무를 부담한다는 판례도 없지 않고,[35] 학설 중에도 경영진의 방어행위는 경영진의 지위유지를 목적으로 하는 반면 주주의 이익을 손상시킬 위험이 있으므로 기관 간 권한분배질서에 반하고 회사지배에 관한 사항은 주주의 결정에 맡겨야 할 사항이기 때문에 이사가 방어조치를 취하는 것은 금지된다는 견해가 있다.[36]

---

33) 太田 洋/原田充浩, 앞의 논문(上), 23면 및 주 10.

34) 久保欣哉(編著)/篠田四郎, "敵對的企業買收の法理 — 對象會社の取締役の役割・行爲基準を中心に," 企業結合と買收の法理, 中央經濟社, 1992, 128면 ; 森田障, 會社法の規制緩和とコーポレート・ガバナンス, 中央經濟社, 2002, 196면・206면.

35) 엠케이・메이세이자동차 사건에 관한 京都地判 1992. 8. 5. 선고, 判例タイムズ 제819호(1993), 172면.

36) 森田果, "企業買收防禦策をめぐる理論狀況(下)," 商事法務 제1664호(2003), 31면 ; 洲崎博史, "不公正な新株發行とその規制(二・完)," 民商法雜誌 제94권 제6호(1986), 726면.

당해 방어행위가 사전적 · 예방적인 것인가 아니면 지배권 다툼이 현실화한 단계에서의 사후적인 것인가를 구분하여 방어행위의 적법성 판단을 달리해야 한다는 것이 학설과 판례의 태도이다.[37] 그 근거로는 지배권분쟁이 발생한 국면에서는 대상회사의 경영진이 자신의 지위나 이익을 위할 동기가 평상시보다 강하고, 대상회사의 주주나 회사의 이익을 무시할 위험이 높기 때문에 통상의 행위보다 엄격한 기준하에서 이사의 선관주의의무 위반 여부를 판단해야 한다는 것이다.[38]

이와 같이 사전적 조치와 사후적 조치를 준별하는 입장은 방어조치의 목적이 경영진의 '지배권의 유지 · 확보'인 경우에 당해 방어조치의 적법성을 판단함에 있어서도 견지되고 있다.

2) 일본방송사건

이 사건에서도 법원은 '지배권의 다툼이 현실화된 국면'인지 여부를 검토하고 사후적 방어조치와 사전적 방어조치를 준별하는 취지로 판시하였다.[39] 또한 신주예약권(또는 신주) 발행의 주요목적이 '현 경영진의 지배권 유지'에 있는 경우에 불공정 발행에 해당한다고 하면서도, 주요목적이 지배권 유지에 있더라도 사전적 · 예방적 방어조치의 적법성은 사후적 방어조치와는 다르게 평가될 수 있음을 시사하고 있다.[40]

원심결정은 본건 신주예약권의 발행과 같은 사후적 방어조치를 불

---

37) 太田 洋/原田充浩, 앞의 논문(上), 23면.

38) 太田 洋/原田充浩, 앞의 논문(上), 23면.

39) 太田 洋, "ニッポン放送新株豫約權發行差止假處分申立事件決定とその意義(上)," 商事法務 제1729호(2005. 4. 15)〔이하 '앞의 논문(上)'〕, 28면.

40) 太田 洋, 앞의 논문(上), 29면.

공정한 것으로 보면서도 "공개회사가 적대적 매수자를 상정하여 회사지배권 쟁탈 상황이 발생하기 전에 대항책을 설계하는 것이 금지되지는 않는다"라고 판시하였다. 항고결정도 "사전 대항책으로서 신주예약권이 발행된 경우에는 구체적 상황, 신주예약권의 내용, 발행절차 등 개별 사정에 의해 적법성이 인정될 여지가 있다"라고 하면서 원심결정을 유지하였다.

3) 니레코(ニレコ)사건

일본방송사건을 비롯해서 사전적 방어조치와 사후적 방어조치에 대해 적법성 판단을 준별하는 것이 일본 판례의 태도였다. 그런데 일본방송사건 이후 이사회결의로써 사전적 · 예방적 조치로서 적대적 매수자가 출현하기 이전 단계에서 포이즌필을 발행한 사례에서 발행유지가처분을 인정한 판례가 등장하였다. 이 판례는 이사회에 의한 신주예약권 발행을 이용한 평상시의 사전적 · 예방적 방어조치가 불공정 발행에 해당함을 인정한 첫 사례로서 주목을 끌었다.

사안의 개요는 다음과 같다.[41] JASDAQ 상장회사인 니레코(채무자)는 2005년 3월 14일 이사회결의로 모든 주주에게 양도제한부 신주예약권을 무상발행하기로 하였다.[42] 발행목적은 "남용적 매수 시도에 의한 기업가치 훼손을 미연에 방지하고, 매수 제안이 있는 경우에 기업가치 극대화 달성을 위한 합리적 수단으로 이용한다"라는 것이고, 2005년 3월 31일 시점의 주주 전원에 대해 1주당 2개의 비율로[43] 배정

41) 商事法務 제1726호(2005. 3. 25), 69면.

42) 니레코의 사례는 일본에서 최초로 신주예약권을 이용하여 포이즌필 도입을 시도한 예이다. 일본경제신문 www.nikkei.co.jp.

43) 채무자의 자기주식에 대해서는 신주예약권을 배정하지 않게 되어 있다.

하기로 하였다. 발행일은 2005년 6월 16일, 납입가액은 1엔, 행사기간은 2005년 6월 16일~2008년 6월 16일, 신주예약권 발행절차의 개시요건은 "공개매수 등에 의해 채무자의 의결권 있는 발행주식총수의 20% 이상을 보유한 자가 있다는 것을 채무자의 이사회가 인식한 경우"이고, 행사기간 만료일까지 위 요건이 충족되지 않은 경우에는 신주예약권은 소멸되도록 되어 있었다. 기업가치를 높이는 매수 제안이 있으면 이사회 결의로써 신주예약권 전부를 일시에 무상 소각한다는 조항도 두었다.

발행주식총수의 6.8%를 보유한 주주인 투자펀드(채권자)는,[44] "예약권이 전부 행사되어 발행주식총수의 2배의 주식이 발행된다면 기존 주식의 가치는 3배로 희석되고 주가 하락의 위험이 있으므로 주주가 현저히 불이익을 받을 가능성이 있다"라고 주장하면서, 본건 신주예약권 발행이 i) 상법이 정하고 있는 기관 간 권한분배질서 위반 · 이사의 선관주의의무 위반 · 충실의무 위반 등 법령에 위반하였다는 점, ii) 현저히 불공정한 방법에 의한 발행이라는 점을 이유로 신주예약권 발행 유지를 신청하였다.

동경지방법원은 ii)의 점에 관해 채권자의 주장을 받아들여 가처분 인용결정을 하였고(원심결정),[45] 원심결정의 판단은 이의결정과[46] 동경고등법원의 항고결정에서 유지되었다.[47] 법원의 결정에 의하면 신주예약권의 발행목적이 "경영지배권을 다투는 주주의 지주비율을 저하

44) The SFP Value Realization Master Fund Ltd.

45) 채무자는 주주가 받을 손해는 무시할 수 있을 정도로 적다고 주장하였으나 받아들여지지 않았다.

46) 이의결정에서는 적법성의 판단기준으로서 채권자가 주장한 기관 간 권한분배질서 논거를 채택하였다.

47) 항고결정문은 商事法務 제1735호(2005. 6. 25).

시키는 것이 주요목적"이라고 인정한 후, 주주는 다음과 같은 두 가지 손해를 입는다고 하였다. i) "권리부여일에 채무자 주식을 소유한 주주는 신주예약권 발행에 의해 그 보유주식이 중대한 리스크를 함유하게 되고, 이와 같은 리스크가 포함된 주식을 적정가격으로 거래하는 것이 곤란해지기 때문에 채무자 주식은 투자 대상으로서의 매력이 감소되는 결과 주가의 하락 위험 및 장기적으로 자본 이득을 얻을 기회를 상실할 위험이라는 손해(항고결정. 이에 대해 원심결정과 이의결정은 "투자대상으로서의 매력 감소에 의한 가치저하라는 손해"라고 하였다), ii) "그와 같은 신주예약권이 발행되면 각 주주의 주식가치는 주식과 신주예약권으로 이분화되며, 신주예약권의 양도가 제한되기 때문에 투하자본 회수 가능성의 저하라는 손해(원심결정 · 이의결정 · 항고결정)가 그것이다. 따라서 이사회 결의만으로 그와 같은 신주예약권을 발행하는 것은 매수방어책으로서의 필요성과 상당성이 결여된다"라고 판시하였다.

이 결정들은 종래 판례에서는 볼 수 없었던 판시 사항을 포함하고 있다. 원심결정은 적대적 매수에 대한 사전방어책으로서 신주예약권 발행이 허용되기 위한 세 가지 조건을 들고 있는데 i) 주주총회의 의사가 반영되도록 하는 구조, ii) 신주예약권의 행사조건의 성취에 이사회의 자의적인 판단을 방지할 수 있도록 하는 구조, iii) 방어조치가 상당하다고 판단되기 위해서는 매수와 무관한 주주가 불측의 손해를 입지 않아야 할 것이 그것이다.

주목할 것은 이사회의 자의적 방어조치를 방지하기 위한 구조를 강조하고 있다는 점이다. 이 사항과 관련하여 니레코는 포이즌필의 발동과 해제에 있어 제3자의 입장에서 판단할 특별위원회를 구성하고 발동과 해제시 이 위원회의 권고를 받으며 이 권고는 최대한 존중되도록 하고 있었다는 점을 주장하였다.[48] 그러나 원심결정은 이사회가 권고에 따르는 것이 의무사항이 아니므로 이사회가 이에 따르지 않을 여지가 있다고 하면서 ii)의 조건이 충족되지 않았다고 하였다.

원심결정이 방어조치를 취함에 있어 이사회의 자의적 결정 방지의 필요성을 강조한 것은 수긍이 가지만, "특별위원회의 권고가 의무화되어 있지 않다"라는 점을 굳이 언급한 것은 의문이다. 원심의 의도는 방어조치를 취함에 있어 이사회의 자의성 배제의 중요성을 부각시키는 것이었을 것이다. 그러나 원심결정에 의하면 신주예약권 발동을 최종적으로 결정하는 주체가 외부의 제3자인 특별위원회라면 적법할 수 있고, 이사회가 이 위원회의 권고에 따르지 않을 가능성이 있다면 적법하지 않게 된다. 그러나 회사 외부의 기관인 특별위원회가 최종 결정권을 갖고 있는지 여부에 따라 회사의 경영상(혹은 조직법상) 행위의 효력 유무를 가르는 것은 문제가 있다. 업무집행에 관한 결정권한은 이사회에 부여되어 있고, 특별위원회는 임의적 회의체에 지나지 않기 때문이다.

사전적 방어조치와 사후적 방어조치의 준별 문제와 관련해서, 이의 결정에서는 평시의 사전적 · 예방적 방어조치에 관해서 사후적 방어조치보다 엄격한 절차적 요건을 요하는 것으로 판시한 점이 주목된다. 즉 "실제 회사의 지배권 다툼이 발생한 시점에서는 이사회가 주주총회의 의사를 물을 시간적 여유가 없기 때문에 일종의 긴급피난적 행위로서 이사회가 방어목적을 갖고 신주예약권을 발행하더라도

48) 니레코의 신주예약권 소각에 관한 가이드라인 제4조. 이에 따르면 특별위원회는 채무자 또는 본건 신주예약권의 소각 등에 관해 이해관계가 없는 학자, 변호사 또는 공인회계사 중 2명 이상 3명 이내의 위원으로 구성된다.

합리성이 인정되지만, 지배권분쟁이 발생하지 않은 시점에서는 주주총회의 의사를 물을 시간적 여유가 있는 것이 통상이므로 이사회가 방어조치로서 신주예약권 발행을 할 수 있는 경우가 보다 한정적이라고 보는 것이 상당하다"라고 하였다. 이 판시는 방어행위를 결정하는 주체에 관해 유사시의 방어책보다 평상시의 방어책의 경우에 보다 엄격한 요건을 요구하는 것으로서, 방어행위의 적법성 판단에서 유사시의 방어책에 대해서 보다 엄격하게 적법성 심사를 하는 태도와 대조된다.

4. 신주예약권 또는 신주 발행의 불공정성 판단기준

(1) 서

신주발행의 불공정이란 부당한 목적을 달성하기 위한 수단으로서 신주발행이 이용된 것을 말하며,[49] 신주예약권 발행의 불공정도 이와 마찬가지로 이해할 수 있을 것이다.[50] 종래 일본에서는 주로 신주의 제3자 배정에 의한 경영권 방어와 관련된 사례에서 신주발행의 불공정성이 다루어져 왔다. 일본방송사건은 신주예약권이 발행된 사례이지만, 판례의 판시대로라면 본건 신주예약권의 발행은 실질적으로 신주발행에 해당하므로, 신주발행의 불공정성에 관한 논의는 본건 신주예약권 발행의 불공정성 판단에도 그대로 적용될 수 있을 것이다. 따라서 신주발행에 관한 종래의 논의를 중심으로 신주(예약권)의 제3자

49) 江頭憲治郎, 株式會社 · 有限會社法, 有斐閣, 2005, 624면.

50) 일본방송사건의 결정 ; 竹平征吾, "稀釋化型ポイズン · ピルの適法性—司法の役割とその限界," 商事法務 제1729호(2005. 4. 15), 35면.

배정의 불공정성 판단법리를 살펴보기로 한다.

일본에서는 불공정 발행의 판단에 관해 소위 '주요목적기준'을 채택한 것이 다수의 하급심 판례의 태도였다. 이는 불공정성 여부를 판단함에 있어서 자금조달목적과 지배권유지목적을 비교하여 어느 것이 우월한가를 살펴 후자가 주요목적인 때에는 신주발행이 불공정하다고 판단하는 것이었다.[51] 그러나 비교 · 교량의 대상인 발행목적을 반드시 자금조달목적이나 지배권유지목적에만 한정하지 않은 판례도 있다. 즉 불공정성 판단에서 신주발행의 목적이 지배권유지에 있지 않더라도 다른 부당한 목적이 있는 때에는 불공정하다고 한 예가 있는가 하면, 자금조달목적이 없더라도 다른 정당하거나 합리적 목적이 있다면 불공정 발행에 해당하지 않는다고 판시한 판례도 있다. 아래에서는 이들 판례를 비교 · 분석하기로 한다.

(2) 판단기준

1) 주요목적기준

종래 일본에서는 제3자 배정에 의한 증자의 불공정 발행을 판단함에 있어서 이사회가 신주 발행을 자금조달목적에서 행한 것인가 아니

51) 다수설의 입장이다. 大杉謙一, "ニッポン放送の新株豫約權發行をめぐる法的諸問題," 金融法務事情 제1733호(2005. 3. 15), 15면 ; 藤田友敬, "オプションの發行と會社法(上)ー新株豫約權制度の創設とその問題點," 商事法務 제1622호(2002. 3. 5), 20면 ; 黑沼悅郎, 앞의 논문, 461면 등. 이에 대해 일본의 다수 사건의 판례에서 자금조달목적이 쉽게 인정되어 불공정 발행을 부정하는 경향이 있었던 것은 사실이지만, 주요목적이론에서 정당한 목적을 자금조달목적에 한정시킨 것인지에 대해서는 논의의 여지가 있다는 견해가 있는데(竹平征吾, 앞의 논문, 42면 주33), 타당한 것으로 보인다.

면 경영자의 지배권유지목적에서 행한 것인가를 검토하고, 지배권유지목적이 주요목적이라고 인정되는 경우에는 신주 발행은 불공정하다고 보는 것이 통설과 판례의 입장이었다.[52] 신주 발행의 주요목적이 무엇인가를 검토하여 불공정 여부를 판단한다는 의미에서 이를 '주요목적기준'이라고 한다. 이 기준은 불공정 발행 여부를 판단함에 있어서 자금조달 수요 여부를 중요한 요소로 본다.

주요목적기준은 일본방송사건 외에도 최근에 주목을 끌었던 다음 판례들에서도 채택되었다.

① 벨시스템24(ベルシステム24)사건

벨시스템24(채무자)는 발행주식총수의 106%에 해당하는 신주를 제3자에게 발행하기로 결정하였는데, 이것이 발행되면 채무자 주식을 40% 보유하고 있던 대주주(CSK. 채권자)의 지주비율은 20%로 저하하는 반면 제3자인 주식인수인의 지주비율은 51.5%에 달하게 될 것이었다. 이에 채권자가 채무자의 신주 발행이 불공정 발행(종전 일본 상법 제280조의10 ; 회사법 제210조 2호)에 해당한다고 주장하면서 발행유지 가처분 신청을 한 사안이다.[53]

원심은 신청을 각하하였고, 채권자는 항고하였지만 항고심은 항고를 기각하였다.[54] 항고결정은 "i) 채무자의 현 경영진 일부가 채권자의 지주비율을 저하시키고 자신 등의 지배권유지목적을 갖고 있다는 의

52) 州崎博史, 앞의 논문, 734면 주 8의 여러 문헌과 판례 참조 ; 최근 문헌으로는 太田洋, "ニッポン放送新株豫約權發行差止假處分申立事件決定とその意義(下)," 商事法務 제1730호(2005. 4. 25)〔이하 '앞의 논문(下)' 로 인용〕, 9면.

53) 金融法務事情 제1733호(2005. 3. 15), 93면 이하.

54) 東京地決 2004. 7. 30. 선고, 2004年 (ヨ) 第20047號 ; 東京高決 2004. 8. 4. 선고, 2004年 (ラ) 第1297號.

심이 부정되지는 않더라도,[55] ii) 채무자에게는 제3자 기업그룹과의 업무제휴에 관한 사업계획을 위해서 신주 발행을 통한 자금조달의 필요가 있고 사업계획에도 합리성이 있다"라고 한 후 "지배권 유지가 유일한 목적이라거나 회사 발전과 업적 향상이라는 정당한 목적보다 우월하다고 인정하기는 어려우므로 불공정 발행에 해당하지 않는다"라고 판시하였다.[56] 즉 지배권유지목적을 일응 인정하였지만, 자금조달의 목적이 있다는 점 또한 지배권유지목적이 주요목적이 아니므로 신주 발행이 불공정 발행에 해당하지 않는다고 판시한 것이다.[57]

② 이치야(イチヤ)사건[58]

이 사건은 신주예약권 발행의 불공정성이 다투어진 최초의 사례로 주목을 끌었다. 이치야(채무자)는 2004년 5월 12일 주주총회에서 제3자 배정에 의한 신주예약권의 유리발행을 주주총회의 특별결의로 결의하였다. 羅民詔(채권자)는 발행주식총수의 2.15%의 주식과 더불어 행사될 경우 발행주식총수의 과반수를 보유하게 되는 신주예약권[59]을 보유하고 있었다. 주주총회에서 주식이전 결의와 신주예약권 발행 결

55) 채권자가 이사의 과반수를 자신이 원하는 자로 선임할 것을 요구하는 주주제안권을 행사함으로써 지배권분쟁이 본격화된 이후 자금수요를 이유로 사업계획을 세운 사실이 인정되었다.

56) 이 결정 중 "지배권 유지가 유일한 목적이라거나 발행목적이 회사 발전과 업적 향상이라는 정당한 목적에 우월하다고 인정하기는 어려우므로 불공정 발행에 해당하지 않는다"라는 판시 부분은, '지배권 유지'와 '회사 발전과 업적 향상' 목적을 교량한 것이다.

57) 항고결정 이후 채권자가 보유한 채무자의 주식 대부분을 신주 인수인이 매수하기로 하는 내용의 화해가 성립되었다. 金融法務事情 제1733호(2005. 3. 15), 93면.

58) 高知地決 2004. 6. 8 ; 商事法務 제1706호(2004. 8. 25), 51면과 제1710호(2004. 10. 5), 94면.

59) 이것은 주식교환 · 이전 결의가 있게 되면 이사회결의로 무상 소각할 수 있도록 되어 있었다.

의(행사되면 약 60%가 된다)를 하였고, 채권자의 신주예약권 전부가 무상 소각되었다. 이에 채권자는 본건 신주예약권 발행이 채권자를 해할 목적으로 이루어진 불공정 발행에 해당한다고 주장하면서 발행 유지 가처분신청을 하였다. 고치(高知)지방법원은 본건 발행의 주된 목적이 채권자의 경영 지배력을 저하시키고 현저히 불공정한 발행에 해당한다고 보아 신청을 인용하였지만(원심결정), 이의결정에서는 원심결정을 취소하고 가처분신청을 기각하였다. 이의결정은 "i) 채권자가 유력한 주주라는 점, 본건 신주예약권이 행사되면 지주율이 과반수를 초과한다는 점, 채권자가 보유한 신주예약권을 소각시킨다는 점 등을 이유로 채권자의 배제 또는 채권자의 지배권 배제 목적의 가능성이 일응 부정되지는 않는다"라고 하면서도 "ii) 채무자의 경영 악화 상황, 신주예약권 발행을 통해 조달한 자금의 사용처가 결정되어 있다는 점, 채권자에게 신주예약권 행사를 간절히 요구하였다는 점 때문에[60] 자금조달목적이 인정된다"라고 판시하였다.

③ 다인(ダインー)사건[61]

다인(ダインー. 채무자)은 2004년 9월 10일 이사회결의에서 이케다은행(池田銀行)을 비롯하여 15개사를 인수인으로 하여 제3자 배정 증자를 결의하였다. 재무구조 강화와 인수인과의 관계 강화가 목적이었고, 증자분은 발행주식총수의 19.5%에 해당하였다. 채무자의 주식 10.6%를 보유한 대주주인 와이엠시(ワイエムシイ. 채권자)의 지주비율은 증자에 의해 8.9%로 저하되었다. 이에 채권자는 신주 발행이 자금조달 필요성이 없음에도 불구하고 채권자의 지주비율을 저하시키며 안정주주집단의 비

60) 채무자는 채권자에게 수차례 자금조달의 곤경 상황을 호소하고 채권자의 출자를 요구한 바 있다.

61) 大阪地決 2004. 9. 27, 商事法務 제1710호(2004. 10. 5), 93면.

율을 50% 초과하여 증가시키는 등, 현 경영자의 지배권 확보를 위한 발행에 해당한다고 주장하면서 신주발행유지가처분 신청을 제기하였다.

법원은 i) 채권자와 채무자 간에 지배권분쟁이 없다는 점, ii) 본건 신주 발행에 의해 채권자의 지주비율은 감소되지만 대주주의 지위는 상실되지 않는다는 점, iii) 채무자가 자금조달 필요성을 판단한 후 신주발행을 결정하였다는 점, iv) 신주 발행에 의해 채무자를 지지하는 그룹이 구성된다고 하더라도 현 경영진의 지배권이 확보되는 것도 아니라는 점 등을 이유로 채권자의 신청을 기각하였다.

2) 부당한 목적을 확대한 기준

주요목적기준에서와는 달리 경영진의 지배권유지목적이 없더라도 불공정 발행에 해당하는 경우가 있다고 보는 학설과[62] 판례가 있다. 슈와(秀和)와 이나게야 · 주지쓰야(いなげや · 忠實屋) 사건에서[63] 동경지방법원은 일단 주요목적기준을 긍인하면서도 부당한 목적을 보다 넓게 해석하여 불공정 발행의 범위를 확대하였다. 법원은 "지배권분쟁이 있는 경우에 종래 주주의 지주비율에 중대하게 영향을 미치는 수의 신주를 발행하여 제3자에게 배정한 경우, 그 신주발행이 특정 주주의 지주비율을 저하시키고 현 경영진의 지배권을 유지시킬 것을 주요목적으로 하는 경우에는 그 신주 발행은 불공정 발행에 해당한다" 라고 한 후, 나아가 "신주 발행의 주요목적이 현경영자의 지배권 유지에 있지 않더라도 그 신주 발행에 의해 특정 주주의 지주비율이 현저히 저하된다는 것을 인식하고서 신주를 발행한 경우에는 신주 발행을

62) 森本滋, "新株の發行と株主の地位," 法學論叢 제104권 제2호(1987), 17면(州崎博史, 앞의 논문, 725면에서 재인용).

63) 東京地決 1989. 7. 25. 선고, 判例時報 제1317호, 28면.

정당화하는 합리적 이유가 없는 한 불공정 발행에 해당한다"라고 판시하였다.

3) '수정된' 주요목적기준

주요목적기준은 자금조달목적과 지배권유지목적 중 어느 쪽이 우세한가를 검토하여 불공정성 여부를 판단하는 것이다. 그런데 비교·교량의 대상이 되는 정당한 목적을 반드시 '자금조달목적'에 한정하지 않고, 기타 '정당한 목적'을 지배권유지목적과 비교·교량하여 불공정성을 판단하는 방법도 주요목적기준에 해당한다고 보는 견해도 있다. 즉 이사회가 신주 발행을 하기로 한 여러 동기 중에서 경영진의 지배권 유지(또는 의결권의 과반수 확보)를 위한 부당한 동기가 다른 정당한 동기(반드시 자금조달목적에 한정되지 않는다)보다 우월한 경우에 불공정 발행에 해당한다고 판단하는 것도 주요목적기준을 채택한 것으로 보는 것이다.[64)]

이와 같이 정당한 목적을 자금조달목적에 한정하지 않는 견해는 신주예약권제도가 도입됨에 따라 더 설득력이 있는 것처럼 보인다. 정당한 주요목적을 자금조달에 한하지 않는다는 의미에서 일단 이 기준을 '수정된 주요목적기준'이라고 부르기로 한다.[65)]

종래 일본 상법하에서 본래 신주 발행의 목적은 자금조달에 한정되어 있었으므로 주요목적기준에 의할 때에는 정당한 목적을 자금조달

---

64) 江頭憲治郎, 앞의 책, 624면 ; 太田 洋/野田昌毅, "敵對的企業買收と第三者割當增資—ベルシステム24新株發行差止假處分申立事件決定の分析を通じて," 商事法務 제1710호(2004. 10. 5), 51면.

65) 太田 洋, 앞의 논문(下), 9-10면은, 1)의 주요목적기준을 '구주요목적기준'이라 하고 3)의 주요목적기준을 '신주요목적기준'이라고 칭하고 있으며 양자 모두를 넓은 의미에서 주요목적기준으로 파악하고 있다.

목적에 한정하였을 것이다. 이후 스톡옵션제도와 신주예약권제도가 도입됨에 따라 자금조달목적과 직무 공헌에 대한 인센티브 부여목적 등 여러 가지 목적에서 신주예약권의 발행이 가능해졌다.[66] 신주 발행과는 달리 신주예약권의 발행에 있어서는 자금조달목적이 요구되지 않고, 지배권 쟁탈전이 있는 경우에 신주예약권을 특정의 자에게 발행하는 것이 불공정 발행에 해당하는지 여부는 구체적 사례에 따라 판단해야 할 문제라는 견해도 있다. 따라서 이사회는 자금조달목적이 없더라도 "다른 기업에 대한 업무제휴의 대가로서 제공, 업무상 신뢰관계 유지를 위한 상호 보유, 종업원 등에 대한 직무 공헌에 대한 보상 제공, 종업원의 직무 발명에 대한 특허권 양수의 대가로 지불(이하 '기타 정당한 목적')" 등 종래 이사회의 경영권한에 속한다고[67] 상정된 목적에 따라 신주 등을 발행할 수 있게 되었다. 이와 같이 자금조달 외에 기타 정당한 목적을 갖고 제3자 배정을 한 결과 기존 주주의 지주비율이 저하되더라도 불공정 발행에 해당하지 않는다고 할 수 있다.[68]

4) 기업가치 기준

제3자 배정 증자에 의한 불공정성을 판단함에 있어서 증자를 통해 경영권을 방어하는 때와 방어조치를 취하지 않는 때의 기업가치를 각각 비교하여 전자의 기업가치가 크다면 방어조치를 취하더라도 불공정하지 않다고 보는 견해이다.[69] 일본방송사건에서 채무자는 채권자

66) 神田秀樹, 會社法, 弘文堂, 2004, 225면. 이에 반해 지배권쟁탈이 구체화된 단계에서 방어행위로서 신주예약권이 발행된 경우에는 불공정 발행에 해당한다는 견해로는 黑沼悅郎, 앞의 논문, 463면.

67) 일본방송사건 항고결정의 판시 내용.

68) 太田 洋, 앞의 논문(下), 10면.

69) 일본방송사건의 채무자인 일본방송의 주장이다.

가 채무자의 친회사가 되어 경영지배권을 취득하면 채무자 및 그 자회사에 회복할 수 없는 손해가 발생하리라는 점이 분명하고, 채무자가 후지산케이그룹에 속해 후지TV의 자회사가 되는 것이 기업가치를 증대시키는 길이므로 이를 위해 방어책으로서 신주예약권을 발행한 것이라고 주장한 바 있다.

그러나 항고심 법원은 기업가치기준을 택하는 것을 부정적으로 보는 판시를 하였다. "채무자가 주장하는 기업가치 훼손 여부는 사업경영의 당부의 문제이고, 이는 경영지배권이 변화된 직후 단기적 사정에 의해 판단 · 평가하기에는 적합하지 않고, 경제 사정, 사회적 · 문화적 국민의식의 변화, 사업 내용에 관한 기술혁신 상황의 발전 등을 지켜본 후 중장기적 전망하에 판단해야 할 경우가 많고, 이는 주주와 주식거래시장의 사업경영상의 판단과 평가에 맡겨야 할 사항이며, 경영판단의 법리에 비추어 판단하여야 할 것이며,[70] 그러한 사업판단적 요소를 법원이 판단하기에는 적당하지 않다"라고 판시하였다.

기업가치기준은 이후 일본 정부가 정한 적대적 기업매수에 관한 방어지침에서 불공정성 여부에 관한 중요한 판단기준으로 채택된 바 있다.[71]

70) '경영판단의 법리'라는 용어를 사용하였지만, 이는 '통상 이사회가 행하는 경영상 판단에 관해 법원이 존중한다는 의미의 경영판단의 법칙'의 의미로 사용된 것은 아니라는 점을 유의할 필요가 있다. 이 문언은 이사회가 결정한 대항책의 적부에 관해 법원이 '대상회사의 주주를 대신해' 판단하기를 자제하기 위한 근거로서 사용한 것(이사회의 판단을 존중한다는 의미에서 사용된 것이 아니다)이다. 太田 洋, 앞의 논문(下), 13면.

71) 經濟産業省/法務省, 企業價値 · 株主共同の利益の確保又は向上のための買受防禦策に關する指針, 2005. 5. 27. www.meti.go.jp/press/20050527005/3-shishinn-honntai-set.pdf.과 별책 商事法務 No.287(2005. 7), 121면을 참조.

(3) 일본방송사건의 경우

1) 수정된 주요목적기준의 채택

항고결정은 불공정 발행의 판단기준 중에서 기관권한분배설[72]·경영판단법칙설[73]·기업가치비교설은[74] 채택하지 않고, 경영진의 주요목적을 살피되 비교·교량의 대상인 정당한 목적을 자금조달목적에 한정하지 않으므로 수정된 주요목적기준을 채택한 것이라고 할 수 있다. 구체화된 사업계획 실시를 위한 자금조달, 다른 기업과의 업무제휴의 대가로 제공하거나 업무상 신뢰관계를 유지하기 위한 주식의 상호보유, 종업원의 직무 공헌 등에 대한 보상 부여, 종업원의 직무 발명에 대한 특허권 양수의 대가 지불방법과 같은 사항은 이사회의 경영권한에 속하고, 이러한 목적을 위해 신주예약권을 발행할 수 있다고 하였다.

2) 불공정발행의 판단과 특단의 사정

법원은 지배권유지목적이 있더라도 주주의 이익보호 관점에서 신주예약권 발행을 정당화할 '특단의 사정'이 있는 경우(그리고 대항조치로서의 목적의 '필요성'과 수단의 '상당성'이 인정되는 한)에는 불공정 발행에 해당하지 않는다고 하면서 특단의 사정의 예를 구체적으로 들고

72) 회사법의 권한분배질서에 입각하여 불공정 여부를 판단하는 견해이다. 지배권의 다툼이 존재하는 상황에서 이사가 분쟁에 개입할 목적으로 특정 제3자에게 신주발행을 하는 것은 불공정 발행이라고 보는 것이다. 洲崎博史, 앞의 논문, 726면.

73) 이사가 회사 또는 주주의 장기적 이익에 기여한다고 판단하여 행한 신주 발행은 그것이 지배권 다툼이 있는 상황하에서 이루어졌다고 하더라도 그 판단이 합리적인 것이라면 이사는 경영판단법칙에 따라 면책된다는 견해이다. 久保欣哉(編著)/吉田直, "敵對的企業買收の法理 — 對象會社の取締役の役割 · 行動基準を中心に," 企業結合と買收の法理, 中央經濟社, 1992, 129면.

74) 앞의 (2) 4) 참조.

있다. 이 판례는 지배권유지목적이 있음에도 불구하고 특단의 사정이 있는 때에는 경영진이 방어조치를 취할 수 있음을 밝힌 첫 사례에 해당한다. 또한 아래와 같이 종래 판례에서는 볼 수 없었던 특단의 사정을 구체적으로 제시하였다.

항고결정은 특단의 사정이 존재하는 경우란, "매수자가 진정으로 회사경영에 참여할 목적이 없고 적대적 매수자에 의한 지배권 취득이 회사에 회복하기 어려운 손해를 준다는 사정이 있다는 점을 회사가 소명 · 입증한 경우"라고 하면서 그와 같은 경우에 해당하는 예로서 i) 그린메일목적, ii) 초토화경영목적(회사 경영상 필요한 노하우 · 지적 재산권 · 기업비밀정보의 취득), iii) 적대적 LBO 등 자산유용목적, iv) 중요자산 매각 후 단기이익취득목적(해체형 매수. bust-up)인 경우를 들고 있다.

그러나 위와 같이 네 가지 유형의 사정이 있는 경우에는 언제나 지배권 유지 · 확보가 주요목적인 신주예약권의 발행이 허용되는 것은 아니다. 대항수단으로서의 '필요성과 상당성'이 있을 것을 요구하고 있기 때문이다.[75] 이는 매수대항책은 적대적 매수가 야기할 위협에 대해 '합리성'을 가져야 한다는 미국의 유노칼(Unocal)기준[76]에 상응하는 기준을 채택한 것으로 보인다. 항고결정은 어떠한 적대적 매수가 있는 경우에 어느 정도로 대항조치가 인정되는가에 관한 기준은 별도로 제시하지 않았다. 이와 관련해 일본방송 측은 "라이브도어 측이 일본방송라디오를 해체하고 자산을 절매하려 한다"라고 하면서 이것은

75) 太田 洋, 앞의 논문(下), 11면.

76) Unocal Corp. v. Mesa Petroleum Co., 93 A.2d 946 (Del. 1985). 이 기준은 방어수단의 적법성을 판단함에 있어서, 경영진이 기업정책과 효율성에 대한 공격자의 위협이 존재한다고 믿을 만한 합리적 근거가 존재한다는 점, 경영진이 채택한 방어수단이 발생될 위협과의 관계에서 비례성을 갖추었다는 점을 입증하도록 하고 있다. 경영판단법칙을 적용하는 경우보다 엄격한 기준에 의해 사법심사를 하고 있다.

위 iv)와 같은 유형의 위협에 해당한다는 주장을 하였으나, 법원은 이를 인정할 만한 자료가 없다는 이유로 받아들이지 않았다.

3) 불공정 발행의 판단과 적대적 매수수단의 부당성

지배권 유지 · 확보 목적이 있는 경우에도 불공정 발행에 해당하지 않는다고 판단되는 특단의 사정의 존재와 관련해서 다음 판시 내용은 주목할 만하다. 채무자는 채권자가 행한 ToSTNeT-1을 이용한 거래가 일본 증권거래법 제27조의2의 강제공개매수규정에 위반한 것이며,[77] 설사 이 규정 위반은 아닐지라도 공개매수규제의 취지에 반하는 부당한 것이므로 이러한 주식 '매수수단의 부당성'은 이에 대항하는 수단으로 채용한 신주예약권 발행의 불공정성을 판단하는 데 감안해야 하며, 따라서 매수수단의 부당성은 신주예약권 발행을 허용하는 특단의 사정에 해당한다고 주장하였다.

이에 대해 법원(원심결정 · 이의결정 · 항고결정 모두)은, ToSTNet-1거래는 증권거래법상 '거래소 유가증권시장에서의 거래'에 해당하여 제27조의2의 규제대상이 아니므로 채권자는 증권거래법을 위반하지 않았다고 하면서 채무자의 주장을 배척하였다. 나아가 "채권자의 거래가 공개매수제도의 취지 · 목적에 비추어 볼 때 상당성을 결할 여지가 있다는 사실이 인정된다 하더라도 이 사실로써 지배권의 확보가 주요목적인 본건 신주예약권의 발행을 정당화하는 특단의 사정이라고 할 수 없다"라고 하였다.

이와 같은 판시는 증권거래법의 공개매수규정의 해석과 증권거래

77) 일본 증권거래법 제27조의2에 의하면 시장 외에서 특별관계자와 함께 3분의 1 이상의 주식을 취득하게 되는 경우에는 공개매수에 의할 것을 강제하고 있다.

법 위반과 방어조치의 필요성 및 상당성을 판단하는 데 중요한 의미를 지니고 있고, 뒤에서 설명하는 바와 같이 증권거래법상 공개매수에 관한 규정을 개정하는 계기가 되었다.

4) 불공정 발행의 판단과 기타 회사의 이해관계자의 이익

적대적 매수에 대한 대항조치의 적법성 여부를 판단함에 있어서 주주와 회사의 이익 외에 대상회사의 다른 이해관계자(종업원 · 채권자 · 소비자 · 지역사회 등)의 이익을 고려할 수 있는지, 이것이 인정된다면 어느 정도 고려할 수 있는지가 의론될 수 있다. 이때 회사의 이익을 주주의 이익만이 아니라 기타 회사관계자를 포함한 총 이해관계자의 집합적 이익으로 보는 견해도 있을 수 있다.[78)]

이에 관해 원심결정은 "기업가치란 회사, 더 나아가서는 주주 전체의 이익을 말하는 것이며… 특정 주주의 지배권 취득에 의해 이 이익이 훼손되는 경우에는 이사는 이를 방지하는 수단을 취할 수 있다"라고 하면서 "회사에는 주주 외에도 종업원 · 거래처 · 고객 · 지역사회 등의 이해관계자가 존재하고, 이들 이해관계자의 이익을 높이는 것은 장기적으로 주주 전체의 이익에도 부합할 수 있기 때문에 기업가치를 검토함에 있어서는 이들 이해관계자의 이익도 함께 고려할 필요가 있다"라고 판시하였다.

위 판시 부분에 따르면 방어수단으로서 신주예약권의 발행이 불공정한가 여부를 판단할 때 주주 외에 기타 이해관계자의 이익도 참작

78) 松井秀征, "取締役の新株發行權限(二)", 法學協會雜誌 제114권 제6호(1997), 132-133면〔太田 洋, "ニッポン放送新株豫約權發行差止假處分命令申立事件決定とその意義," 企業買受をめぐる諸相とニッポン放送事件鑑定意見, 별책 商事法務 No.289(2005. 9), 241면에서 재인용〕.

하여야 한다는 것이고, 이 이익을 고려하여 신주예약권을 발행한 경우 그 발행은 불공정하지 않다고 판단될 수 있다. 그런데 주주의 이익과 기타 이해관계자의 이익이 상충하는 경우에는 기타 이해관계자의 이익보다 주주의 이익을 우선하여(혹은 그 반대로) 대항조치를 취할 수 있는가의 여부와 이것이 인정되는 구체적 사정 여하가 문제될 수 있다. 방어수단을 취할지 여부를 결정함에 있어서 이해관계자의 이익도 고려할 수 있다면 방어수단 도입 여부를 판단함에 있어서 이사회에게 보다 폭넓은 재량이 인정될 수 있을 것이다.[79)]

(4) 소결

일본방송 판례를 비롯한 다수의 판례에 의할 때 신주(예약권)의 제3자 배정에 의한 경영권 방어조치에 대한 일본 판례의 태도는 다음 몇 가지 사항으로 요약할 수 있다.

첫째, 종래 제3자 배정의 불공정성이 인정되기 위한 전제조건이었던 지배권분쟁의 현실화 요건이 언제나 요구되는 것은 아니라는 점이다. 일본방송사건에서는 사전적 · 예방적 방어조치가 일정한 조건하에서 인정되는 취지의 판시를 하였지만, 니레코사건은 지배권분쟁이 구체화되지 않은 단계에서 Flip-in형 포이즌필을 발행하는 것도 불공정 발행에 해당할 수 있음을 보여 주었다. 그리하여 경영권 방어조치가 사전적 · 예방적인 것인지 아니면 사후적인 것인지 여부가 불공정성 여부를 가르는 유일한 기준이 되지는 않는다. 특히 니레코사건은 주주총회의 결의 없이 이사회가 결정한 방어행위에 관해서는 엄격한

79) 회사의 이익과 주주의 이익이 무엇인가 하는 주제는 이 자체가 중요한 연구주제에 해당할 터이므로 이에 대해서는 추후의 연구과제로 남겨 두기로 한다.

판단을 하였으며, 방어행위의 적법성 판단에서 방어행위의 결정 주체를 누구로 볼 것인가에 관해 중요한 판시를 하였다. 이 사건 이후 일본에서는 사전경고형 방어책으로서 신탁을 이용한 신주예약권을 주주총회의 특별결의를 거쳐 도입하는 상장기업도 등장하였다.

둘째, 종래의 주요목적기준에서 나아가 주요목적을 판단함에 있어서 비교 · 교량의 대상인 정당한 목적을 자금조달목적에 한정하지 않고 있다. 자금조달목적 외에도 다른 기업과의 업무제휴와 신뢰관계 유지, 종업원의 직무 공헌 등에 대한 보상, 회사의 발전, 업적 향상과 같은 목적이 있다면 설령 지배권유지목적이 있다고 하더라도 그 지배권유지목적이 주요목적이 아닌 한 불공정 발행에 해당하지 않는다고 한다.[80)]

IV. 일본방송사건의 의의와 이후의 동향

1. 서

일본방송사건의 영향은 실로 다방면에 미쳤다. 일본에서 한층 관심

80) 이 부분의 서술을 보면 벨시스템24사건과 일본방송사건의 결론에 왜 차이가 있는지에 관해 의문이 있을 수 있다. 그러나 그 이유는 '경영지배권의 유지 · 확보'라는 발행목적 이외에 전자의 경우에는 상법상 본래 이사회권한에 속하는 사항을 실시하기 위한 목적이 존재하였기 때문이다. 太田 洋, 앞의 논문(下), 13면. 벨시스템24사건에서는 사업계획을 위한 자금조달과 신주 인수인과의 업무제휴목적이 있었다. 이에 비해 일본방송사건에서는 사실관계에 비추어 자금조달목적은 부인되었다. 나아가 후지산케이그룹 소속 기업과의 업무제휴 필요성에 관해서는 법원은 업무제휴가 일본방송의 기업가치를 증진시킬 것이라는 요건이 필요하지만, 일본방송은 이 같은 업무제휴가 기업가치를 증진시킨다는 사실을 소명하지 못하였다고 하였다.

이 고조되고 있는 적대적 기업매수와 경영권 방어 논의에도 다양한 논점을 제공하였다. 이 사건 이후에 도래한 6월 정기주주총회 시즌에 적대적 매수에 대한 방어책을 도입한 기업의 사례도 많아졌다.[81] 이 사건에 관해서는 단지 회사법뿐만 아니라 증권거래법과 독점규제법 등 여러 법률의 관점에서 의론이 이루어졌으며, 법원에 다수의 의견서도 제출된 바 있다.[82] 이중 채권자 측이 이용한 매수수단의 적법성 · 상당성에 관해서는 증권거래법적 관점에서 의견이 분분하였다. 아래에서는 먼저 증권거래법적 쟁점을 간단히 소개하고 이후의 법령, 판례상의 동향을 살펴보기로 한다.

2. 증권거래법 규정의 개정 : 시간외거래에 대한 규제

채권자(라이브도어)의 주식취득행위가 강제공개매수규제에 관한 증권거래법 제27조의2의 공개매수규정을 위반한 것이 아닌가에 관해서는 논쟁이 일었다. 즉 쟁점은 라이브도어의 주식취득행위가 '거래소 유가증권시장'에서의 매수에 해당하고, 따라서 공개매수규제의 적용을 받지 않는가 하는 점이었다. 당시 일본 증권거래법상 거래소 유가증권시장은 "증권거래소가 개설하는 유가증권시장"(증권거래법 제2조 제17항)이고, 동경증권거래소가 정한 ToSNeT거래에 관한 업무규정, 신용거래 · 대차거래규정 및 수탁계약준칙특례 제1조는 "이 특례는 당 거래소시장에서의 ToSNeT거래 및 수탁 등에 관하여 업무규정 등의

81) 자세한 상황은 石笸裕/玉井裕子, "六月總會會社における企業買受防衛策の導入とそのあり方," 企業買受をめぐる諸相とニッポン放送事件鑑定意見, 별책 商事法務 No.289(2005. 9), 211면.

82) 일본 국내외 다수의 전문가의 의견서에 관해서는 企業買受をめぐる諸相とニッポン放送事件鑑定意見, 별책 商事法務 No.289(2005. 9), 292면 이하.

특례를 규정하는 것"이라고 하면서 시간외거래를 '거래소시장에서의' 거래라고 하고 있었다. 따라서 ToSNeT거래는 동경증권거래소의 시스템을 이용한 거래이다. 그리하여 시간외거래는 '거래소 유가증권시장 외'에서의 매수 등에 해당하지 않으므로 공개매수에 의할 필요성이 없는가가 문제로 된 것이다.

법원은 "증권거래법은 규제대상의 명확화를 도모하기 위해 제2조에 정의규정을 두어 거래소 유가증권시장이란 증권거래소가 개설한 유가증권시장이라고 정의하고 있으므로…ToSNeT-1거래는 거래소 유가증권시장에 해당한다. … 따라서 거래소 유가증권시장 외에서의 매수 등을 규제하는 증권거래법 제27조의2에 위반되지 않는다"라고 하여 채권자의 주식취득행위를 적법한 것으로 판시하였다. 그러나 앞서 살펴본 판시 내용에 의하면 공개매수규제의 취지나 목적에 반한다는 의심을 완전히 불식하고 있는 것은 아닌 것처럼 읽힌다.

이 거래를 적법하다고 보는 입장은 법원의 판시처럼 시간외거래도 거래소가 운용하는 시스템으로서 거래소 유가증권시장에서의 취득이므로 증권거래법 제27조의2의 위반이 아니라고 하였다.[83] 또한 탈법의 의심이 없는 것은 아니지만, 법적 안정성의 요청을 배려하지 않으면 안 된다는 이유로 공개매수규제의 위반이 아니라는 견해도 있다.[84]

반면에 증권법 학자들의 입장은 이 거래를 위법하다고 보는 입장이 우세하였다.[85] 자기주식취득방법의 일환으로서 ToSNeT-1의 이용 가부를 논하면서 시간 우선의 원칙이 배제되는 이상 증권거래소에서의

83) 田中 亘, 商事法務 Mail Magazine 호외, 2005. 3. 2.

84) 森本滋, "公開買受規制にかかる立法論的課題," 商事法務 제1730호(2005), 10면.

85) 高村隆司, "敵對的企業買收—ニッポン放送株爭奪極が提起した問題—ToSTNeT取引と公開買付," 金融法務事情 제1733호(2005. 3. 15), 18면 ; 上村達男, 商事法務 Mail Magazine, 2005. 3. 9.

거래에는 해당하지 않는다고 하거나[86] 상법의 규정에 근거해 자기주식을 매입함에 있어서는 ToSTNeT-1이 시장에서의 거래라는 해석이 실무상 정착되어 있지만, 공개매수규제 면에서 볼 때 시장에서의 거래라는 해석은 정착된 것이 아니라는 견해도 있었다.[87] 이 견해는 2007년 2월 8일 오전 8시 20분 이전에 라이브도어와 당해 주식매도자 간에 주식매매에 관한 사전합의가 있었다면 실제 매매를 했더라도 사전합의 시점에서 그들은 특별관계자가 되어 증권거래법 위반이 된다고 하면서, 그 시간에 사전합의 없이 주식매매를 하는 것은 생각할 수 없기 때문에 이 거래는 위법하다고 하였다.

입법론적 관점에서 일반 투자자 보호를 강조하여 공개매수규제가 적용되어야 한다는 견해도 있었다.[88] ToSTNeT-1을 통한 거래의 규제 방식은 기존 주주에게 이익을 얻을 기회를 주지 않고 있지만, 시장에서의 거래인가 시장외거래인가를 묻지 않고 30% 이상의 주식을 취득하게 되는 경우 발행주식 전부에 대해 공개매수를 강제함으로써 주주에게 이익을 환원하게 하는 영국의 입법례와 같이 공개매수규제를 적용하는 것이 바람직하다는 것이다.

결국 정기국회에 상정된 증권거래법 개정안에 일본방송사건 직후 급히 시간외거래에 관해서 공개매수규제를 적용하도록 하는 규정이 추가되었다. 즉 거래소 유가증권시장 내에서의 매수 등이라 하더라도 '경쟁매매 이외의 방법에 의한 유가증권매매로서 내각총리대신이 정

---

86) 河本一郎/今井宏, 鑑定意見 會社法 · 證券取引法, 商事法務, 2005, 235면(神崎克郎/志谷匡史/川口恭弘, 證券取引法, 青林書院, 2006, 304면에서 재인용).

87) 服部, 商事法務 Mail Magazine 호외, 2005. 3. 2.

88) 和仁亮裕/乘越秀夫/橋長廉人, "敵對的企業買收— ニッポン放送株爭奪極が提起した問題 — 問題の本質を探る," 金融法務事情 제1733호(2005. 3. 15), 10-11면.

하는 것(특정매매)'으로서 매수 후 보유비율이 3분의 1을 초과하는 경우에는 공개매수에 의하도록 함으로써 새로이 규제대상으로 포함되었다(제27조의2 제1항 제4호).[89)]

3. 동경증권거래소의 제도 정비

동경증권거래소는 2005년 4월에 '적대적 매수방위책 도입시 투자자 보호상의 유의사항'이라는 방어조치의 가이드라인을 제시하였다. 이에 따르면 상장회사 이사들이 주주총회의 동의 없이는 포이즌필을 채택하지 않을 것을 권고하고, 당해 방어조치를 채택한 경우에는 분명하게 공시하도록 하였다.[90)]

이어서 2006년 1월과 2월에는 투자자 보호 및 동경증권거래소의 국제화를 위해 매수방어책 도입에 관한 상장제도를 정비하였다. 즉 「매수방어책 도입에 관한 상장제도의 정비 등에 관하여」와 「매수방어책 도입에 관한 상장제도 정비 등에 수반한 주권상장심사기준의 일부 개정에 관하여」를 공표하였다. 이들에 따르면 매수방어책 도입에 관한 적시 개시의 구조 정비, 상장회사가 매수방어책 도입에 있어서 준수할 사항 명시, 이 같은 준수의무 위반에 대한 공표조치 등 실효성 확보를 위한 조치 신설, 정관 변경에 관한 적시개시제도를 정비하였다.[91)] 적시개시제도에 의해 상장기업은 매수방어책의 도입목적, 개요(발동 및 폐지 조건), 도입절차 및 일정, 매수자 출현시의 절차, 주주 · 투자자에 미칠 영향에 관한 사항을 개시하여야 한다.

---

89) 자세한 것은 河本一郎/大武泰南, 證券取引法讀本, 有斐閣, 2005, 112-116면.

90) www.tse.or.jp/news/200504/050421_a.html.

91) 자세한 것은 武井一浩/中山龍太郎, 企業買受防衛戰略 II, 商事法務, 2006, 476면 이하.

4. 「기업가치보고서」 및 「기업매수방어지침」

경제산업성 산하의 기업가치연구회는 「기업가치보고서」[92]를 공표하였고, 경제산업성과 법무성은 공동으로 「기업가치 · 주주 공동의 이익 확보 · 향상을 위한 매수방어책에 관한 지침」(이하 '매수방어지침')을 공표하였다.[93] 「기업가치보고서」는 공정한 기업사회의 룰 형성을 위한 매수방위책의 법적 인프라 구축에 대한 제안을 담고 있으며, 「매수방어지침」은 「기업가치보고서」의 논점 정리, 매수방어책의 적법성 · 합리성을 위한 지침을 담고 있다.

(1) 「기업가치보고서」

적대적 매수 및 매수방어책의 공정한 룰에 관한 제안으로 ① 매수방어책이 적법 · 합리적인가 여부는 기업가치기준에 따른다는 점과 ② 방어책이 과잉방어가 아니라고 판단되어 기업가치를 고양하는 합리적인 것으로 판단되기 위하여 필요한 원칙을 제시하고 있다.

①의 기업가치기준은 i) 기업가치에 대한 위협의 존재, ii) 위협에 대한 방어책의 상당성, iii) 방어책의 유지 · 발동 · 해제에 관한 이사회의 신중하고 적절한 행동의 요건을 판단한다고 한다.

②의 기업가치를 고양하는 방어책이라고 인정되기 위한 원칙으로서 다음 세 가지 원칙을 제시하고 있다. i) 평시에 도입하는 방어책의 사전 개시, ii) 방어책은 1회의 주주총회에서 소각 가능할 것, iii) 방어책의 유지 · 발동 · 해제에 관한 이사회의 판단이 지배권 유지에 해당

92) 앞의 각주 2) 참조.
93) 앞의 각주 71) 참조.

하여 남용적이라고 판단되지 않기 위해서는 ㄱ. 독립성이 있는 사외이사 등의 판단을 중시하는 구조, ㄴ. 방어책의 해제조건을 설정하고 매수 제안에 응할 것인가 여부의 판단을 공개매수에 의해 주주에게 어느 정도 위임하도록 하는 구조, ㄷ. 매수방어책 도입 시점에서 주주총회의 승인을 받을 것과 같은 것이다.

(2) 「매수방어지침」

「매수방어치침」은 신주(예약권)의 발행 등 전형적인 매수방어책을 염두에 두고 이러한 방어책이 적법 · 합리적인 것으로 판단되기 위한 세 가지 원칙을 설정하고 있다.

1) 기업가치 · 주주 공동의 이익 확보 · 향상의 원칙

구체적인 예로서 i) 기업가치 · 주주 공동의 이익에 명백한 침해를 가져오는 매수(그린메일 등)에 대한 방어책, ii) 강압적인 매수(주주에게 주식매각을 사실상 강요하는 매수)에 대한 방어책을 들고 있다.

2) 사전 개시 · 주주 의사의 원칙

사전 개시의 원칙으로서 매수방어책의 도입시 그 목적, 내용, 효과 등을 개시하도록 한다. 주주총회 결의에 의해 도입하는 것은 주주 의사가 반영된 것으로 보고, 이사회 결의로 도입하는 경우 방어책 도입 후에 주주의사에 의해 폐지할 수단을 확보해 놓아야 한다.

3) 필요성 · 상당성 확보의 원칙

i) 주주 평등의 원칙의 문제와 관련하여 매수자를 차별하는 방어책

이라 하더라도 상법에 따른 절차를 따른다면 도입 가능하다고 하며, ii) 재산권 보호의 원칙 문제와 관련하여 매수자에게 재산상 손해를 발생시킬 우려가 있는 방어책이더라도 상법에 따라 정당한 절차를 경료한다면 도입할 수 있으며, iii) 경영자의 보신(保身. 지배권 유지)을 위한 남용 방지와 관련하여, 위협의 존재를 합리적으로 인식하고서 당해 위협에 대한 비과잉 · 상당한 내용의 방어책을 발동할 수 있다고 한다.

「매수방어지침」은 「기업가치보고서」의 논점을 정리하고 종래의 학설 및 판례를 기초로 작성한 것으로,[94] 법적 구속력은 없지만 실제적인 영향력은 지대한 것으로[95] 평가되고 있다.

5. 회사법상 다양한 방어조치의 도입

주지하듯이 일본에서는 회사법이 2005년 제정되어 2006년부터 시행되고 있는데, 회사법에서는 포이즌필에 의한 방어책의 도입이 보다 용이해졌다.

(1) 보통주식의 의결권제한주식으로의 전환

2005년 개정 전 상법에서는 보통주식을 의결권제한주식으로 하기 위해서는 주주 전원의 동의를 얻어야 하는 것으로 이해되었다. 회사법에서는 주식의 권리의 내용을 변경하는 절차는 정관 변경에 의할 것을 전제로 하고 있다(회사법 제322조 제1항 제1호). 따라서 회사가 보

94) 매수방어지침, 2면.
95) 神田秀樹, 會社法(제9판), 弘文堂, 2006, 144면.

통주식을 의결권제한주식으로 전환하는 경우에도 원칙적으로 정관 변경을 위한 주주총회 특별결의(회사법 제108조 제2항 제3호, 제309조 제2항 제11호, 제466조에 의하면 된다).

(2) 취득조항부 신주예약권

매수자가 일정 비율 이상의 주식을 취득한 경우, 매수자의 신주예약권은 회사가 강제로 취득하여 소각시키되 매수자 이외의 주주에게는 자동적으로 주식이 발행되도록 하는 신주예약권을 발행할 수 있게 되었다(회사법 제236조 제1항 제7호, 제276조 제1항).

(3) 거부권부 주식

우호적 회사에 거부권부 주식(소위 황금주)을 보유시키는 방법은 2005년 개정 전 상법에서도 허용되었다. 그런데 거부권부 주식이 회사가 알지 못하는 사이 다른 제3자에게 양도되어 악용될 우려가 있으므로 주식에 양도제한을 가할 수 있도록 하고 있었다. 그러나 개정 전 상법에서는 그와 같은 양도제한은 전 주식을 상대로 할 것으로 전제하고 있었으므로 일부의 주식에 관해서만 양도제한을 할 수 없었다. 그러나 회사법에서는 정관의 규정에 의하여 주식의 종류에 따라 양도제한을 가할 수 있게 되었다(회사법 제108조 제1항 제4호).

6. 불독사건 판례

위와 같이 일본에서는 회사법 제정에 의해 포이즌필과 같은 방어수단을 취하는 것이 확대 허용되었으며, 이를 사전적 · 예방적 조치로서 도입하는 회사의 사례도 늘어났다. 이 와중에 적대적 매수자가 출현한 이후 회사가 포이즌필을 도입하자 적대적 매수자가 발행금지가처분 신청을 제기한 불독사건이 발생하였다. 이 사례는 일본에서 최초로 포이즌필의 적법성이 최고재판소의 판단을 받은 것으로서, 신청인의 신청이 기각되고 실제로 포이즌필이 발행된 첫 사례라는 점에서 주목된다.[96)]

사안은 대상회사 이사회의 찬성을 얻지 않고 이루어진 공개매수에 대해 대상회사가 소위 차별적 행사조건과 취득조항부 신주예약권의 무상배정(일본 회사법 제277조)으로써 대항한 것이다. 2007년 5월 18일 투자펀드인 스틸파트너스(채권자)의 100% 자회사가 불독회사(채무자)에 대해 공개매수를 시도하자, 이에 대한 대항책으로서 채무자는 신주예약권의 무상배정을 하기로 하였고 이에 채권자가 신주예약권의 발행금지가처분 신청을 제기하였다.

채무자의 이사회는 공개매수에 대한 대항책으로서 i) 일정한 신주예약권의 무상배정에 관한 사항을 주주총회 특별결의사항으로 하는 정관변경안(이하 '본건 정관변경안') 및 ii) 본건 정관변경안의 가결을 조건으로 신주예약권을 무상배정할 것을 내용으로 하는 의안('본건 신주예약권 의안')을 주주총회에 상정하였으며, 총회에서는 i)과 ii) 모두 의결권총수 83%의 찬성을 얻어 가결되었다.

신주예약권은 1개당 납입가액 1엔으로, 1개의 신주예약권에 대해 보통주식 3주를 교부하기로 하고, 행사 가능 기간은 9월 10~13일까지로

96) 사안과 쟁점에 관해 자세한 사항은 최문희, 일본의 포이즌필 발행사례와 법적 쟁점, BFL 제26호(2007. 11), 서울대 금융법센터, 98면을 참조하기 바란다.

하였다. 행사조건에 의하면 채권자와 그 관계자는 신주예약권을 행사할 수 없었다. 채무자의 이사회는 채권자 이외에 신주예약권을 취득한 주주에 관해서는 대가로서 보통주식을 교부하지만, 채권자가 가진 주식에 관해서는 대가로서 신주예약권 1개당 396엔을 교부할 수 있게 하였다.

채권자는 이 같은 내용의 신주예약권의 배정이 주주 평등의 원칙에 반하므로 법령 또는 정관에 위반한 것이며, 또한 현저히 불공정한 발행에 해당한다고 하면서 일본 회사법 제247조의 규정에 따라 신주예약권 무상배정의 유지를 구하는 가처분신청을 제기하였다.

최고재판소는[97] 본건 신주예약권의 무상배정이 신주예약권자에 대한 차별적 취급을 내용으로 하더라도 "주주평등의 원칙에 의해 보호받는 주주의 이익은 회사의 존립 · 발전이 없이는 생각할 수 없는 것이므로 특정주주에 의한 경영권 취득에 수반해 회사의 존립 · 발전이 저해될 우려가 발생하는 등 회사의 기업가치가 손상되고, 회사와 주주공동의 이익을 해치게 되는 경우에는 그 방지를 위해 당해 주주를 차별적으로 취급하더라도 그 차별적 취급이 형평의 이념에 비추어 상당성을 결하지 않는 한" 주주평등의 원칙에 반하는 것은 아니라고 판시하였다. 불공정한 발행 여부에 관해서는, 채권자가 회사의 지배권을 취득하려는 공개매수 시도에 대해 채무자의 경영자가 본건 신주예약권과 같은 대항책을 사전에 채용하지 않았다는 점 및 대항책을 취한 목적(회사와 주주 공동의 이익의 유지)에 비추어 보더라도 불공정한 발행에 해당하지 않는다고 하였다. 지배권취득목적의 매수가 시도된 시점에서 대항책을 강구하는 것이 허용되지 않는 것은 아니라는 점, 긴

97) 最高裁 2007. 8. 7. 決定. 商事法務 제1809호(2007. 9. 5), 16면.

급사태에 대처하기 위한 대응책을 취하면서 채권자에게 배정한 본건 신주예약권에 대해 그 가치에 상응하는 대가가 지불되었다는 점을 그 이유로 들었다.

V. 맺음말

일본에서는 일본방송사건을 비롯해서 다수의 판례를 통해 신주(예약권)의 제3자 배정에 의한 경영권 방어의 적법성의 판단기준을 제시하여 왔다. 주요목적기준에 따라 신주(예약권) 발행의 주요목적이 자금조달을 비롯한 업무제휴, 사업계획, 종업원에 대한 인센티브 부여 등 정당한 목적에 있는가 아니면 지배권유지목적에 있는가를 따져 신주(예약권)의 불공정성을 따지는 것이다. 나아가 자금조달목적 등이 없이 지배권유지를 위한 목적이 있다고 바로 불공정성이 있는 것으로 판단하지는 않는다. 주주 전체의 이익을 위한 관점에서 지배권 유지를 허용하는 '특단의 사정'이 존재하고, 방어조치의 '필요성과 상당성'이 있는 한 신주(예약권)의 발행은 허용되는 것으로 보기 때문이다. 더 나아가 회사법 제정에 의해 포이즌필의 발행이 더욱 용이해졌고, 불독사건에서 보는 것처럼 적대적 인수 시도가 있은 후에 인수 시도자인 주주를 차별하는 내용의 사후적 방어조치를 취하는 것도 허용하고 있다.

한편 현재 우리 법제상으로는 제3자 배정 증자에 의한 경영권 방어행위가 적법성을 인정받기 어렵고, 경영진이 취할 수 있는 방어행위는 없다고 해도 과언이 아니다. 우리 상법은 신주(전환사채)의 제3자 배정이 허용되는 사유와 관련해 '신기술 도입, 재무구조의 개선 등 경영상 목적을 달성하기 위한 필요'가 있는 경우(제418조 제2항 단서, 제513조 제3항 단서)라는 규정만 두고 있다. 그러나 판례에서 보는 것처럼[98] '경영상 목적'의 의미가 불분명하므로 이 규정에 따라 신주(예약권)의 제3자 배정을 이용해 경영권 방어를 하기는 어려울 것이다. 나아가 '유가증권의 발행 및 공시 등에 관한 규정'에 의하면, 사모방식의 전환사채나 신주인수권부 사채를 경영권분쟁시에 발행하는 것은 금지되어 있고(제60조, 제63조), 전환 기간이나 신주인수권의 행사기간에 발행 후 1년이라는 기간이 설정되어 있으므로(제62조, 제63조), 경영권분쟁에 직면해서 이들을 방어수단으로 이용하기는 불가능하다. 그러나 이같이 우리 법제에서 경영권 방어를 일률적으로 금지하는 것은 재고할 필요가 있다. 이들 규정의 배경에 깔린 것처럼 방어행위가 언제나 금지되어야 한다는 것이 공리는 아니기 때문이다.

앞서 살펴본 것처럼 일본에서는 2000년대 이후에 적대적 M&A에 대한 방어행위를 둘러싼 논의가 활발해졌다. 방어행위에 관한 법원의 판례, 회사법 및 증권거래법의 개정, 정계와 정부 차원의 기업가치위원회 등 M&A 연구회의 발족 및 연구의 활성화, 이들에 의한 「기업가치보고서」 및 「매수방어지침」의 작성 및 공표 등 학계 · 법원 · 정부 · 입법의 모든 방면에서 M&A에 관한 제도 정비를 모색해 왔다. 이 과정에서 회사법과 증권거래법에 관련 규정의 개정 및 새로운 제도의 도입이 이루어졌다. 위와 같이 다양한 배경을 가진 여러 직역의 전문가들로부터 방어행위에 관한 논의를 거친 후 공격행위와 방어행위의 룰을 정함으로써 잠재적 매수자와 대상회사에게 적대적 M&A에 관

98) 서울고등법원 1997. 5. 13. 자 97라36결정 ; 수원지방법원 여주지원 2003. 12. 12.자 2003카합369 결정.

한 행동기준을 제시하고 예측 가능성을 제고하였다는 점은 아직 방어행위의 허용에 관해 소극적 입장에 있고, 허용하는 규정을 두지 않는 우리나라에도 시사하는 바가 크다.

경영권 방어행위에 관한 논점들은 인수행위와 방어행위에 관한 모범 룰을 정하기 위한 합의를 도출하여 이 룰을 회사법이나 증권거래법에 수용함으로써 해결해야 할 것이다. 일본의 판례와 입법 동향을 참조할 때 이러한 룰을 정함에 있어서는 다음 사항을 고려해야 한다. 방어행위의 결정 주체, 방어행위의 적법성 판단기준, 시점에 따라 방어행위의 결정 주체 및 적법성 판단기준을 상이하게 정할 수 있는지(사전적 조치와 사후적 조치의 준별 여부), 방어행위의 남용 방지와 필요성 확보를 위한 기업가치기준의 확립과 같은 것들이다.

제5장 자사주의 취득 또는 처분을 통한 적대적 M&A에 대한 방어전략

강희주*

I. 적대적 M&A에 대한 방어수단의 개관

M&A는 대체적으로 기업의 경영권 취득을 목적으로 하는 거래의 총체라고 이해되고 있다.[1] 적대적 M&A라는 것은 대상회사의 현재의 이사회 구성원들과 인수자 사이에 적대적 대립관계가 존재한다는 것을 전제로 한다. 적대적 M&A에 대한 주요 방어전략에는 대체로 다음과 같은 것들이 있다. 지분 확보를 통한 방어수단으로는 지배주주의 지위를 점할 수 있는 지분 확보, 상호협력주주의 확보, 불가침 협정, 자사주의 취득 및 매각, 제3자 배정 유상증자, 우호세력에게 전환증권 발행, 우호세력에 신주인수권부 사채 발행, 우호세력에 교환사채 발행,

---

* 법무법인(유한) 광장 변호사

1) 권재열, 적대적 M&A의 방어방법에 관한 연구, 코스닥상장법인협의회, 2005. 4, 5면 이하 참조.

그린메일 인수, 백기사(white knight) 초빙, 대규모 유상증자의 추진 등이 있다. 정관의 변경을 통한 방어수단으로는 신주의 제3자 배정 규정 정비, 이사의 시차임기제, 이사의 자격제한, 이사선임요건의 강화, 특별다수결제도 도입, 황금낙하산, 의결권대리행사 제한규정, 집중투표제 채택 배제 등이 있다. 그 밖에 경영관리를 통한 방어수단, 구체적 방어활동(주요 자산의 매각 · 신규투자의 결정 · 공격자의 공시의무위반이나 절차규정의 위반 등 위규 사항에 대한 고발 및 감독기관 경고 등), 독약처방(poison pill) 등이 있다.[2)]

적대적 M&A는 대리인 문제의 감소, 경영효율성 및 사회경제적 부의 증대 등 순기능적 측면과 주주의 부의 이전 · 감소, 단기업적주의 경향 등의 역기능적 측면을 가지는데,[3)] 구체적인 경우에 어떤 측면이 더 강하게 나타나는가에 따라 당해 M&A의 정당성이 결정된다. 적대적 M&A에 대한 방어수단의 하나로서 자사주의 취득[4)]과 자사주 혹은 신탁되어 있는 자기주식을 제3자에게 매각하는 것이 대체로 합법적인 방법이라는 데에 대해서는 지금까지 별다른 이의가 제기되지는 않았던 것으로 보인다. 그런데 2006년도 서울서부지방법원은 경영권분쟁이 있는 상황에서 회사의 대표이사인 지배주주와 그 특수관계인 등에게 회사가 보유하거나 신탁한 자기주식을 일방적으로 매도하는 것은 주주 평등의 원칙에 위반하여 기존 주주의 권리를 침해하므로 자기주식의 장외거래는 무효라는 취지의 가처분결정과 본안판결이 내려지면서, 이 문제는 새삼스럽게 법률가와 기업경영권시장에 관련된

---

2) 권재열, 앞의 책, 55면 이하 ; 김화진, "M&A 시장의 최근 현황과 정책 및 법적 과제," BFL 제6호(2004. 7), 31면 이하 ; Dale A. Oesterle, Mergers and Acquisitions, S. 231.

3) 권재열, 앞의 책, 31면 이하.

4) 김화진, 앞의 논문, 44면 이하.

업계의 관심을 집중시키는 계기가 되었다. 다음에서는 자기주식의 처분에 관련된 법률적 문제를 포함하여 적대적 M&A에 대한 방어수단의 기본적 법리에 관하여 살펴보기로 한다.

II. 적대적 M&A에 대한 방어전략과 이사의 책임

1. 이사의 책임에 관한 원칙

영미법에서는 이사의 책임을 크게 선관의무(duty of care)와 충실의무(duty of loyalty)로 나누고 있다. 선관의무는 유사한 상황에서 합리적인 자가 취할 수 있는 정도의 주의를 가지고 선의로서 이사의 임무를 수행하여야 한다는 원칙을 말하고, 이사는 업무상의 과실이나 부작위에 대해 책임을 부담하여야 한다. 이사의 충실의무는 이사는 충실하게 회사의 최선의 이익을 위하여 업무를 수행하여야 한다는 원칙을 말한다.[5] 이 원칙은 주로 회사와 이사 개인의 이해관계가 충돌되는 상황에서 이사 개인의 이익보다는 회사의 이익을 우선하여야 한다는 것을 의미한다.

이사의 선관의무위반에 대한 사법심사에서는 경영판단의 원칙이 적용되고, 충실의무위반에 대한 사법심사에서는 공정성의 원칙이 적용된다. 우리나라의 상법 규정은 회사와 이사 사이의 관계를 위임관계로 파악하여 이사는 선량한 관리자의 주의로써 회사의 직무를 수행하고(상법 제382조제2항 ; 민법 제681조), 법령과 정관의 규정에 따라 회

5) Arthur R. Pinto, Understanding Corporate Law, §8.01.

사를 위하여 그 직무를 충실하게 수행하여야 하는 의무를 부담하는 것으로 규정한다(상법 제382조의3). 이사의 업무집행이 선량한 관리자로서의 주의의무의 위반과 충실의무의 위반 등에 해당되는 경우, 이사는 회사에 대하여 손해배상책임(상법 제399조 제1항)을 진다. 또한 이사가 법령 또는 정관에 위반한 행위를 하여 이로 인하여 회사에 회복할 수 없는 손해가 발생할 염려가 있는 경우에는 회사를 위하여 그 행위의 유지를 청구할 수 있다(상법 제402조). 특이한 것은 우리나라에서는 간혹 이사의 책임과 관련하여 형법상 배임죄(업무상 배임죄) 또는 형법상 배임죄를 가중한 형태의 특정경제범죄가중처벌 등에 관한 법률에 의한 배임죄가 문제되는 경우가 있다. 이사의 배임행위에 대해 형법상 배임죄를 인정하는 것과 관련하여 영미법이나 일본법에서 배임행위는 민사상 손해배상책임의 사유로만 인정되고 형법상 범죄행위로는 인정되지 아니하는 것과 달리, 이를 범죄행위로 인정하는 우리나라의 입법 태도는 민사 문제를 형사 문제화하는 것으로서 그 처벌범위의 광범위성 때문에 기업가들의 자유롭고 진취적인 기업활동을 제한하는 것으로서 입법론적으로 재고되어야 한다는 비판이 가능할 것이다.

2. 적대적 M&A에 대한 방어와 이사의 책임

적대적 M&A의 상황이 발생하였을 때에 제3자의 지위에 있는 이사들이 M&A거래에 개입하여 적극적 방어책을 사용하는 것이 정당한지 여부에 대해서는 찬반의 논란이 있다.[6] 적대적 M&A로부터 경영

6) 이욱래, "적대적 M&A에 대응한 이사의 방어행위에 대한 법적 평가," BFL 제12호 (2005. 7), 10면 이하.

권을 방어함에 있어서는 경영판단원칙에 따라 원칙적으로 방어를 허용하고 방어권 남용 여부를 판단하여 이사에 대한 책임을 추궁하는 것이 미국의 법원칙이고, 우리나라의 다수 견해라고 보인다.[7] 우리나라에서는 경영판단원칙의 적용요건으로서 대체적으로 경영상의 결정이 존재할 것, 무이해관계와 독립성과 충분한 정보를 바탕으로 한 의사결정 · 선의 · 재량권의 남용이 없을 것, 사기 · 불법행위 · 권한유월 또는 회사자산의 낭비에 해당하지 않을 것 등을 인정하고 있다.[8] 이사는 기업의 매각에 있어 비즈니스에 관한 결정을 내리기 전에 합리적으로 접근 가능한 중요 정보들을 고려하여야 하고, 특히 M&A의 상황에서는 M&A에 관한 계약을 승인할 것인가 여부에 관한 결정을 하기 전에 모든 정보를 파악하고 신중하게 행동하여야 할 주의의무 혹은 선량한 관리자의 주의의무가 있다. 이사는 그러한 중요 결정에 대해 아무런 입장을 취하지 않고 주주들에게 일방적으로 맡겨서는 안 된다.[9]

지배주주와 회사의 거래와 같이 이사들이 이해상충의 거래를 승인하여야 할 상황에서는 이사들이 그 거래가 회사와 주주에게 전체적으로 공정하다는 것을 증명하여야 한다(전체적 공정성원칙).[10]

적대적 M&A에 직면한 상황에서 회사의 존립이 위태롭다는 것을 인식한 이사들이 이사회를 통하여 회사의 경영권을 공격자에게 매각할 것인가 혹은 제3자(이른바 '백기사')에게 매각할 것인가의 여부에

7) 송종준, "경영판단의 원칙과 그 수용상의 과제," 인권과 정의 제364호(2006. 12), 23면 이하.

8) 홍석범, "경영판단의 원칙의 수용과 그 한계," 인권과 정의 제364호(2006. 12), 26면 이하.

9) Smith v. Van Gorkom, 488 A.2d. 858 (Del. 1985).

10) Weinberger v. UOP Inc. 457 A.2d. 701 (Del. 1983).

관한 결정권을 회사의 경영진에게 위임한 경우, 이사의 신인의무는 회사의 경영을 수호하는 것으로부터 주주들의 이익을 최대화하는 방향, 즉 주주들을 위하여 최고의 가격을 받아 주는 경매인의 역할을 하는 것으로 변경된다.[11)]

통상 경영권에 대한 다툼이 발생된 경우, 경영판단원칙이 적용되기 위해서는 다음과 같은 두 가지 기본요건을 먼저 입증하여야 한다. 첫째 회사의 정책과 효율성에 대한 위험이 있다고 믿을 수 있는 합리적인 이유가 있었다는 사실(합리적 근거의 원칙), 둘째 그들이 취한 방어는 가하여진 위협과의 관계에서 합리적이었다는 사실(비례성의 원칙)이다.[12)]

위 두 가지 사항이 입증되면 이사들은 경영판단원칙에 의하여 보호된다. 합리적 근거의 원칙을 충족시키기 위해 이사회는 합리적인 조사절차를 거친 다음 제3자의 회사에 대한 위협이 방어행위를 담보할 정도였다고 선의로 결정하여야 한다. 만일 방어수단이 허용 가능한 범주 내에서 이루어졌다고 인정되면 법원은 이사회의 판단을 그대로 인정할 것이다. 주주들이 이사들의 책임을 묻기 위해서는 이사들이 신인의무를 위반하였음을 입증하여야 하는데, 이사들이 자신들의 지위를 유지하기 위한 목적이 있어야 하고, 이해충돌의 상황에서 선의가 아니었다는 사실 내지 사기가 있었다는 사실이 있어야 하며, 이사회가 회사의 상황에 대한 적정한 정도의 정보를 결여한 사실 등을 입증하여야 한다.[13)] 경영판단원칙에 의하여 보호되지 못하는 경우에도 전체적 공정성의 기준에 의하여 보호되는 때가 가끔 있다.[14)] 이사회가

11) Revlon, Inc. v. MacAndrews & Forbes Holdings, Inc., 506 A.2d. 173 (Del. 1985).

12) Unocal Corp. v. Mesa Petroleum Co., 493 A.2d. 946 (Del. 1985).

13) Unitrin, Inc. v. American General Corp., 651 A.2d. 1361 (Del. 1995).

14) Dale A. Oesterle, Mergers and Acquisitions, S.263.

둘 이상의 인수 희망자 중에서 하나를 선택하는 경우에도 합리성의 기준과 비례의 기준을 만족시키면 보호받을 수 있다.[15] 경영권의 변화가 있는 경우에는 이사는 선의로서 최선의 가치에 관한 합리적 정보를 취득하여 행동하여야 하고, 거래 상대방과는 적극적으로 협상하여야 할 의무가 있으며, 복수의 인수 경쟁자가 있는 경우에는 이들을 공평하게 처우하여야 한다는 원칙이 적용된다.[16]

III. 경영권 방어전략으로서의 자기주식의 취득과 처분

1. 경영권 방어전략으로서의 자기주식 취득

상법은 자기주식의 취득을 원칙적으로 제한하고 주식을 소각하기 위한 때 등 자기주식의 취득을 예외적으로만 인정하고 있다(상법 제341조, 제341조의2, 제342조의2). 증권거래법은 경영권의 안정, 주가안정 등의 목적으로 이를 일정한 조건하에 원칙적으로 허용하고 있다(증권거래법 189의2 제1항). 적대적 M&A의 목표가 될 수 있는 대상회사가 자기주식을 취득하는 것은 지배주주가 경영권 방어를 위한 자력이 부족한 때에 매우 매력적이며 주가의 부양으로 인하여 소액주주들의 호감을 살 수 있는 방법이기도 하다.[17]

이러한 자기주식의 취득에 의한 경영권 방어논리를 정리하면 다음과 같다. i) 자기주식은 의결권이 없으나 적대적 M&A의 시도가 발생

15) Revlon, Inc. v. MacAndrews & Forbes Holding, Inc., 506 A.3d 173 (Del. 1986).

16) Paramount Communications Inc. v. QVC Network, Inc., 637 A.2d. 34 (Del. 1994).

17) 김화진, 앞의 논문, 45면 이하.

하는 경우, 보유한 자기주식을 우호세력에게 매도하여 부활된 의결권을 이용할 수 있다. ii) 적대적 M&A 공격이 있는 경우 자기주식을 취득하면 유통 주식물량을 감소하고 주가상승을 수반하므로, 공격자의 추가 대량매입을 방지하고 공격자의 자금부담을 가중시켜 공격자의 대상기업 인수로 인한 이익을 감소시키고 재무적 위험을 가중시킨다. iii) 회사가 자기주식의 취득을 위하여 대규모 자금차입 혹은 보유현금을 감소시킬 수 있으므로 대상회사의 유동성에 초점을 맞춘 공격자에 대해서는 그 인수 매력을 감소시킬 수 있다. iv) 자기주식을 이익 소각의 방법으로 매입하여 소각하는 경우 기존 주주의 지분비율을 높일 수 있다. v) 다른 경영권 방어방법들은 실효성이라는 측면에서 주식의 취득에 의한 경영권 방어는 일정한 한계가 있는 다른 경영권 방어방법보다 상대적으로 유리하다.[18)]

2. 신주 발행에 의한 경영권 방어에 대한 논의

자기주식의 처분에 의한 경영권 방어는 신주의 발행에 의한 경영권 방어와 구별되기는 하지만, 그 구조에 있어 유사한 측면이 있음은 부인할 수 없다. 신주의 발행에 의한 경영권 방어는 상법 제418조 제2항의 주주 이외의 자에게 신주를 발행하는 경우, 회사의 경영상의 목적을 달성하기 위하여 필요한 경우에 해당되는지 여부와 제424조의 신주발행유지청구권이 정하는 바에 따라 회사가 법령 또는 정관에 위반하거나 현저하게 불공정한 방법에 의하여 주식을 발행함으로써 주주가 불이익을 받을 염려가 있는지 여부에 의하여 규제될 수 있다. 이와

18) 김화진, 앞의 논문, 45면 이하.

관련하여 법원의 선례 중에는 신주 발행의 주요목적이 기존 지배주주의 대상회사에 대한 지배권 및 현 이사회의 경영권 방어에 있고, 회사의 경영을 위한 기동성 있는 자금조달의 필요성 및 이를 위한 적합성을 인정하기 어려운 경우라도 적대적으로 기업 취득을 시도하는 자본의 성격과 기업 취득 의도, 기존 지배주주 및 현 경영진의 경영전략, 대상회사의 기업문화 및 종래의 대상회사의 사업내용이 사회경제적으로 차지하는 중요성과 기업 취득으로 인한 종래의 사업의 지속 전망 등에 비추어 기존 지배주주의 지배권 또는 현 경영진의 경영권이 유지되는 것이 대상회사와 일반 주주에게 이익이 되거나 특별한 사회적 필요가 있다고 인정되고, 이러한 신주발행행위가 결의 당시의 객관적 사정에 의하여 뒷받침되고 합리성이 있는 경우에는 상법 제418조 제2항 소정의 회사의 경영상의 목적을 달성하기 위한 경우에 해당될 수 있다고 판시한 사례가 있다.[19)]

3. 자기주식 처분의 특수성

자기주식의 처분은 신주의 발행과는 몇 가지 명확하게 구별되는 측면이 있다. 첫째, 자기주식의 처분은 회사의 자금조달을 목적으로 한 일반적인 신주 발행과 달리 회사가 주가의 부양, 경영권 안정의 목적, 채권의 실행, 담보목적 등으로 취득한 자기주식을 우연한 기회에 처분한다는 점에서 자금조달의 목적이 주요한 목적이 아니라는 것이다. 둘째, 상법상 신주인수권에 대해서는 상법 제418조에 규정을 두고 있다. 주주의 신주인수권은 주주의 당연한 권리이고, 제3자의 신주인수

19) 수원지방법원 여주지원 2003. 12. 12. 2003카합369.

권은 신기술의 도입 · 재무구조의 개선 등 회사의 경영상 목적을 달성하기 위하여 필요한 경우로서 정관에 주주 외의 자에게 신주를 배정할 수 있다는 규정을 둔 경우에 한하여 인정된다. 그러나 자기주식을 처분하는 경우, 주주에게 처분할 것인지 혹은 제3자에게 처분할 것인지 여부에 대해서는 명문의 규정이 없고 오직 이사회의 결정에 따르도록 되어 있다. 셋째, 신주의 발행은 회사의 발행주식총수를 증가시키는 효과가 있는 반면 자기주식의 처분은 회사의 발행주식총수에 변동을 주지 않는다. 넷째, 신주의 발행은 기존의 주주들에게 인수되는 경우에는 기존 주주들의 지분비율을 변동시키지 않고, 제3자에게 배정되는 경우에는 기존 주주들의 지분비율에 변동을 줄 수 있다. 반면 자기주식을 특정한 주주 또는 주주 이외의 제3자에게 처분하는 경우에는 잠재적으로 휴지되어 있던 자기주식의 의결권 등이 부활되어 기존 주주들의 지분비율에 영향을 줄 가능성이 있다. 이러한 자기주식의 특수성 때문에 자기주식의 제3자에 대한 처분에 대한 평가는 신주의 발행 또는 신주의 제3자 배정과는 다른 측면을 감안하지 않을 수 없다.

4. 경영권분쟁 상황하의 자기주식 처분의 적법성에 관한 판례

경영권분쟁 상황에서의 자기주식 처분의 적법성에 관한 최근 사례로는 서울서부지방법원 2006. 3. 24. 선고 2006카합393 의결권행사 금지가처분 신청 및 서울서부지방법원 2006. 6. 29. 선고 2005가합8262 자기주식 장외거래 무효확인(이른바 '대림통상사건'), 그리고 수원지방법원 성남지원 2007. 1. 30.자 2007카합30 결정(이른바 '파인디지털사건') 등이 있다.

(1) 자기주식의 처분이 위법하다는 취지로 판단된 사례

위 대림통상사건에 관련된 가처분신청과 자기주식 장외거래 무효확인의 소에서의 판례 요지는 다음과 같다. 상법과 증권거래법이 자기주식의 처분에 대하여 신주 발행에 관한 규정을 준용하고 있지는 아니하고, 자기주식의 처분은 이미 발행되어 있는 주식을 처분하는 것으로서 회사의 총 자산에는 아무런 변동이 없으며, 기존 주주의 지분비율도 변동되지 아니하여 형식적으로는 신주 발행과 그 효과를 일부 달리하는 점은 인정된다. 그러나 회사가 그 보유의 자기주식을 처분하는 행위는 처분으로 인하여 궁극적으로 보유주식의 비율에 따라 주주로서 회사에 대한 권리나 지위가 변동하는 등 주주의 지위에 중대한 영향을 초래하게 되는데, 특히 자기주식을 일방적으로 특정 주주들에게만 매각할 경우에는 매각으로 인해 초래되는 기존 주주의 지분비율의 감소로 인해 신주 발행의 경우와 동일한 결과를 가져옴으로써 신주 발행에서와 마찬가지로 통제를 가할 필요성이 있고, 자기주식의 처분이 신주발행에 관한 여러 규제를 잠탈하는 수단으로 악용되는 것을 방지할 필요성이 있다.

이 사건의 경우에는 자기주식의 처분이 다른 대주주인 원고 측의 이익과 회사의 경영권 내지 지배권에 중대한 영향을 미치는 경우에 해당하며, 이 사건 주식매매계약의 체결 경위나 그로 인한 거래의 안전, 다른 주주나 이해관계인의 이익 등을 고려하더라도 도저히 묵과할 수 없는 정도로 판단되어 이 사건 주식매매계약은 무효라고 판단하였다.

위 판례는 기업이 보유하거나 신탁한 자기주식을 특정인에게 일방적으로 매도하는 것은 기존 주주의 권리를 침해하는 것으로 무효라는 취지를 밝혀 그 이전의 법원의 판례와는 다소 다른 입장을 취한 것이라는 데에 의미가 있다. 위 판결에서 밝힌 자기주식의 처분이 위법하게 되는 요건은 i) 자기주식의 처분이 기존 주주들의 이익과 회사의 경영권 내지 지배권에 중대한 영향을 미치는 경우, ii) 자기주식의 처분시 다른 주주들에게 자기주식을 매수할 기회를 주지 않고, iii) 자기주식을 특정 주주에게 일방적으로 매도하여 iv) 주식의 처분과 관련된 거래의 안전, 주주, 기타 이해관계인의 이익 등을 고려하더라도 도저히 묵과할 수 없는 경우라는 네 가지로 요약될 수 있다. 기존의 자기주식의 취득 및 처분에 의한 경영권 방어전략은 기업들의 자기주식 취득을 통한 기업의 주가 상승은 잠재적 적대적 M&A 시도자에게 기업의 경영권의 취득비용을 상승시켜서 적대적 M&A의 시도 자체를 억제한다는 측면과 적대적 M&A 시도 또는 경영권분쟁이 현재화되는 경우에는 이미 보유하고 있는 자기주식을 지배주주 혹은 우호적인 제3자가 취득하게 하여 우호지분을 확대하고 경영권을 방어할 수 있다는 논리적 전제에 서 있었다. 하지만 본 판례에 의하여 적대적 M&A 시도가 현재화된 경우 혹은 경영권의 분쟁이 현재화된 경우에는 지배주주 또는 우호적 제3자에게 자기주식을 처분할 때에는 적법한 기준에 따라야만 적법성이 인정될 수 있다는 논리가 가능해졌다. 따라서 자기주식의 취득과 처분에 의한 경영권 방어전략을 사용하기 위해서는 더욱더 적법절차를 준수하는 형태의 방어전략의 수립을 위하여 세심한 주의를 다할 필요가 있게 된 것이다.

(2) 자기주식의 처분이 적법한 것으로 판단된 사례

파인디지털사건에서는 자기주식의 처분이 적법한 것으로 판단되었는데, 그 결정의 요지는 다음과 같다. i) 자기주식의 처분은 이미 발행되어 있는 주식을 처분하는 것으로서 회사의 총 자산에는 아무런 변동이 없고 기존 주주의 지분비율도 변동되지 않는다는 점에서 신주발행과 구분되고, 이러한 점을 고려하면 경영권방어목적으로 자기주식을 처분하는 경우에 신주 발행의 소와 유사한 자기주식처분무효의 소를 인정하기는 어렵다(다만, 민법상 의사 표시의 하자가 있는 경우와 같이 자기주식의 처분행위 자체에 무효 사유가 있는 경우에는 거래 당사자들 중 일방이 무효확인의 소를 제기할 수 있다). ii) 자기주식의 처분은 제3자와의 거래행위이므로 거래 상대방이 자기주식의 처분이 경영권의 방어목적으로 이루어졌다는 사실을 알았거나 알 수 있었을 경우에만 무효로 될 수 있다. iii) 자기주식의 양도에 관한 이사회의 결의가 없어서 무효로 될 수 있는 경우에도 거래상대방이 이사회결의 무효인 사실을 알거나 알 수 있었던 경우에만 자기주식의 처분은 무효로 할 수 있다.

위 판결은 다음 두 가지 측면에서 그 의미를 찾을 수 있다고 생각된다. i) 경영권의 방어를 목적으로 자기주식이 처분되는 경우에도 그러한 자기주식의 처분은 이미 발행되어 있는 주식을 처분하는 것으로서 회사의 총 자산에는 아무런 변동이 없고, 기존 주주의 지분비율이 변동되지 않는다는 점에서 신주 발행과 구분되기 때문에 신주발행무효의 소의 법리를 유추적용하여 이를 무효로 하기는 어렵다는 취지로 판시하였는데, 이는 자기주식 처분에 있어 민법상의 의사 표시의 하자가 있다는 등의 특별한 사정이 없다면 경영권방어목적의 자기주식의 처분이라는 사정만으로 이를 무효로 할 수 없다는 법리를 밝힌 점에서 의미가 있다고 할 것이다. 즉 경영권의 방어목적으로 기존에 취득하여 보유 중인 자기주식을 제3자에게 매각하는 것을 인정하는 입장에서 는 판례로 이해될 수 있을 것으로 보인다.[20] ii) 그리고 자기주식의 처분에 이사회의 결의가 필요한 사안인 경우에 거래의 적법성 여부에 대해서는, 비록 그러한 자기주식의 처분이 매도자 측의 절차상 하자 등의 사유로 적법하지 않게 되는 경우더라도 그 거래의 상대방이 매도자인 회사의 이사회 결의가 없다는 사실을 알았거나 알 수 있어야 이를 무효로 할 수 있다는 취지로 판시하였는데, 이는 이사회의 결의가 필요한 거래의 경우에 상대방이 그러한 이사회의 결의가 없다는 점에 대해 악의라면 회사가 책임을 지지 않는다는 취지의 판례의 법리[21]를 원용한 것으로 보인다. 그런데 위 판결의 취지를 유추하면 자기주식의 처분이 경영권 방어를 위한 것이고, 그러한 처분행위가 이사진이 극히 악의적으로 대주주 또는 이사의 불법적 이익을 위해서 행한 조치이거나 이사회의 결의가 필요함에도 이사회의 결의를 경료하지 않았다는 등의 사유로 공서양속 위반 등에 의하여 무효로 될 수 있는 때[22]에는 거래의 상대방이 그러한 위법 사유에 대해 악의라면, 그러한 자기주식의 처분이 무효로 될 수 있다고 해석될 수 있는 여지가 남아 있다고 판단된다.

5. 제3자에 대한 자기주식 처분의 적법성 여부 판단

경영권분쟁 중에 자기주식을 특정 주주의 일방에게 처분하거나 또는 제3자에게 처분하는 것이 적법한지 여부에 대하여 규범적 기준이 될 만

20) 위 결정에 대한 평석은 문일봉, "자기주식의 처분과 관련된 가처분," BFL 제23호(2007. 5), 89면 이하 참조.

21) 대법원 1998. 3. 27. 선고 97다34709 판결 등.

22) 문일봉, 앞의 논문, 100면 참조.

한 규정이 증권거래법, 상법 또는 관계 규정에는 존재하지 않는다.[23)]

그래서 종래에는 위와 같은 경우에도 자기주식의 처분은 법률의 제한 내지 금지규정이 없기 때문에 적법하다고 보거나 이사의 경영판단에 속하는 것으로 인식되었던 것 같다. 최근에 위와 같은 경우에도 신주인수권에 관한 상법 제418조 또는 신주 발행에 관한 상법 제424조에 관한 해석 논리를 적용하려는 시도가 이루어지고 있고, 앞에서 본 대림통상사건도 그러한 사례 중 하나라고 볼 수 있다.

그런데 신주인수권에 관한 상법 제418조나 신주 발행의 유지청구에 관한 상법 제424조는 신주 발행에 관련된 것으로서 신주가 발행되는 경우가 아닌 자기주식 처분의 경우에 그 해석 논리를 그대로 적용하기는 어렵다고 보인다. 신주가 발행되는 경우에는 새로운 주식이 발행되고 회사의 자본이 증가되지만, 자기주식을 처분하는 경우에는 신주의 발행과 자본의 증가는 이루어지지 않고, 다만 일단 잠정적으로 환급되었던 자본이 원상태로 돌아가는 것으로 볼 수 있기 때문이다. 자기주식 취득의 경우에 대해서는 상법과 증권거래법, 그리고 관계 규정에서 취득의 요건과 절차에 관한 여러 가지 엄격한 규정을 두고 있지만, 자기주식의 처분에 대해 상법에는 특별한 규정이 없고, 증권거래법에는 감독당국이나 기관에 보고하는 절차적인 요건 이외에는 다른 특별한 규정이 존재하지 않는다. 회사가 취득한 자기주식은 그 처분에 있어서는 주주 평등의 원칙이 적용되지 않는 손익거래에 속하고, 이는 회사와 거래 상대방 간의 개인법적 영역이어서 법률이 거래방법을 획일적으로 제한하는 데에는 신중히 하여야

---

23) 최근의 상법 개정안 논의시 일본의 입법례를 참고하여 자기주식의 처분에 관하여 신주의 발행절차를 준용하는 규정을 두자는 의견이 있었다고 한다.

할 영역이다. 또한 자기주식의 처분에 신주발행절차를 준용하는 경우, 엄격한 절차의 이행으로 회사의 재무관리상 효용을 극대화하는 데에 적시성을 잃을 우려가 있다고 한다.[24] 그러므로 자기주식을 장외에서 처분하든 장내에서 처분하든 주주 혹은 제3자에게 처분하든 처분에 관한 권한은 모두 이사회에 부여된 것으로 보는 것으로, 이사회가 적법하게 취득한 자기주식을 적법한 절차에 따라 처분하기로 결정하는 경우에는 원칙적으로 적법한 것으로 보는 것이 타당하다. 앞에서 본 파인디지털사건에 관한 관할 법원의 결정도 위와 같은 기본적인 법리에 충실한 판결이라고 보인다. 자기주식의 취득을 통한 경영권의 방어수단을 적법한 것으로 보는 일반적 견해들은, 적법하게 취득한 자기주식을 경영권 방어를 위하여 주주 또는 제3자에게 처분하는 것이 적법하다는 것을 대전제로 한 것이라고 봄이 상당할 것이다. 자기주식을 경영권 방어를 위하여 처분하였더라도 그러한 방어행위를 용인할 만한 합리성과 상당성이 충족되었는가 여부가 위법성판단의 중심에 서는 것이 합리적이라고 할 것이다.[25]

경영권분쟁 상황에서 이루어진 자기주식의 주주 혹은 제3자에 대한 처분행위가 이사회의 경영판단 사항에 속하는 것으로 볼 수 있다면, 자기주식 처분행위의 적법성 여부는 이사회의 행위를 판단하는 기준인 경영판단원칙에 따라서 적법성이 평가될 수 있다. 자기주식 처분의 경우에는 먼저 자기주식의 적법한 취득이 이루어졌는가 여부가 중요한 판단기준이 될 것이다. 그리고 자기주식의 처분행위에 관한 이사회 행위의 판단기준은 '합리성의 원칙'과 '비례의 원칙'에 따라 판

24) 송종준, "자기주식의 처분절차규제에 관한 소고," 법률신문 제3504호, 2006. 11. 9.
25) 송종준, 앞의 기사.

단할 수 있을 것이다. 회사의 정책과 효율성에 대한 위험이 있다고 믿을 수 있는 합리적인 이유가 있었다는 사실(합리적 근거의 원칙), 그들이 취한 방어는 가하여진 위협과의 관계에서 합리적이었다는 사실(비례성의 원칙)이 입증되면 이사들은 경영판단원칙에 의하여 보호될 수 있다.

자기주식을 특정의 대주주에게 처분하는 것 자체가 당연히 주주 평등의 원칙에 위반된다고 보기는 어렵다. 그러나 자기주식을 특정 대주주에게 현저하게 낮은 가격으로 처분하는 경우에는 주주 평등의 원칙이나 이사의 선량한 관리자로서의 주의의무에 위반될 소지가 있는 것으로 보인다.[26] 이 경우에도 자기주식의 처분이 적정한지 여부는 그 처분가액의 적정성, 취득자금의 출처, 경영권분쟁의 구체적 사유, 기업의 장기적 발전계획, 경영권을 공격하는 주주의 주식취득 배경, 다수주주의 장기적 이익의 고려 여부 등 여러 사정이 종합적으로 고려되어야 할 것이다. 자기주식의 처분가액의 적정성과 관련하여 유가증권 상장법인이나 코스닥 상장법인의 경우에는 공개된 시장에서 형성된 시가가 있기 때문에 자기주식을 시가로 평가하는 데에 큰 어려움이 없을 것이다. 비상장법인의 경우에는 공개된 시장에서 형성된 '시가'가 존재하지 않기 때문에 평가방법이 간단하지 않다. 비상장법인의 경우에 법인세법상 평가방법은 다소 복잡해진다. 비상장법인의 주식의 시가를 판단할 때는 i) 일반적이고 정상적인 거래에 의하여 형성된 객관적 교환가치가 있는 경우에는 그 금액을 시가로 하는 것을 원칙

26) 미국의 판례 중에는 특정 주주 그룹에게 경영권을 차지할 수 있도록 하기 위하여 자기주식을 처분하면서 다른 주주에게 통지하고 동일한 기회를 주지 않고, 또한 회사의 이익을 위하여 최고의 가격(best price)을 받지 않은 경우에는 정직하고 공정하게 회사의 임무를 처리하여야 한다는 신인의무(fiduciary duty)를 위반한 것으로 볼 수 있다는 취지로 판시한 사례가 있다. 예를 들면 Schwartz v. Marien, 43 App Div 2d 307, 351 NYS 2d 216.

으로 한다.[27] ii) 그와 같은 거래의 실례가 없는 경우에도 당해 거래가 일반적이고 정상적인 방법에 의하여 이루어진 것이어서 당시의 객관적 교환가치를 적정하게 반영하고 있다고 볼 수 있는 사정이 있으면 그 거래가격을 시가로 인정할 수도 있다.[28] iii) 거래의 실례가 없고 당해 거래가액을 시가로도 볼 수 없는 경우에는 결국 상속 및 증여세법(이하 '상증법')에 따른 보충적 평가금액을 시가로 볼 수밖에 없다는 것이다. 비상장법인의 자기주식의 처분가액에 대해서는 형사법적 측면과 세법, 그리고 공정거래법이 규정하는 뉘앙스가 조금씩 다르기 때문에 실무상 그 기준을 잡는 것이 쉽지 않은 실정이다. 입법적으로 적절한 해결을 모색하는 것이 바람직한 것으로 보인다. 이러한 주식의 평가방법에 따르지 않고 회사가 자기주식을 특정인에게 지나치게 저가로 매각한 경우에는 당해 자기주식의 처분이 위법하여 무효라는 판단을 받을 가능성이 있을 뿐만 아니라 해당 자기주식의 저가 매도로 인한 이사의 민사상 또는 형사상의 책임 문제가 제기될 소지도 있다고 할 것이다.

6. 백지주전략과 자기주식의 처분

백기사전략은 적대적 M&A의 위협을 받고 있는 회사가 기존 경영진 또는 지배주주에게 우호적인 제3의 협조자 혹은 매수자를 찾아내

---

27) 대법원 1987. 1. 20. 선고 86누318 판결 ; 대법원 1987. 5. 26. 선고 86누408 판결 ; 대법원 1990. 3. 27. 선고 88누4997 판결 ; 대법원 1990. 9. 28. 선고 90누4761 판결 ; 대법원 1992. 10. 27. 선고 92누1971 판결.

28) 대법원 1987. 5. 26. 선고 86누408 판결 ; 대법원 1992. 10. 27. 선고 92누1971 판결 ; 대법원 1994. 12. 22. 선고 93누22333 판결 ; 대법원 2003. 5. 27. 선고 2001두5903 판결.

좋은 조건으로 기업을 매각하여 최초의 인수 희망자에게 타격을 가하고, 동시에 대상회사의 경영진은 그 제3자로부터 보다 유리한 처우를 보상받고자 하는 소극적 방어방법을 말한다. 그런데 적대적 M&A의 위협을 받고 있는 회사가 우호적인 제3자를 끌어들여 대상회사의 지분을 취득하기는 하지만 그 경영권을 획득하지는 않고 현재의 지배주주 혹은 경영진에 우호적 입장을 취하는 경우가 있는데, 이를 백지주(white squire)라고 한다. 우리나라에서는 위와 같은 백지주가 대상회사의 자기주식을 취득하게 하여 우호적인 제3자의 소유지분을 방어에 활용하는 전략도 백기사에 해당되는 것으로 이해하고 있다.[29] 대상회사가 기존에 취득하여 둔 자기주식을 이용하여 백지주 방어전략을 사용하는 것은 상당히 유용할 것으로 보인다. 회사의 입장에서는 우호적인 제3자를 확보하여 적대적 M&A 시도에 대해서 안정적인 경영권 방어전략을 확보하는 효과와 아울러 보유주식을 우호적인 제3자에게 매각함으로써 회사의 재무구조를 호전시키고, 나아가 자기주식을 추가로 취득할 수 있는 자금을 추가로 확보하는 효과도 부수적으로 얻게 될 것이다. 이 경우에는 적정한 제3자에게 적정한 가격으로 적정한 절차에 따라 자기주식을 매도하였는가 여부가 가장 중요한 적법성의 판단기준이 될 것으로 보인다. 이러한 백지주전략은 경영권분쟁 또는 적대적 M&A 시도가 현재화된 시점에도 사용할 수 있지만, 사전에 예방적으로 사용하는 것이 더욱 효과적일 것이다. 예를 들어 자기주식의 양도, 교환사채, 전환사채 등 자기주식을 이용한 양도가 가능한 플랜을 이용한 재무적 플랜의 수립과 실행은 예방적 경영권 방어전략으로서 효과가 있을 것으로 생각된다. 다만, 백지주가 적대적 M&A 세력

29) 권재열, 앞의 책, 140면 이하.

으로 변화하는 경우도 있을 수 있기 때문에, 신뢰할 수 있는 호의적인 자를 백지주로 하거나 상호불가침의 주주 간 협약 등의 약정[30)] 혹은 주식의 상호 소유에 의하여 의결권이 제한되지 않는 범위 내에서의 교차적 주식의 취득[31)] 혹은 전략적 제휴 등을 통해 상호 견제할 수 있는 장치를 마련하여 두는 등 이에 대한 사전예방책을 마련하여 두는 것이 필요할 것이다. 그러나 이런 적대적 M&A에 대한 여러 방어방법 중 가장 좋은 궁극적 방법은 현재의 경영진이 기업의 가치를 최대한 제고하고 적절한 배당정책, 적법하고 투명한 경영정책 등을 통하여 다수 주주들의 신뢰와 지지를 획득하는 것이라고 할 수 있다.

30) 백기사의 방어전략을 취하는 경우, 백기사에게 추가적 주식취득을 제한하고 적대적 M&A를 위한 공격자 측에게 주식을 매도하지 않고 현재의 경영진을 응원하겠다는 취지의 Stand Still Agreement를 체결하는 방법으로 상호견제장치를 마련하여 두게 된다. Arthur R. Pinto, Understanding Corporate Law, §12.04.

31) 최근 우리나라의 상장기업 사이에서 주식의 교차적인 보유를 통한 적대적 M&A에 대한 방어전략을 취하는 사례가 언론에 자주 보도되고 있다. 특히 매일경제신문, 2007. 7. 4.자는 근간에 이루어진 KT&G와 신한지주 사이의 주식의 상호 교차적 소유 등을 경영권 방어를 위한 일종의 백기사로 보면서 주어진 법과 제도 안에서 동원할 수 있는 방법을 최대한 동원한 적대적 M&A 방어방법이라는 취지의 사설을 게재하였다.

제6장 감사위원회의 구성을 통한 경영권 방어
—KT&G 사례

송옥렬*

〔대상판결〕 대전지방법원 2006. 3. 14.자 2006카합242 결정

〔사실관계〕 A는 증권거래소 상장법인인 K사 주식의 6.59%를 보유하고 있는 주주로서, 주주제안권의 행사를 통하여 갑 · 을 · 병 등 3명을 정기주주총회에서 사외이사로 추천하는 제안 및 사외이사를 집중투표제를 통하여 선임할 것을 청구하는 제안을 제출하였다. 당시 K사 이사의 수는 정관에 따르면 15명이었으나, 이 가운데 12명만 선임되어 있는 상태였고 3명은 사내이사, 9명이 사외이사였다. 이 가운데 사외이사 6명의 임기가 만료됨에 따라 주주총회에서 사외이사를 선임하여야 하는 상황이었다. 따라서 정관상으로 가능한 사외이사는 9명까지, 그리고 현실적으로 결원의 보충이라는 점에서 본다면 사외이사

* 서울대학교 법학전문대학원 교수

6명을 선임해야 하는 상황이었다. A는 자신의 이익을 대변해 줄 갑 · 을 · 병 가운데 최소한 1명 이상을 사외이사로 진출시키는 것이 목적이었고, 이를 위하여 집중투표제를 제안한 것이다. K사의 정관은 집중투표제를 배제하지 않고 있었고, 또 A는 K사 발행주식총수의 1% 이상을 보유하고 있기 때문에, 증권거래법 제191조의18 제1항에 따라 위 사외이사의 선임에는 집중투표제가 적용되어야 하였다.

K사로서는 경영권을 A의 간섭으로부터 보호하려는 대책을 강구하기 시작하였는데, 그 한 방법으로 사외이사의 선임을 다음과 같이 분리시키기로 하였다. 즉 K사는 주주총회 소집통지에서 제2호 안건을 사외이사 2명 선임의 건으로 하여 후보를 갑 · 을 · 병 및 K사가 추천하는 X · Y 등 모두 5명으로 하고, 이와 별도로 제3호 안건으로 감사위원회 위원이 되는 사외이사 4명 선임의 건으로 하여 K사가 추천하는 자 4명만 후보로 상정하였다. 이에 A는 이처럼 사외이사의 선임을 둘로 분리하는 것은 자신들의 사외이사선임을 막으려는 의도에서 비롯된 것으로서 주주의 의결권, 집중투표제의 방법에 의한 이사선임청구권을 침해한 것으로서 법령 위반이고 동시에 이사회의 권한 남용임을 지적하면서, K사가 추천하는 6명과 신청인이 추천하는 갑 · 을 · 병 이렇게 9명을 후보로 하고 집중투표제를 통하여 6명의 사외이사를 선임하며, 이렇게 선임된 6명의 이사를 대상으로 추가 투표를 통하여 감사위원회 위원을 선임할 것을 회사에 요청하였다. 그러나 K사는 주주총회 소집통지를 원래대로 하고 이를 공시하였으며, 이에 A는 위 주주총회의 제2안과 제3안의 결의를 금지시키는 가처분을 신청하게 되었다.

〔법원의 판단〕 이 사건에서 쟁점으로 부각된 것은 위와 같이 사외이

사의 선임절차를 분리하는 것이 주주의 의결권이나 집중투표제의 취지에 비추어 위법한가 하는 점이었다. 이에 대하여 대전지방법원은 위와 같은 선임계획은 위법하지 않으며, 따라서 피보전권리가 없기 때문에 보전의 필요성에 대해서는 더 이상 검토하지 않고 가처분 신청을 기각하였다. 법원의 논리는 다음과 같다.

① 상법은 이사회 내 위원회의 위원 선임 및 해임에 대해서는 이사회에 그 권한이 있다고 규정(상법 제393조의2 제3항 제3호)하고 있으므로 상법상 주식회사의 감사위원회 위원의 선임은 이사회의 권한이라고 할 것이다. 그러나 증권거래법은 주권 상장법인의 경우 감사위원회의 위원이 되는 사외이사의 선임에 관하여 상법상 감사의 선임에 관한 규정을 준용하여 대주주의 의결권을 3%로 제한한다고 규정(증권거래법 제54조의6 제6항)하고 있을 뿐, 감사위원회 위원의 선임권한이 이사회에 있는지 아니면 주주총회에 있는지 명시적으로 밝히고 있지 않다. 그런데 이와 관련해 종래 주권 상장법인들의 주주총회 운영 실무는, 첫째 감사위원회 위원이 되는 사외이사를 다른 사외이사들과 분리하여 주주총회에서 뽑는 '분리선출방식'과 둘째 감사위원회 위원이 될 사외이사를 포함하여 이사 후보 전체를 대상으로 이사선임 결의를 하고 나서 선임된 이사 중에서 대주주의결권 제한규정을 적용하여 감사위원을 뽑는 '일괄선출 방식'으로 나뉘어 운영되고 있는 실정이다.

② 분리선출방식에 의할 경우, 소수주주가 자신이 추천한 후보를 이사로 선임하는 데 필요한 주식의 수가 증가되는 결과 집중투표에 의한 이사선임권의 약화를 가져오게 되고, 나아가 "이사의 선임 결의에 관하여 각 주주는 1주마다 선임할 이사의 수와 동일한 수의 의결권을 가진다"라는 상법 제382조의2 제3항의 규정에도 부합하지 않는

다는 비판이 있을 수 있다. 반면 일괄선출방식에 의할 경우, 대주주의 의결권 제한 없이 선임된 이사들 가운데 감사위원회 위원이 되는 사외이사가 선임될 것이므로, 증권거래법이 감사위원의 선임에 관하여 상법상 대주주의결권 제한규정을 준용한 입법취지가 몰각될 염려가 있어 문제이다.

③ 결국 이 문제는 입법적으로 해결되어야 할 성질의 것이지만, 이 법원은 다음과 같은 이유로 현행 상법 및 증권거래법의 해석상 위 두 방식이 주주총회의 결의방법으로 모두 가능하고 그 가운데 어느 방식을 취할 것인지에 대한 결정권한은 별도의 주주 제안이 없는 이상 이사회에 있다는 입장을 취하고자 한다. 첫째, 분리선출방식에 의할 경우 소수주주의 집중투표에 의한 이사선임청구권이 약화된다고 하더라도 상법 및 증권거래법상 집중투표제는 정관에 의하여 배제될 수 있는 성질의 것이라는 점(상법 제382조의2 제1항 ; 증권거래법 제191조의18 제1항), 소수주주들로서는 사외이사의 선임방법에 관하여 일괄선출방식을 택하도록 제안할 수 있을 것이라는 점 등에 비추어 보면 분리선출방식이 소수주주의 의결권 또는 집중투표제의 취지를 현저하게 침해한다고 보기 어렵다. 둘째, 일괄선출방식에 의할 경우 제1단계의 사외이사선임 결의에서 대주주가 지지하는 후보들이 대부분 사외이사로 선임될 가능성이 큰 것은 사실이지만, 제2단계 감사위원회 위원의 선임 결의에서 상법상의 대주주의결권 제한규정을 적용하여 감사위원회 위원을 선임하는 이상 이를 법률에 위반된 것이라고 보기 어렵다. 이러한 사정들을 종합하여 보면 채무자 회사가 분리선출방식을 채택함으로써 채권자들의 의결권, 집중투표제의 방법에 의한 이사선임청구권을 침해하였다고 볼 수 없으므로 채권자들의 위 주장은 이유가 없다.

〔평석〕

I. 서설

이 사건은 여러 가지 관점에서 광범위한 주목을 받았다. 사회적으로는 외국자본, 그것도 기업사냥꾼으로 유명한 헤지펀드에 의한 국내 기업의 인수라는 점에서 외국자본을 바라보는 시각을 둘러싸고 다시 복잡한 논란이 불거지는 계기가 되었다. 그리고 실체법적으로는 감사위원회에 관한 증권거래법 규정이 얼마나 졸속으로 만들어졌는지, 그리고 이처럼 기본적인 법들이 서로 충돌하고 있는 상황에서 어떻게 법해석을 할 것인지 등에 관한 많은 고민을 던진 사건이었다. 뿐만 아니라 절차법적으로 보면, 집중심리 및 구두변론을 적극적으로 활용하여 미리 충분한 준비를 한 다음 하루에 걸쳐 구두로만 변론을 진행한 사건으로도 유명하다. 주주총회 일자가 얼마 남지 않아 시급을 다투는 사건이었고, 반면 그 법리적 어려움과 사회적 파장은 담당 재판부가 감당하기에도 상당히 벅찬 것이었기 때문에 이러한 방법을 택하여 절차를 진행한 것으로 이해할 수 있겠다.

돌이켜 보면 외국 자본에 의한 적대적 기업인수의 위험이 인식되기 시작한 것은 이미 상당히 오래전이다. 국내 주요 상장기업에 대한 외국 자본의 지분율이 40% 이상으로 높아지면서, SK그룹이나 삼성그룹에서도 그 지분을 보유하고 있는 외국 헤지펀드와의 마찰이 있었고, 이 과정에서 자본의 국적이라든가 적대적 기업인수의 효용 등에 관한 찬반 논쟁이 격렬하게 벌어진 바 있다. 특히 이 사건에서 K사는 국내의 대표적 간판기업이면서 그 소유구조가 분산되어 있었고 기업지배구조도 좋았던 것으로 평가받고 있었기 때문에, 그러한 기업이 헤지펀드에 의한 공격을 받았다는 것이 많은 사람에게 충격을 준 것도 사실이다.

이처럼 이 사건 자체는 정책적 관점에서도 시사하는 바가 많고 또 매우 중요하지만, 이 글에서는 이러한 정책적 분석은 잠시 접어 두고 순수하게 회사법적 관점에서 법리적 분석만 진행하고자 한다. 이 사건에 다루어진 쟁점이 주로 감사위원회의 구성과 관련된 것인 만큼, 이 부분에 관한 법원의 판시 사항을 중점적으로 분석해 보기로 한다. 특히 이 사건에서는 단순히 감사위원회의 구성절차에 관한 적법성 여부에 주목한 나머지, 그것이 경영권 방어의 목적에서 이루어졌다는 점을 다소 간과한 부분이 보이는데, 이에 대한 문제 제기도 아울러 시도해 보도록 한다.

그런데 이 사건을 정확히 이해하기 위해서는 먼저 전체적인 제도적 배경을 이해하는 것이 필요하기 때문에, 이 글에서는 집중투표제와 감사위원회에 대하여 먼저 살펴본 다음 본격적인 쟁점에 들어가기로 한다.

II. 제도적 배경

1. 집중투표제

일반적으로 집중투표제는 이사 전원이 대주주에 의하여 선임되는 폐단을 방지하기 위해 도입한 제도(상법 제382조의2)라고 이해되고 있다. 집중투표제에 의하지 않고 이사의 선임에 개별적인 주주총회의 승인을 요구하게 되면, 예를 들어 51%의 지분을 보유한 주주가 전체

100% 이사회를 장악하게 된다. 집중투표제에 의하면 소액주주도 자신의 대표를 이사회에 진출시킬 수 있기 때문에, 집중투표제는 소액주주의 보호라는 물결을 타고 최근 도입되었다. 구체적으로 어떻게 그렇게 될 수 있는지 살펴보면 다음과 같다.

예를 들어 현재 회사의 의결권 있는 발행주식이 100주 있다고 하자. 이번에 선임할 이사는 4명인데, 후보는 모두 10명이다. 이러한 상황에서 10주를 가지고 있는 소액주주는 자신의 대표를 진출시킬 수 있을지 생각해 보자. 집중투표방식에 의하면, 10주를 보유한 주주는 여기에 선임할 이사의 수만큼을 곱한 40개의 의결권을 가지고 이를 1명의 후보에게 몰아서 투표할 수 있다. 물론 다른 90주를 가진 주주의 경우에도 360개의 의결권을 행사할 수 있다. 여기서 집중투표제의 묘미는 후보 가운데 4등까지를 이사로 선임한다는 점에 있다. 따라서 90주를 가진 주주가 10주를 가진 주주의 이사선임을 막고 싶으면, 소액주주는 그 대표에게 40개의 의결권을 몰아 줄 것이 분명하므로 후보 가운데 모두 4명에게 각각 40개를 초과하는 의결권을 배분하여야 한다. 현재 360개의 의결권이 있으므로, 예를 들어 간단히 4명에게 90개씩의 의결권을 배분하면 충분히 소액주주의 시도를 저지할 수 있다. 아니면 2명에게 100개씩, 그리고 2명에게 80개씩의 의결권을 배분해도 된다. 뒤집어 이야기하면, 이처럼 10주를 가지고 있는 소액주주는 집중투표에 의하더라도 자신의 대표를 이사회에 진출시킬 수 없다는 것이 된다. 그럼 어느 정도의 주식이 필요할까?

예를 들어 소액주주의 보유주식이 20주라면 충분할지 생각해 보자. 그러면 소액주주의 의결권은 모두 80개가 된다. 나머지 80주를 가진 주주의 의결권은 모두 320개가 되는데, 설사 이 의결권을 81개씩 분배하더라도 마지막 1명에 대해서는 77개밖에 분배할 수가 없어, 결국 소액주주가 지지하는 자가 4등으로 이사회에 진출할 수 있게 된다. 물론 의결권을 80개씩 분배하면 5명의 동점자가 생긴다. 여기서 짐작할 수 있듯이 만일 소액주주가 여기서 1주만 더 가지고 있으면, 다수주주가 자신의 의결권총수를 적절히 배분하여 소액주주의 대표를 배제할 수 있는 방법은 없다.

일반적으로 이사선임 결의에 출석한 주식총수를 S, 선임할 이사수를 D라고 할 때, 집중투표에 의하여 최소한 1명의 이사를 대표로 진출시키기 위해 소액주주는 어느 정도의 지분을 보유하여야 할까? 소액주주가 보유하는 주식 수를 M이라고 하면 다른 지배주주는 S－M만큼의 주식을 보유하게 된다. 따라서 소액주주의 의결권 수는 M×D, 지배주주의 의결권 수는 (S－M)×D이다. 그런데 소액주주는 이를 1명의 후보에게 집중시키지만 지배주주는 D명의 이사를 전부 선임하기 위해 이를 D명에게 균등하게 분산시켜야 하므로 결국 1명의 후보당 (S－M)×D/D만큼의 의결권이 배분된다. 따라서 소액주주가 이사회에 1명을 진출시키기 위해서는 (S－M)×D/D〈M×D 조건을 만족시키는 수보다 1주만 더 보유하면 된다. 결국 M이 정수이어야 한다는 조건을 고려하여 이 식을 정리하면 다음과 같은 조건이 도출된다.

$$\text{1명을 진출시키기 위한 보유주식 수 } M = \left[\frac{S}{D+1}\right] + 1$$

여기서 [ ] 표시는 가우스기호이다. 여기에 S＝100, D＝4를 대입하면 M＝21이 도출되는 것을 쉽게 알 수 있다. 후보가 몇 명인지가 중요한 것이 아니라 몇 명의 이사를 선출하는지가 더욱 결정적이라는 점에 주의하도록 하자. 그렇다면 만일 소액주주가 D명의 이사 가운데

N명을 진출시키고 싶으면 어느 정도의 지분을 보유하고 있어야 할까? 소액주주는 자신이 보유한 의결권 M×D를 N명의 이사에게 균등하게 배분하여야 하므로 후보 1명당 M×D/N만큼의 의결권을 배분하게 되고, 지배주주는 자신의 의결권을 (D−N+1)명에게 배분하면 소액주주가 N명 미만을 진출시키는 것은 막을 수 없을지도 모르지만, 최소한 N명을 진출시키려는 시도는 막을 수 있다. 따라서 위와 마찬가지로 (S−M)×D/(D−N+1)〈M×D/N 조건을 만족시키는 M을 구하여 이보다 1주만 더 가지고 있으면 된다. 역시 M이 정수라는 조건을 고려하여 이를 정리하면 다음과 같은 간단한 조건이 도출된다.

$$\text{N명을 진출시키기 위한 보유주식 수 } M = \left[\frac{S \times N}{D+1}\right] + 1$$

이 표현을 뒤집어 생각해 보면, 전체 발행주식 수 S가 고정된 상태에서 D를 낮출 경우 소액주주는 자신이 원하는 자를 이사회에 진출시키기 위해 더 많은 주식을 보유하여야 한다는 것을 알 수 있다. 극단적으로 D를 1명으로 하면 바로 단순투표의 경우가 되어, 소액주주는 전체의 50%+1주를 보유하여야 한다는 것을 알 수 있다. 따라서 소액주주의 지분비율이 일정할 경우 D를 적절히 줄이면 소액주주가 집중투표제를 이용하는 실익을 완전히 배제할 수도 있다. 이 사건에서 K사가 시도한 전략이 바로 이것이다. 사외이사를 모두 6명 선임해야 하지만, 이를 인위적으로 2명으로 줄임으로써 이사를 진출시키기 위한 최소지분비율을 높이고, 결과적으로는 집중투표제를 형해화시킨 것이다.

그러나 이처럼 그 의도가 집중투표제에 의한 이사선임권을 형해화시키는 것에 있다고 해서 바로 이러한 조치가 위법이라고 단정할 수 있는 것은 아니다. 문제는 위와 같은 조치가 법이 허용하는 '최소한의' 테두리를 벗어났는지 하는 점이다. 이에 대해서는 본론에서 자세하게 다루기로 한다.

2. 감사위원회

감사위원회는 IMF 금융위기 이후 기업경영의 투명성 확보라는 관점에서 도입된 제도이다. 1999년에 상법 개정을 통하여 정관이 정하는 바에 따라 감사에 갈음하여 감사위원회를 둘 수 있는 근거규정(상법 제415조의2 제1항)이 마련되었으며, 이후 2000년에는 증권거래법에서 대규모 상장법인에 대하여 감사위원회의 설치가 강제되었다(증권거래법 제191조의17, 제54조의6). 금융기관의 경우에도 마찬가지이다(은행법 제23조의2).[1] 그런데 상법상의 감사위원회의 성격을 증권거래법의 제정과정에서 전혀 감안하지 못한 결과, 두 법제 사이에 부조화가 발생하여 많은 해석의 어려움을 야기하고 있다. 물론 특별법인 증권거래법이 적용되어야 한다고 일단 생각할 수 있겠으나,[2] 증권거래법의 규정이 미비되어 있는 관계로 생각처럼 쉬운 일은 아니다. 이 사건에서 문제된 감사위원회의 구성은 가장 대표적인 사례이다.

먼저 상법상 감사위원의 선임을 보자.[3] 상법상 감사위원을 어떻게

1) 아직 학계에서도 감사위원회에 관한 논의는 그렇게 많지 않다. 감사위원회 일반에 관한 해설은 김건식, "법적 시각에서 본 감사위원회," BFL 제13호(2005. 9), 서울대학교 금융법센터, 35-50면 참조.

2) 그러나 이 부분조차 아직 확실히 이론이 정립된 것은 아니다. 예를 들어 소수주주권의 행사요건과 관련한 대법원 2004. 12. 10. 선고 2003다41715 판결을 보라.

3) 이하 감사위원선임에 관한 법조문의 충돌 및 실무에 관한 설명은 "(좌담회) 감사위원회의 법과 실무," BFL 제13호(2005. 9), 서울대학교 금융법센터, 9-13면 참조.

선임하는지에 관해서는 특별한 규정이 없지만, 감사위원회는 이사회 내 위원회의 하나로서의 성격을 가지고 있기 때문에(제415조의2 제1항), 그 위원의 선임에 대해서는 이사회가 권한을 가지고 있다고 보는 것이 타당하다. 상법 제393조의2 제2항 제3호도 이러한 구조를 전제로 하고 있다. 따라서 상법상으로만 본다면, 주주총회에서 먼저 사내이사와 사외이사를 모두 선임하여 이사회를 구성한 다음, 그 이사회에서 요건을 검토하여 적절한 이사를 감사위원으로 선임하는 것이 일반적인 절차가 될 것이다.

그런데 이 사건에서 직접 적용되는 증권거래법의 규정은 감사위원회가 이사회의 하부조직임을 정확하게 고려하고 있지 못한 듯하다. 다시 말해 증권거래법 제191조의17 제2항, 제54조의6 제6항은 상법 제409조 제2항을 준용하고 있는데, 상법 제409조 제2항은 '감사'의 선임에 있어 대주주의 의결권을 3%로 제한하는 규정이기 때문이다. 아마도 증권거래법의 당해 규정의 제정 당시 감사위원회가 상법상의 감사를 대체한다는 고정관념이 너무 앞선 나머지, 감사와 감사위원회는 조직법상 지위가 다르다는 점을 잠시 망각한 것이 아닌가 한다. 왜냐하면 이 규정은 감사위원의 선임에서 주주가 의결권을 행사하는 것을 당연한 전제로 하고 있기 때문이다. 그러나 감사위원을 주주가 선임한다는 것은 당연한 전제가 아니라, 오히려 그 반대로 특별한 규정이 있어야만 주주에게 의결권이 부여될 수 있는 성질의 것이라고 할 수 있다. 다시 말해 주주총회에 대한 수권에 관한 아무런 규정을 두지 않은 채 바로 3% 의결권 제한이 규정되어 있다는 것은, 선임권한에 대해서 어떤 특별한 이유가 있어 이를 주주총회에 귀속시킨 것이라기보다는 감사위원회의 조직법상 지위를 잠시 착각하여 이러한 규정을 둔 것에 지나지 않는다는 것이다.

증권거래법에서 상법 제409조 제2항을 준용하는 것이 입법자의 결단인지 아니면 착오인지와 상관없이 일단 명문의 규정으로 주주총회의 결의로 감사위원을 선임하는 것을 요구하고 있는 것처럼 보이기 때문에, 실무에서는 이를 감안하여 어떠한 방식으로든 주주총회가 감사위원의 선임에 개입하는 방식을 마련하여 왔다. 현재 실무에서는 크게 세 가지 사례가 존재하는 것으로 보고되고 있는데, 이를 요약하면 다음과 같다. i) 주주총회에 감사위원의 선임에 관한 권한이 있다고 보고, 감사위원이 되는 이사와 다른 이사를 서로 분리하여 선출하는 사례인데, 이 경우 감사위원이 되는 이사를 선임하는 안건에서는 대주주의 3% 의결권 제한이 적용된다. ii) 먼저 주주총회에서 전체 이사를 선임한 다음, 다시 감사위원이 되는 이사의 선임에 관한 건을 별개의 안건으로 하여 주주총회를 거치는 방법이 있다. iii) 주주총회에서 먼저 전체 이사를 선임하고, 다음 결의는 감사위원의 선임이 아니라 '이사회에 의하여 감사위원으로 선임될 수 있는 자격을 부여하는' 것을 내용으로 하는 방법이 있다. 두 번째 방법과의 차이는 감사위원회가 형식상 이사회의 하부조직이라는 점을 감안하여 상법의 취지를 존중하자는 것이라고 할 수 있다.

현재 실무에서는 두 번째 방법이 다소 많은 것으로 보고되고 있으나, 첫 번째 방법도 지배구조를 중시하는 기업에서는 많이 채택되고 있다. 두 번째와 세 번째 방법은 사실 실질적으로는 비슷한데, 그 핵심은 일단 주주총회에서 전체 이사를 선임한다는 점에 있다. 그런데 이 단계에서는 대주주의 3% 의결권 제한에 관한 상법 제409조 제2항이 적용되지 않기 때문에, 이사들이 모두 대주주에 의하여 선임될 가능성이 존재한다. 감사위원이 되기 위해서는 일단 이사로 선임되어야 하므로 소액주주가 감사위원으로 추천하고자 하는 자는 아예 초반부터 이사로조차 선임되지 못하는 경우를 생각할 수 있다. 이처럼 이사의 선임이 대주주에 의하여 주도된다면, 사실 다음 단계에서 대주주에게 3% 의결권 제한을 두어 감사위원을 선임한다고 하더라도 실익은 거의 없을 수 있다. 따라서 두 번째와 세 번째 방법은 증권거래법에서 대주주의 의결권을 제한하는 취지에는 들어맞지 않는다고 하겠다.

첫 번째 방법은 의결권 제한이 처음부터 적용되는 결과 대주주가 자신의 뜻대로 감사위원을 선임할 수 없다는 점에서 증권거래법의 취지에 부합한다고 하겠다. 그런데 이 방법은 회사가 이사의 선임에 있어 집중투표제를 채택하고 있는 경우에는 그 취지가 몰각될 우려가 있다. 왜냐하면 이사의 선임을 나누게 되면 결국 각 그룹에서 선임되는 이사의 숫자는 줄어들게 되고, 그 경우 앞에서 설명한 바와 같이 소액주주가 자신이 추천하는 자를 이사회에 진출시키기 위해 보유하여야 하는 지분이 증가하기 때문이다. 극단적으로 말해 이사를 5명 뽑는데 이를 다섯 그룹으로 나누어 각각 1명씩 선출한다면, 이것은 설사 집중투표제를 사용한다고 하더라도 단순투표를 한 것과 동일한 결과가 된다. 따라서 첫 번째 방법은 집중투표제와의 관계에서 문제가 발생한다.

결국 어떤 방식이든 현행법상의 다른 제도와 잘 조화되지 않는다. 대주주의 의결권 제한이나 집중투표제 등은 모두 소액주주의 권리를 보호하기 위한 것인데, 이들과 서로 충돌된다는 것이 아이러니하게 느껴진다. 생각해 보면 이 문제는 모두 증권거래법에서 3% 의결권 제한을 준용하였기 때문에 발생한 것이고, 과연 그럴 필요가 있는지에 대해서 논의할 필요가 있다. 종래의 감사를 대체하기 때문에 감사의 선임과 관련된 제한을 그대로 가져와야 한다는 논리에서 이러한 규정을 둔 것은 충분히 이해가 되지만, 이는 다분히 형식논리에 불과한 것이 아닌가 한다. 종래의 감사가 이러한 의결권 제한 규정에도 불구하고 사실상 그 기능을 잘 수행하지 못하였다는 점에서 의결권 제한 규정에 너무 많은 기대를 하는 것은 잘못되었을 뿐만 아니라 감사위원회가 이사회의 하부조직인 이상, 그 구성은 다른 이사회의 하부조직의 구성과 동일하게 규정하면 충분할 것으로 생각된다. 지배주주로부터의 독립성이 요구되는 것은 비단 감사위원회뿐만 아니라 다른 위원회 나아가 이사회 자체도 그러하고, 결국 이러한 독립성은 이사회 구성에 있어 의결권을 제한하는 방식에 의하기보다는 다른 제도에 의하여 달성하는 것이 옳다. 이렇게 생각하는 것이, 우리 법에서 이사회의 구성에 있어서는 대주주의 의결권 제한이 없다는 점과 구조적으로 일치한다. 이러한 점에서 증권거래법에서도 역시 대주주의 3% 의결권 제한 규정은 폐지하고 단순히 주주총회에서 사외이사를 포함하여 전체 이사를 선임한 다음, 이사회가 그 요건에 맞는 자를 감사위원으로 선임하는 것으로 개선되는 것이 바람직할 것으로 생각된다.

III. 사안의 분석

이처럼 현행법상으로는 불확실성이 있기는 하지만 세 가지 실무가 모두 인정되는 것으로 보이고, 이러한 상황에서 K사는 소액주주인 A의 의도를 무산시키기 위해 첫 번째 방법, 다시 말해 선임될 이사의 수를 줄임으로써 집중투표제의 취지를 침해하는 방식을 택하기로 하였다. 예를 들어 이렇게 이사의 선임을 나누지 않았다면 1명을 진출시킬 수 있었는데, 이렇게 나누었기 때문에 전혀 진출하지 못하였다면 이 경우 소액주주가 취할 수 있는 구제수단은 무엇일까? 이러한 주주총회

결의는 무효라고 주장할 수 있을까? 관련되는 쟁점들을 차례로 살펴보도록 하자.

1. 집중투표제의 취지와 관련된 쟁점

먼저 이 사건에서 A는 사외이사 후보를 갑 · 을 · 병 등 3명으로 하였는데, 이에 대하여 K사는 첫 번째 그룹에서 단 2명만 사외이사로 선임하는 것으로 의안을 구성한 것이 문제가 된다. 좀 더 정리해서 말하자면, 주주가 3명의 사외이사 후보를 추천할 경우, 회사는 정관에서 정한 이사의 정원이 허용하는 한 또는 부득이한 사정이 없는 한 당연히 최소한 3석 이상의 이사를 선임하도록 주주총회 안건을 상정하여야 하는가 하는 문제이다. 이것은 주주제안권의 구속력이 어디까지인가 하는 것인데, 실제로 신청인은 이 사건에서 "이를 위법이라고 해석하지 않는다면, 회사는 주주가 몇 명의 이사 후보를 추천하든 간에 선임하는 이사 수를 예를 들어 1석으로 만들 수 있다"라고 주장하기도 하였다. 물론 이 주장은 그렇게 되면 집중투표제의 취지가 몰각된다는 주장도 포함하고 있다.

원칙적으로 주주제안을 회사가 임의로 수정 또는 변경하여 의안으로 하는 것은 허용되지 않으며, 또한 이 사건에서 K사가 사외이사 선임 안건에서 이사 수를 2명으로 제한하여야 할 사정이 없음도 분명하다. 그러나 그럼에도 불구하고 회사가 반드시 3석 이상의 이사를 선임하여야 하는 것은 주주제안의 구속력의 범위에 포함되지 않는다고 하여야 한다. 회사가 선임하여야 할 이사의 수가 주주제안에서 요구한 후보의 수에 구속되어야 할 어떤 근거도 없을 뿐만 아니라 오히려 그 반대이기 때문이다. 회사에서 선임하여야 할 이사의 수를 정하는 것이 먼저이고, 따라서 회사가 이번에는 이사를 1명만 선임하기로 한 결과 집중투표제의 취지가 사라지는 것도 허용된다고 보아야 한다. 이 문제는 회사가 3명을 선임하기로 하면서 이를 1명씩 별개의 안건으로 하는 경우와 구별하여야 한다. 이것은 집중투표제의 취지를 몰각시키는 것이므로(집중투표방식으로 이사를 선임할 때에는 일반적인 경우와 달리 선임하고자 하는 이사 전원에 관하여 하나의 결의만 있는 것으로 본다) 허용되지 않지만, 이 사건에서는 6명의 결원을 채우기 위해 4명의 감사위원을 제외하고 2명에 대해서 사외이사를 선임하겠다는 것이므로 별 문제가 없다. 만일 5명의 결원이 있고 그 결과 1명의 사외이사만을 선임하는 경우라도 허용된다고 할 것이다.

결국 핵심적인 문제는 K사가 주주총회의 안건을 분리하여, 결과적으로 집중투표제방식에 의한 주주의 이사선임청구권을 침해하였는지 하는 점이다. 이 사건에서 신청인은 먼저 9명의 사외이사 후보 중에서 6명을 집중투표제로 선출하고, 그에 따라 사외이사로 선임된 자들 중 3% 이상 주주의 의결권 제한 규정을 적용하여 따로 감사위원회 위원으로 선임하는 방식, 즉 앞에서 설명한 두 번째 방식이 적법한 방식이라고 주장하였다. 앞서 살펴본 바와 같이, K사가 채택한 첫 번째 방법이 집중투표제의 취지를 형해화한다는 점에서는 정확한 주장이라고 하겠다. 그러나 증권거래법에서 의결권 제한을 하고 있는 것은 대주주가 감사위원을 마음대로 선임하지 못하게 하겠다는 취지로서, 감사위원을 주주총회에서 직접 선임하는 경우에만 그 취지가 살아날 수 있다. 따라서 의결권 제한이라는 점을 중시해서 본다면 증권거래법은 감사위원을 따로 주주총회에서 선임하는 것을 허용하고 있다고 해석할 수도 있다. 결국 법률이 스스로 모순을 야기하여 불확실성이 발생한 상태에서, 기업이 여러 가능한 대안 가운데 한 가지를 택했다고 해서 그것을 위법이라고 볼 수는 없을 것이다. 따라서 이러한 이유만으로는 이사선임에 관한 주주총회가 취소될 수 없다고 보는 것이 타당하고, 그렇다면 대상판결이 피보전권리를 부인한 것에 수긍이 간다.

다만 이 사건에서 분명하게 드러나지 않은 두 가지 쟁점이 있다. 하나는 감사위원을 선임하는 의안에서 그 후보에 K사가 추천하는 4명과 함께 A가 추천하는 3명도 포함되었어야 하는 것이 아닌가 하는 의문이다. A로서는 감사위원의 선임을 분리한다는 것을 생각하지 않았기 때문에 다른 자격에 문제가 없는 한, "3명을 사외이사의 후보로 하라"라는 A의 주주제안은 당연히 그 이후에 "3명이 감사위원이 되는 사외이사의 후보로 하라"라는 의사까지 포함되는 것으로 해석하여야 하는 것이 아닐까? 만일 A가 추천하는 3명도 함께 감사위원 후보가 되었다면, 이 사건에서 쟁점은 유일하게 의안을 분리하였다는 것만 남을 것이다. 그런데 이 사건에서는 의안을 분리하였다는 것과 별개로 A가 추천한 3명을 감사위원 후보에서 배제하였다는 문제도 있다. 결국 주주제안의 해석을 회사가 자의적으로 한 것인데, 그것이 과연 주주총회를 취소시킬 만큼의 하자가 될 수 있는지 문제가 된다.

그러나 감사위원인 사외이사의 선임은 증권거래법상 단순한 사외이사와는 다른 요건에 의하여 선임되는 것임을 중시한다면, 단순한 사외이사의 선임은 '감사위원인 사외이사의 선임'과는 다른 주주제안으로 볼 여지가 크다고 하겠다. 물론 감사위원의 요건을 충족하는 자를 두고도 단순히 '사외이사의 후보'라고만 주주제안을 할 수도 있겠으나, 이 경우 역시 제도적으로는 별개인 이상 회사가 이를 감사위원이 되는 사외이사의 후보로 해석하지 않았다고 해서 주주총회를 취소시킬 정도의 하자가 있다고는 생각하기 어렵다. 따라서 이 문제도 가처분의 근거로 삼기에는 부족하다고 볼 수밖에 없다. 주주제안에서는 이러한 제도적 환경을 잘 이해하고 적절한 제안을 하는 수밖에 없을 것이다.

2. 경영권 방어수단으로서의 성격

판결에서 분명하게 검토하지 못한 다른 한 가지 쟁점은 K사가 과거에는 두 번째 방법을 사용하다가 이번에 의안을 분리하는 첫 번째 방법을 사용하는 것에 특별한 의도가 있다는 점이다. 통상 그 절차가 적법하다면 그 이면의 의도는 크게 문제되지 않는 것이지만, 이 경우에는 그 의도가 '경영권을 방어하기 위한 목적'이라는 점이 중요하다. 다시 말해 이사의 주의의무 또는 충실의무에 반하는 목적을 위해 이러한 절차를 택한 것이라고 볼 여지가 있는 것이다.

이 사건을 보면, 사실 A가 집중투표제를 통하여 자신이 추천하는 자를 사외이사로 선임하고자 하는 상황에서 K사의 행위는 이러한 시도를 봉쇄하기 위한 편법으로 사용된 것임이 너무나 명백하다. 아니면 그러한 사실관계는 명백하다고 가정해도 논의에는 큰 지장이 없다. 이러한 경우 K사의 의도는 순전히 집중투표제의 취지를 형해화시키고자 하는 것이기 때문에, 그러한 의도로 인하여 주주총회 결의 자체가 무효가 될 여지는 없는가? 다시 말해 이사회의 결정이 그 수권의 범위를 넘어 위법한 경우에 행위 자체는 유효하여 사법상 효력이 발생되지만 다만 회사에 손해가 발생한다면 이사에게 책임을 물을 수 있는 사유에 불과한가, 아니면 행위 자체의 사법상 효력도 부인되어야 하는가 하는 문제이다. 이러한 쟁점은 물론 이사의 충실의무 위반행위 일반으로 확대하여 논의를 진행할 수도 있을 것이다. 다만 흥미롭게도 이 사건에서는 그 의도가 매우 분명해 보임에도 불구하고 이러한 점은 쟁점으로 부각되지 않았다.

사실 이러한 예가 과거에도 있었다. 이 사건에 꼭 들어맞는 것은 아니지만, 과거 한화종금사건에서는 전환사채의 제3자 배정을 통한 경영권 보호 시도에 관하여, "전환사채의 발행이 경영권분쟁 상황하에서… 경영권을 방어하기 위하여…기존 주주를 완전히 배제한 채 제3자인 우호세력에게 집중적으로 신주를 배정하기 위한 하나의 방편으로 채택된 것이라면, 이는 전환사채제도를 남용하여 전환사채라는 형식으로 사실상 신주를 발행한 것으로 보아야 하며, 그렇다면 그러한 전환사채의 발행은 주주의 신주인수권을 실질적으로 침해한 위법이 있어 신주 발행을 그와 같은 방식으로 행한 경우와 마찬가지로 무효로 보아야 한다"[4]라고 판시하였다. 물론 한화종금사건은 '경영권을 방어하기 위한 목적이 있었다면' 그 사채 발행행위가 무효라는 식으로 판단하여, 아예 이사회는 경영권 방어를 할 수 없다는 식으로 판결한 점에서 잘못이 있다고 하겠다. 그러나 그 의도가 무엇인지, 그리고 그것이 이사회에 주어진 권한을 벗어나는 것인지 여부에 따라 행위의 사법상 효력에도 영향을 줄 수 있다는 식으로 판결한 것은 참조할 부분이 있다고 본다.[5]

---

4) 서울고등법원 1997. 5. 13. 선고 97라36 판결.

5) 이와 비슷하게 최근 문제가 된 삼성전자 전환사채 판결에서는 그 방론으로서, "전환사채 발행유지청구권은 위법한 발행에 대한 사전 구제수단임에 반하여 전환사채 발행 무효의 소는 사후에 이를 무효로 함으로써 거래의 안전과 법적 안정성을 해칠 위험이 큰 점을 고려할 때, 그 무효 원인은 가급적 엄격하게 해석하여야 하고, 따라서… 전환사채와 관련된 거래의 안전, 주주, 기타 이해관계인의 이익을 고려하더라도 도저히 묵과할 수 없는 정도라고 평가되는 경우에 한하여 전환사채의 발행 또는 그 전환권의 행사에 의한 주식의 발행을 무효로 할 수 있을 것이며, 그 무효 원인을 원심이 판시한 바와 같이 회사의 경영권 분쟁이 현재 계속 중이거나 임박해 있는 등 오직 지배권의 변경을 초래하거나 이를 저지할 목적으로 전환사채를 발행하였음이 객관적으로 명백한 경우에 한정할 것은 아니다"라고 판시하고 있다. 대법원 2004. 6. 25. 선고 2000다37326 판결 참조.

사실 이와 관련된 쟁점과 이론은 너무 복잡해서 여기서 자세하게 다루기에는 적합하지 않다. 따라서 이 글에서는 단순히 쟁점만을 지적하기로 한다. 먼저 선결 문제로서 특정한 행위가 경영권 방어의 목적으로 행하여진 경우, 그 상황이 경영권 방어를 할 수 있는 상황인지 그리고 그러한 방어수단의 효과가 지나치지는 않은지 등의 관점에서 경영권 방어의 합리성 내지 적법성 여부를 판단하여야 한다. 아마도 여기서 판단의 기준은 그 방어행위가 주주의 이익에 부합하는 것인지 아니면 경영진의 이익을 추구하기 위한 것인지 여부가 될 것이다. 경영권 방어가 지나칠 수도 있고, 아니면 한계를 넘지 않는 적법한 것일 수도 있다. 그 다음에는 다음과 같이 두 경우를 구분하여 생각할 필요가 있다.

하나는 경영권 방어를 위해 경영진이 법에서 인정되지 않는 방식을 이용하는 경우이다. 다시 말해 그 목적과는 상관없이 일단 행위 자체가 법에서 인정되지 않는 경우를 말한다. 여기서 문제는 경영권 방어가 주주의 이익을 위하여 적절하였을 경우이다. 설사 경영권 방어의 목적은 합리적이라고 인정되더라도 행위 자체가 법령에 위반되는 행위이기 때문에 그 행위는 무효로 될 가능성이 높다. 그러나 이 경우 이러한 의사결정을 한 이사가 책임을 질 것인지 여부는 한번 생각해 볼 문제이다. 상법 제399조 제1항에서는 물론 '법령'에 위반한 경우에는 당연히 이사의 책임이 발생하는 것으로 규정하고 있어서 해석론상으로는 당연히 이사가 책임지는 것으로 되겠지만, 만일 경영권 방어가 주주에게 이익이 되었다면 구체적으로 회사에 어떤 손해가 발생하였는지 의문이다. 이 문제는 결국 '법령에 위반하여 주주의 이익을 도모할 경우' 이사는 어떠한 책임을 지는지에 관한 일반적인 문제의 한 사례로 생각해 볼 수 있을 것이다.

하지만 더 흥미로운 경우는 바로 이 사건과 같이 경영권 방어를 위해 법에서 허용하는 방식을 이용한 경우이다. 이때에는 위와 반대로 이사의 경영권 방어행위가 충실의무의 한계를 넘어서 이루어진 경우가 문제일 것이다. 예를 들어 상법 제418조 제2항 단서가 없었던 과거에는 단순히 정관에 제3자 배정에 관한 근거규정을 두는 것만으로 신주를 제3자에게 배정할 수 있었는데, 따라서 정관에 근거규정이 있었다면 그 목적이 무엇인가에 상관없이 제3자 배정은 원칙적으로 유효하다고 볼 수도 있다. 그런데 여기서 만일 경영권 방어행위가 그 한계를 넘어서 이사의 충실의무에 위반되는 경우라면 그 제3자 배정은 유효한가 하는 물음이 가능하다. 신주 발행은 원칙적으로 유효하고 다만 이사의 손해배상 책임이 발생할 뿐이라고 해석할 수도 있고, 아예 신주 발행 자체가 무효가 된다는 해석도 가능하다. 앞서 살펴본 한화종금사건에서는 선결 문제를 생각지 않고 처음부터 행위 자체가 무효라고 판단하였으나, 무리하게 조금 더 나아가 이 판결을 '경영권 방어가 이사의 충실의무에 위반되는 경우에는'이라는 조건을 붙여 신주 발행이 무효가 된다는 입장을 취하는 것으로 확대하여 평가할 수도 있을 것이다.

최근 서울서부지방법원 2006. 3. 24.자 2006카합393 결정에서도 경영권 방어를 위하여 자기 주식을 제3자에게 재발행한 사안이 문제가 되었다. 이 사건에서도 사실 가장 중요한 문제는 경영권 방어를 위하여 적법한 수단을 이용하는 경우, 그 행위가 '경영권 방어수단이라는 이유로' 사법적 효력이 부인될 수 있는가 하는 점이었다. 그러나 이 사건에서는 아예 제3자에게 재발행하는 것 자체가 법에서 인정하지 않는 방식이라는 새로운 해석론을 제기하면서 그 행위의 위법을 선언하였다. 역시 핵심적인 쟁점은 다루어지지 않은 것이다. 실제로 아직 우리나라의 논의는 선결문제, 즉 언제 경영권 방어가 충실의무에 위반되는지에 관한 미국에서의 논의를 이해하는 정도에 국한되어 있어 이 문제에 대해서는 별다른 논의가 없는 실정이다. 향후 본격적인 논의가 필요하다고 본다.[6] 이러한 논의는 더 나아가 '충실의무에 위반한 행위의 사법상 효력'이라는 일반적인 주제로 전환될 수 있을 것이다.[7]

IV. 결어

최근 경영권 방어에 관한 논의가 활발하지만, 대부분 정책적 또는 입법론적 논의에 국한되는 경우가 많고, 또 대부분 미국 혹은 일본의 회사법 교과서에 소개되어 있는 내용을 그대로 가져오곤 하는 한계가 있다. 그러나 어떤 제도의 도입을 논하기에 앞서, 실제로 경영권 방어의 국면은 회사법이 직면하는 여러 상황 가운데 가장 큰 이해관계가 걸려 있는 경우가 많고, 따라서 구체적인 상황에 적용되어야 할 법리가 공정하고 명확하게 정립되어 있을 필요가 있다. 따라서 현행법의 해석론도 함께 발전할 필요성이 매우 크다고 하겠다. 그러한 점에서 현재 실제로 일어나고 있는 경영권 분쟁에 관한 사례는 학술적으로는 매우 좋은 교재라고 평가할 수도 있을 것이다.

---

6) 이 사건과 서울서부지방법원 2006. 3. 24.자 2006카합393 결정의 핵심적인 쟁점은 적법한 수단을 이용하여 경영권 방어를 한 경우 그 행위의 효력이 '경영권 방어를 위해서 이루어졌다는 이유로' 부인될 수 있는가 하는 점이었으나, 모두 그 쟁점은 다루지 않았다는 점에 특징이 있다. 이 쟁점에 관해서는 필자도 현재 자세한 논문을 계획하고 있음을 밝혀 둔다.

7) 현재 교과서에서는 이사의 자기거래 등과 관련하여 그 행위의 사법상 효력이 다투어지고 있다. 이를 포함하여 보다 체계적으로 충실의무 위반행위에 관한 일반적인 논의가 이루어져야 할 것이다.

이 사건은 단순히 감사위원의 선임절차를 분리하는 것은 법에서 허용하고 있다는 취지로 판시하여, 다음 쟁점으로 넘어가기 전에서 판단을 멈춘 아쉬움이 있다. 당사자가 이를 주장하지 않았는지 아니면 법원이 이를 판단하지 않았는지는 결정문에 분명하게 드러나지 않아서 확실하게 알 수는 없지만, 신청인 측에서 감사선임을 분리하는 것이 상법이나 증권거래법에 위반된다는 주장만 할 것이 아니라 설사 법령에 부합하더라도 위법일 수 있다는 점을 보다 강력하게 주장하였으면 어떤 결과가 나왔을까 궁금하기도 하다. 그러나 어차피 그 법리가 정립되어 있지 못한 상황이기 때문에, 아마도 담당 재판부의 입장에서는 설사 그 쟁점이 부각되었더라도 그것을 이유로 주주총회 결의를 무효로 할 수는 없었을 것이다. 특히 이 사건이 가처분사건임을 고려한다면 더욱 그러하다. 이 사건을 계기로 경영권 방어에 관한 정교한 법리가 확립되어 갈 수 있기를 기대한다.

제7장 포이즌필의 도입 가능성 : 일본에서의 논의를 중심으로

송옥렬*

I. 서설

최근 적대적 기업인수에 관한 논의가 많은 관심을 끌고 있다. 여러 쟁점이 있겠으나, 현재 가장 법제도가 불확실한 부분이 바로 경영권 방어수단에 관한 것이다. 경영권 방어가 어느 정도까지 허용되어야 하는지도 법적으로 확실하지 않을 뿐만 아니라 경영권 방어에 나서는 경우에도 특히 우리나라 상법이나 증권거래법의 경직성으로 인하여 마땅히 채택할 만한 수단이 없다는 문제도 있다. 이 글은 이러한 문제의식하에 미국 회사법에서 가장 중요한 경영권 방어수단으로 인정되고 있는 포이즌필(poison pill)을 우리나라에 도입할 수 있는지, 그 경우 야기되는 다른 법 원칙과의 충돌은 어떻게 해결할 수 있는지 생각해

* 서울대학교 법학전문대학원 교수

보고자 한다.

물론 본격적으로 포이즌필에 관해 살펴보기 위해서는 사전적인 연구가 필요하다. 먼저 도대체 경영권 방어를 허용할 이유가 있는가, 만일 필요하다면 어느 정도 필요한 것인가 등에 관한 입장이 정리되어야 할 것이다. 물론 이러한 연구에서는 재벌이라는 우리나라의 독특한 소유구조를 염두에 두어야 할 것이다. 미국에서 개발된 많은 이론이 우리나라의 재벌식 소유구조를 배경으로 하면 다르게 이해될 수도 있기 때문이다. 이러한 논의에서 경영권 방어가 일정 수준 필요하다면, 그 다음으로 현행법상 제도로 충분한지 알아보고 그 다음에야 포이즌필은 왜 바람직하고, 왜 그것을 도입하여야 하는지에 관한 논의가 가능할 수 있겠다. 따라서 글의 완결성을 생각하면 정책적 논의부터 시작하는 것이 순서이겠으나, 하나의 글에서 그것을 모두 다루기는 힘들다는 현실적 제약이 있다. 다소 순서가 바뀐 느낌이 있으나, 정책적 논의는 다른 논문으로 미루고 여기에서는 포이즌필의 순기능을 전제로 하여, 실제로 포이즌필을 도입함에 있어서 현행법상 어떤 문제가 생기는지 하는 문제만을 다룬다. 다만 논의의 전제로서 포이즌필이 경영권 방어수단으로서 갖추어야 하는 필수요건에 관해서는 바로 이어서 살펴보기로 한다.

기존의 법제도와의 조화라는 측면에서 본다면, 특히 일본에서의 포이즌필에 관한 논의에 유념할 필요가 있다. 일본에서는 최근 신주예약권—다른 증권과 분리 가능한 워런트를 의미한다—을 이용한 포이즌필에 관한 논의가 활발하고, 실제로 적지 않은 공개회사에서 포이즌필을 발행하고 있다고 한다. 물론 일본이 최근 주식 관련 제도를 파격적으로 자유화하고 있어 우리나라와 상황이 크게 다르기는 하지만, 아직 회사법상의 기본적인 법리는 많은 부분에서 우리나라와 비슷하게 유지되고 있다. 일본에서는 포이즌필을 발행하면서도 이러한 회사법상의 기본원칙과 충돌되는 문제를 어떻게 해결할 수 있을지에 관한 많은 논의가 있었고, 따라서 이러한 논의를 이해하는 것은 우리나라에서도 포이즌필의 향후 운용에 매우 의미 있는 시사점을 제공한다고 하겠다. 이후 본론에서 일본에서의 포이즌필의 운용에 관한 내용을 주로 살펴보는 것도 이러한 이유에 근거한다.

II. 경영권 방어수단으로서의 포이즌필

1. 포이즌필의 방어메커니즘

포이즌필이란 여러 형태가 있을 수 있으나, 일반적으로 대상회사의 경영진이 주주들에게 대상회사의 신주 또는 이후 합병하는 회사의 신주를 매입할 수 있는 내용의 콜옵션을 지급하는 것을 말한다. 미국에서는 공식적으로는 'shareholder rights plan'이라는 용어를 사용하며, 일반적으로 이러한 내용의 콜옵션을 주주에게 배당하는 형태를 취한다. 포이즌필은 원칙적으로 주식과 분리하여 거래되거나 이전될 수 없으며, 일정한 사건이 발생하지 않는 한 콜옵션을 행사하는 것도 금지된다. 오직 증권상 정해진 사건, 다시 말해 발행회사가 적대적 인수의 대상이 되는 경우에만 주식과 분리하여 거래될 수 있고 콜옵션의 행사도 가능하다. 이렇게 포이즌필, 즉 콜옵션을 작동시키는 사건을 흔히 'triggering event'라고 부르는데, 통상 대상회사가 합병되거나 인수를 시도하는 회사가 대상회사의 일정 지분 이상 취득하는 경우 등이 열거된다. 포이즌필의 존속 기간은 보통 10년 또는 20년 정도로 정해져 있다.

포이즌필이 경영권 방어에 도움이 되는 이유는, 쉽게 말해서 인수회사가 대상회사의 지배권을 취득하면 인수회사 또는 대상회사의 의결권이 엄청난 규모로 희석되기 때문이다. 예를 들어 현재 보통주 100만 주를 발행하고 있는 회사를 생각해 보자. 인수회사가 이 회사의 보통주 25만 주에 대하여 공개매수를 선언한 경우, 대상회사의 이사회는 이에 대항하여 대상회사의 보통주 2주씩 매입할 수 있는 콜옵션, 즉 플립인(flip-in)형태의 포이즌필을 발행하였다고 하자. 인수회사가 예정대로 25만 주를 취득하는 순간 콜옵션이 행사되면 어떠한 결과가 되는가? 결과만 요약하면, 인수회사가 보유하는 25만 주의 주식을 제외한 나머지 75만 주의 주식이 콜옵션을 행사할 수 있고, 그 결과 1주당 2주씩 신주가 발행된다. 따라서 추가적으로 150만 주의 주식이 늘어나기 때문에, 결과적으로 인수회사의 지분은 당초 목적한 25%가 아니라 전체 250만 주 중에서 25만 주, 즉 10%로 줄어들게 되는 것이다. 대부분의 경우 콜옵션의 행사가격은 주식의 실제가치에 미치지 못하기 때문에, 인수회사로서는 의결권 희석화로 인한 불이익뿐만 아니라 자산가치의 희석화 문제까지 함께 겪게 된다.

이와는 달리 플립오버(flip-over)형태의 포이즌필은 합병에 이를 경우 '인수회사'의 주주지분을 희석화시킴으로써 간접적으로 경영권을 방어할 수 있게 된다. 이를 정확히 이해하기 위해서는 최초로 나타난 포이즌필을 살펴보는 것이 도움이 된다. 일반적으로 포이즌필은 1983년에 최초로 레녹스(Lenox)사가 브라운포맨 디스틸러스(Brown-Forman Distillers)사의 적대적 기업인수 시도에 대항하기 위해 발행했다고 알려져 있는데, 이 당시 개발된 포이즌필이 이른바 플립오버형태였다. 당시 적대적 기업인수의 위협에 직면한 레녹스사는 모든 보통주주에게 전환우선주(nonvoting convertible preferred stock)를 배당하였는데, 1우선주는 40주의 보통주로 전환이 가능한 형태였다.[1] 그런데 만일 브라운포맨사가 레녹스사를 합병하여 레녹스사가 소멸되면 위 우선주가 전환될 보통주가 없어지는 결과가 된다. 일반적으로 전환사채나 전환우선주와 같은 전환증권에는 증권 발행시의 가치를 유지하기 위하여 일정한 사유가 생긴 경우, 전환비율을 조정하는 규정(anti-dilution provision)들이 들어가 있는데, 이러한 맥락에서 위 전환우선주에서는 만일 레녹스사가 합병되어 사라지는 사건이 발생하면 전환우선주의 보유자는 레녹스사의 주식에 대하여 그 대가로 지급된 증권, 다시 말해 인수회사인 브라운포맨사의 보통주로 전환할 수 있다고 규정하고 있었다. 물론 레녹스사의 이러한 약정은 합병에 의하여 인수회사가 포괄적으로 승계하므로 인수회사는 레녹스 주주의 전환청구를 거절할 수 없다. 이를 플립오버형태의 포이즌필이라고 하고, 결과적으로는 인수회사의 지배주주의 지분이 희석화되는 결과가 된다. 당시 브라운포맨사는 지배주주가 62%의 지분을 보유하고 있었기 때문에, 이렇게 포이즌필이 행사되면 지배주주가 브라운포맨사의 지배권까지 상실할 수 있다. 이러한 위험을 감수하면서까지 레녹스사를 인수할 수는 없는 것이다.

2. 경영권 방어를 위한 포이즌필의 특성

이렇게 합병단계까지 가는가 아니면 단순히 지분 취득에 그치는가

1) 당시 Lenox사의 이사회는 우선주의 내용을 마음대로 정할 수 있는 권한을 부여받고 있었다. 미국에서는 이처럼 우선주의 내용을 이사회가 쉽게 정할 수 있도록 하는 경우가 많은데, 이러한 우선주를 'blank check preferred stock'이라고 부른다. 자세한 것은, Robert W. Hamiliton & Richard Booth, Corporation Finance : Cases and Materials (3rd, 2001), 396면.

에 따라 포이즌필이 작동되는 방식이 다르기는 하나, 근본적으로 주주지분의 희석화에 근거한다는 점에는 차이가 없다. 이처럼 포이즌필이 작동하기 위해서는 다음과 같은 네 가지 특징을 지니는 것이 보통이다.

(1) 먼저 포이즌필의 발행에 관한 사항이 경영진의 권한이어야 한다. 다시 말해 주주총회의 의결을 요하지 않아야 한다. 주주총회를 소집하여야 한다면 시간이 많이 소요될 뿐만 아니라 처음부터 주주가 모든 의사 결정을 하기 때문이다. 이러한 이유에서 미국의 포이즌필은 전적으로 경영진의 일상적인 회사경영권한으로만 구성된다. 예를 들어 미국에서는 경영진이 배당 결정을 자유롭게 할 수 있으며, 자회사 주식 등의 '증권'과 같은 현물을 배당하는 것도 가능하고, 나아가 발행되는 증권의 내용을 결정하는 것도 경영진에게 위임되어 있다. 경영진은 이러한 권한을 바탕으로 하여 주주의 간섭 없이 언제든지 바로 포이즌필을 발행할 수 있다. 특히 시간적으로 보더라도 독약증권의 발행에 주주총회 절차를 요하지 않기 때문에 그 발행에는 사실상 반나절도 필요하지 않다. 포이즌필의 내용도 거의 정형화되어 있기 때문에 사실상 추가적 문서작업이 거의 필요 없다.

(2) 포이즌필은 주식과 분리하여 양도되어서는 안 된다. 그 이유는 크게 두 가지인데, 하나는 주식과 분리하여 양도될 수 있다면 인수회사가 주식을 취득하기 전에 발행된 포이즌필만 모두 매수하여 충분히 포이즌필을 무력화시킬 수 있다는 것이다. 그리고 다른 한 가지 이유는 인수회사가 아닌 일반 주주의 이익 보호와 관련된다. 주식과 분리하여 포이즌필이 양도된다면, 포이즌필의 행사로 인하여 시가보다 낮

은 가격으로 엄청난 신주를 인수하는 경우 인수회사뿐만 아니라 포이즌필을 가지고 있지 않은 주주까지 자신의 주식가치가 하락하게 됨을 피할 수 없다. 포이즌필의 행사로 인하여 포이즌필이 없는 일반 주주로부터 포이즌필을 행사한 자에게 부가 이전되는 것이다. 이러한 문제를 피하기 위해서는 포이즌필이 행사될 수 있기 전에는 주식과 분리해서 양도할 수 없도록 하여야 한다. 미국의 표준적인 포이즌필에는 이러한 내용이 당연히 포함되어 있다.

(3) 포이즌필이 기능하기 위한 가장 중요한 요소는 주주를 차별대우할 수 있어야 한다는 점이다. 여기서 주주의 차별이란, 인수회사와 인수회사가 아닌 주주와의 차별을 의미한다. 만일 인수회사도 포이즌필을 보유하고 있고 동일하게 행사할 수 있다면, 포이즌필의 행사로 인하여 전체 주식 수만 늘어날 뿐 인수회사의 지분비율에는 전혀 차이가 없게 된다. 예를 들어 미국에서는 일반적으로 포이즌필을 주주에게 배당의 방식으로 교부하기 때문에 특정 주주에게만 포이즌필을 교부할 수 없다. 즉 원칙적으로는 인수회사도 포이즌필을 배당받는다. 이러한 상황에서 인수회사의 행사를 배제하기 위해서는 일반적으로 "포이즌필을 작동시킨 원인을 제공한 주주는 그 포이즌필을 행사할 수 없다"라는 내용의 조항을 포함시킨다.

(4) 마지막으로 포이즌필의 상환 또는 재매입조항이 필요하다. 이 조항이 왜 필요한지는 한번 생각해 볼 필요가 있다. 앞서 포이즌필은 주식과 분리하여 양도되지 않아야 한다는 점을 설명하였다. 그렇다면 인수회사로서는 전부 또는 대부분의 주주로부터 주식을 매수하면, 결국 행사 가능한 포이즌필도 없어지는 결과가 되므로 포이즌필의 위협

으로부터 자유로울 수 있지 않을까? 만일 그렇다면 인수회사로서는 주주들만 설득하면 되고, 이것은 일반적 적대적 기업인수 상황과 별로 다르지 않다. 그리고 포이즌필의 상환도 필요하지 않다. 그러나 실제 상황은 그렇지 않다. 포이즌필이 주식과 분리하여 양도되지 않는 것은 포이즌필이 작동되기 전에만 해당되는 설명이다. 포이즌필이 작동되는 순간부터는 옵션의 행사가 가능해지기 때문에 주식과 분리하여 그 옵션만의 양도도 허용되는 것이 보통이다. 그 결과 설사 대상회사의 주주들이 모두 인수에 찬성하여 주식을 인수회사에 매각하더라도 포이즌필이 작동된 이후에는 포이즌필까지 붙여서 매각하여야 할 필요가 없다. 그 결과 인수회사로서는 주식을 아무리 매집하더라도 여전히 유통되는 포이즌필이 행사될 가능성을 염두에 둘 수밖에 없으며, 이러한 염려를 없애는 방법은 포이즌필을 상환 또는 재매입하는 방법이 거의 유일하다. 포이즌필은 이러한 맥락에서 포이즌필을 발행한 대상회사의 경영진에게 콜옵션을 거의 형식적인 가격, 예를 들어 권리당 1센트 정도의 가격에 언제라도 재매입할 수 있도록 하고 있다. 그리고 이러한 포이즌필의 상환은 주주의 동의를 요하지 않는다. 이처럼 포이즌필을 없앨 수 있는 경우는 대상회사의 경영진이 포이즌필을 상환하여 소각하는 경우뿐이기 때문에, 결국 대상회사를 인수하기 위해서는 경영진과 협상하는 방법밖에 없는 것이다.

3. 포이즌필에 대한 평가

이러한 포이즌필은 바람직한 방어수단인가? 바람직한 방어수단이란 어떤 것인지에 대하여는 많은 견해가 있을 수 있으나, 포이즌필은 일반적으로 '쉽고, 싸고, 효율적인' 방어수단이라는 점에서 개별 기업의 입장에서뿐만 아니라 사회적 측면에서도 바람직한 방법으로 판단된다. 그 내용을 보다 자세하게 설명하면 다음과 같다.

(1) 포이즌필은 경영진의 입장에서 매우 매력적인 방어수단이다. 이용하기 매우 쉽기 때문이다. 앞서 설명하였듯이 미국에서 포이즌필은 경영진의 권한에만 근거하고 있다. 그 결과 언제든지 주주총회를 거칠 필요 없이 포이즌필을 쉽게 발행할 수 있다. 공개매수 기간을 고려하면, 적대적 인수의 가능성이 있다고 하여 포이즌필을 미리 발행해 둘 필요조차 없다. 인수회사의 공개매수가 실제로 공표된 후 발행하더라도 결과에는 전혀 차이가 없기 때문이다. 그 결과 인수회사가 인수시도를 하고자 하면, 모든 대상회사는 잠재적으로 포이즌필을 이미 발행한 회사로 간주하고 시작하여야 한다. 이를 'shadow pill'이라고 부르기도 하는데,[2] 이처럼 포이즌필은 실제로 발행하지 않고서도 발행 가능성만으로 적대적 인수 시도를 좌절시킬 수 있는 매우 매력적인 방어수단이다.

(2) 그렇다면 사회적 관점에서도 바람직한 방어수단인가? 그렇다고 생각한다. 먼저 포이즌필은 사회적으로 '저렴한' 방어수단이다. 다시 말해 포이즌필의 존재로 인하여 기업의 다른 의사 결정이 왜곡될 가능성이 없다. 포이즌필은 기본적으로 일정한 사건의 발생을 전제로 하고 그후에만 행사 가능한 옵션이기 때문에, 인수회사의 인수 시도와 같은 예정된 일정한 사건이 발생하지 않는 한 존재하지 않는 것과

2) John C. Coates IV, Takeover Defenses in the Shadow of the Pill : A Critique of the Scientific Evidence, 79 Texas Law Review 217 (2000), 286-291.

마찬가지이다. 다시 말해 인수 시도가 실제로 일어나지 않으면 자본 구조나 지배권 등에 아무런 영향을 미치지 않는다는 것이다. 이러한 특징은 예를 들어 신주의 제3자 배정을 통한 경영권 방어나 계열사의 지분을 이용한 경영권 방어와 비교하여 사회적으로 바람직하다고 볼 수 있다. 왜냐하면 이러한 우호적 지분을 이용한 방어수단은 모두 불필요하게 자본을 조달하는 등의 사회적 비용을 초래하기 때문이다. 자기주식 취득 역시 불필요하게 자본을 환급한다는 점에서 사회적 비효율이 초래된다고 하겠다. 그 결과 신주의 제3자 배정이나 자기주식 취득은, 만일 실제 아무런 인수 시도가 없었다면 사회적으로 낭비에 불과하다. 포이즌필은 오직 적대적 기업인수에 대한 효과만을 가지기 때문에 사회적으로 저렴한 수단이라고 할 수 있다.

(3) 포이즌필이 사회적으로 바람직한 매우 중요한 이유는, 현재의 경영진이 비효율적임에도 불구하고 단순히 자신의 지위를 유지하고자 하는 의도에서 포이즌필을 발행한다면 이를 다른 주주들이 집단적 의사 결정을 통하여 막을 수 있기 때문이다. 따라서 포이즌필은 '효율적' 이라고 말할 수 있다. 예를 들어 미국 델라웨어주 법원에서는 포이즌필이 이사의 충실의무에 위배되지 않는다는 결론을 내린 바 있는데,[3] 그 핵심적인 이유는 포이즌필이 존재하더라도 인수회사는 위임장 권유를 통하여 대상회사의 이사회를 교체할 수 있고 그 다음 포이

3) Moran v. Household International, Inc., 500 A.2d 1346 (Del. 1985) ; Account v. Hilton Hotels, Corp., 780 A.2d 245 (Del. 2001). 적대적 기업인수 상황에서 경영진의 충실의무는 소위 Unocal기준에 의하여 판단한다. Unocal기준을 충족하기 위해서는 회사의 기본정책에 관한 위협이 있다는 합리적인 증거가 있어야 하고, 이에 대한 방어수단이 그 위협에 비례하여야 하는데, 위협에 대한 합리적 증거가 있다는 전제하에서 포이즌필은 두 번째 요건을 충족하는 방어수단이라는 판결이다.

즌필을 상환하고 대상회사의 지배권을 취득할 수 있으므로, 독약증권의 채택만으로 적대적 기업인수의 가능성이 완전히 박탈되는 것은 아니라는 것이다. 즉 경영진이 너무 무능해서 주주도 경영진의 교체를 바라고 있을 정도라면, 경영진이 포이즌필을 사용하더라도 주주는 위임장을 인수회사에 부여함으로써 현 경영진을 퇴출시킬 수 있다는 것이다.

포이즌필의 이러한 효율성은 사회적으로 바람직할 수 있으나, 경영진의 입장에서는 여전히 퇴출될 가능성이 존재한다는 점에서 매우 불만족스러운 부분이며, 따라서 1990년대 미국에서는 보다 완벽한 방어수단을 제공하기 위하여 특이한 포이즌필이 개발되기도 하였다. 예를 들어 dead hand pill의 경우에는 포이즌필이 발행된 다음 새롭게 선출된 이사회는 독약증권을 상환할 수 없다는 조건을 삽입한 것인데, 그렇게 되면 위임장경쟁에 의하여 교체된 이사회는 포이즌필을 없앨 수 없다. 또 no hand pill이라는 형태도 나타났는데, 이것은 이사회가 교체된 후 예를 들어 6개월 또는 1년 동안은 독약증권을 재매입할 수 없다는 조항을 삽입하는 것이다. 이러한 시도는 모두 경영진의 효율성과 관계없이 포이즌필을 사용하고자 하는 동기에서 출발한 것인데, 델라웨어주 법원은 이러한 조항은 이사에게 주어진 권한을 넘는 것으로 판단하여 모두 무효라고 선언하고 있다.[4] 비효율적인 경영진까지 이

4) Carmody v. Toll Brothers, Inc., 723 A.2d 1180 (Del. Ch. 1998) (dead hand pill) ; Mentor Graphics Corp. v. Quickturn Design System, Inc., 728 A.2d 25 (Del. Ch. 1998), aff'd on other grounds, 721 A.2d 1281 (Del. 1998)(no hand pill). 뉴욕주의 경우에도 델라웨어주와 비슷하게 무효라고 보고 있다. Bank of N. Y. Co., Inc. v. Irving Bank Corp., 528 N. Y. S.2d 482 (N. Y. Sup. Ct. 1988). 그러나 이러한 포이즌필을 유효하다고 인정하는 주들도 있다. 예를 들어 조지아주에서는 적법한 포이즌필로 인정된다. Invacare Corp. v. Healthdyne Technologies, Inc., 968 F. Supp.1578 (N. D. Ga. 1997).

용할 수는 없게 만드는 것이 포이즌필의 디자인에서 매우 중요한 역할을 하는 것이다.

III. 일본에서의 포이즌필

이렇게 포이즌필은 경영진의 입장에서도 매력적일 뿐만 아니라 사회적으로도 매우 바람직한 경제적 효과를 가져온다. 그러나 우리나라와 일본에서는 종래 '독립적 신주인수권', 즉 워런트를 주주에게 '배당'으로 교부할 수 없었기 때문에 미국에서와 같은 포이즌필은 불가능하다고 인식되어 왔다. 그런데 일본에서는 2001년 11월 상법을 개정하여 이러한 콜옵션을 다른 증권과 독립하여 발행할 수 있도록 허용하였는데, 이를 흔히 '신주예약권'이라고 부른다.[5] 최근 상법에서 분리된 회사법에서도 실질적 내용은 거의 그대로 유지하고 있다. 그 결과 배당에 의한 포이즌필의 발행은 여전히 불가능하지만, 미리 또는 적대적 기업인수에 즈음하여 증권 발행의 형태로 포이즌필을 발행해 두는 것은 가능해졌다. 그런데 위에서 살펴본 바와 같이, 포이즌필이 경영권 방어수단으로 기능하기 위해서는 네 가지 중요한 성질을 가져야 한다. 일본에서는 이러한 요소를 어떻게 달성하고 있는가? 결

---

5) 신주예약권은 영어의 warrant에 해당하는 개념이므로, preemptive right로 번역되는 우리나라의 신주인수권 개념과는 다른 것에 유의하라. 우리나라 상법에서는 신주인수권부 사채 등의 용례에서 보듯이 신주인수권의 개념을 잘못 혼용하고 있으나, 일본에서는 이 두 개념을 정확하게 구분하고 있다. 따라서 bond with warrant는 신주예약권부 사채로 부르면서도 여전히 주주가 제3자에 우선하여 신주를 배정받을 수 있는 권리는 신주인수권이라는 용어로 부르고 있다. 이러한 용례의 차이에 주의하도록 하자.

국 신주예약권의 성질로부터 도출될 수밖에 없을 테지만, 그 내용을 보다 자세히 살펴보도록 한다.

1. 신주예약권을 이용한 포이즌필의 발행

일본 상법상 신주예약권이란, 미리 정해진 가격에 정해진 행사 기간 내에 회사에 대하여 신주의 발행 또는 자기주식의 이전을 청구할 수 있는 권리를 말한다(일본 회사법 제2조 제21호. 이하 이 장에서는 다른 표시가 없는 이상 일본 회사법을 의미한다). 흔히 실무에서 말하는 워런트(naked warrant)와 동일한 개념이다. 신주예약권자가 권리를 행사하기 위해서는 신주예약권증권에서 정하고 있는 행사 가격을 납입하여야 하는데(제281조 제1항), 그 납입을 완료한 때에 당연히 주주가 되므로(제282조), 일반적으로 형성권으로 이해한다. 물론 일본에서도 이러한 권리는 새로운 것이 아니며, 이사나 사용인에게 스톡옵션의 형태로 또는 사채에 붙여서 발행하는 형태로 종래에도 인정되어 왔으나, 2001년 개정은 발행의 상대방에 대한 제한을 폐지하고, 또 사채에 붙여서 발행하여야 하는 제한도 철폐하는 의미를 가진다. 이후 신회사법에서는 아예 제3장으로 신주인수권에 관한 규정을 독립시킨다. 이러한 콜옵션을 발행할 수 있게 되었으므로 미국에서와 동일한 포이즌필이 가능해졌는가?

(1) 먼저 경영진의 권한에 근거해야 한다는 점부터 살펴보자. 신주예약권은 주주의 간섭 없이 발행할 수 있는가? 과거 상법하에서 신주예약권은 정관에서 주주총회의 의결 사항으로 규정하고 있지 않은 이상 원칙적으로 이사회의 결의로 발행할 수 있었다(일본 구상법 제280조

의19 제2항). 이처럼 주주의 이해관계에 중요한 영향을 미치는 사안임에도 주주총회의 간섭을 원칙적으로 배제하고 있는 것은 경영권 방어의 측면에서 눈여겨볼 대목이다. 신회사법에서는 발행권한에 관해 복잡한 규정을 두고 있는데, 먼저 공개회사가 아닌 회사의 경우에는 주주총회 특별결의를 원칙으로 하지만(제238조 제2항, 제309조 제2항 제6호), 신주예약권의 내용 · 수의 상한 · 납입금액의 하한 등은 주주총회 의결 이후 1년 이내에 발행하는 경우에 한하여 이사회에 위임할 수 있다(제239조, 제309조 제2항 제6호). 이에 반하여 공개회사의 경우에는 제3자에 대한 유리발행의 경우를 제외하고는 원칙적으로 이사회가 발행 사항을 결정할 수 있다(제240조 제1항). 행사 가격에 대한 규제도 없으며, 다만 공시의무만이 규정되어 있을 따름이다(제236조 제2호). 이처럼 신주예약권의 발행은 매우 자유로운데, 나아가 권리행사의 조건은 이사회가 발행결의에서 정하면 되고 특히 경영권 방어를 위하여, "갑 · 을 · 병 이외의 자가 발생주식총수의 몇 % 이상을 취득하는 경우에 행사할 수 있다"라는 식의 조건을 넣는 것도 가능한 것으로 이해되고 있다.[6] 따라서 경영진의 권한에 근거해야 한다는 문제는 일본에서도 특별한 장애는 되지 않는다고 하겠다.

(2) 포이즌필은 주식과 분리하여 양도되면 안 된다. 그런데 신주예약권이란 그 개념상 '주식과 분리하여' 양도될 수 있는 증권을 의미한다. 일본 상법상으로도 신주예약권은 원칙적으로 양도가 가능하기 때문에(제254조 제1항), 신주예약권을 이용하여 포이즌필을 발행하고자 하는 경우에는 많은 문제가 발생할 수 있다. 다만 이사회가 발행결의

---

6) 神田秀樹/武井一浩, 新しい株式制度, 2002, 214면.

에서 신주예약권의 양도를 제한할 수는 있으나(제236조 제6호, 제262조 내지 제266조), 이것만으로 '적대적 기업인수가 일어나는 순간의 주주들'이 신주예약권을 보유하도록 할 수 있는지는 확실하지 않다. 일본에서 많은 전문가가 신탁을 이용한 신주예약권의 발행을 대안으로 제시하는 것도 바로 이 문제가 중요한 요인이다. 신탁을 이용한 포이즌필은 다음에서 자세하게 설명한다.

(3) 일본에서 포이즌필의 내용에 주주를 차별하는 내용을 삽입할 수 있는가? 주주 평등의 원칙이 회사법상의 대원칙으로 받아들여지고 있음은 우리와 사정이 비슷하기 때문에, 이 문제는 포이즌필의 발행에 가장 커다란 걸림돌이 될 가능성이 높다. 법조문을 보더라도 신주예약권의 발행조건은 균등하여야 하는데(제238조 제5항), 대상이 되는 주식이 동일하다 하더라도 행사기간 · 행사가격 · 행사조건 등이 차이가 나면 옵션의 가격이 당연히 달라지는 것이기 때문에 이러한 모든 발행조건이 균등하여야 한다고 해석된다.[7] 결국 미리 우호적 제3자를 찾아 그에게 모든 신주예약권을 발행해 두는 수밖에는 방법이 없다. 다행히 일본에서는 주식과 마찬가지로 신주예약권도 이사회가 자유롭게 제3자에게 배정할 수 있으므로(제243조 제1항), 인수회사를 제외한 제3자에게 신주예약권을 배정할 수 있다.[8] 그러나 이러한 방식은 발행된 신주예약권이 어떠한 이유에서든 유통되기 시작하면 결국 인수회사가 그 신주예약권을 상당 부분 매집할 수 있는 가능성도 배제

7) 神田秀樹/武井一浩, 앞의 책, 210면.

8) 다만 주식의 양도가 제한되는 회사의 경우에는 주주 간 지분비율이 유지되도록 하기 위해서 원칙적으로 주주에게 지분비율대로 신주예약권을 배정하여야 하며, 이 경우 제3자에게 배정하려면 주주총회 특별결의를 거쳐야 한다(제243조 제1항 제1호). 따라서 주식의 양도가 제한되는 회사에서는 포이즌필로서의 효과를 기대하기 어렵다.

하지 못하며, 경영진으로서는 계속 신주예약권을 누가 보유하고 있는지 주의를 기울여야 한다. 만일 믿었던 제3자가 배신이라도 하는 날이면 모든 방어시도가 물거품으로 돌아갈 위험도 있다. 이러한 여러 이유로 일본의 전문가들은 역시 신탁을 이용하는 방안을 추천하고 있다.

(4) 이사의 교체를 통하여 포이즌필을 상환할 수 있는가? 우선 이사회가 신주예약권을 재매입하여 소각하는 것은 자유롭게 허용된다고 하겠으나, 시장에서 거래되는 신주예약권을 재매입한다는 것은 매도 상대방의 동의 및 일정한 매수자금이 필요하므로 쉬운 일이 아니다. 따라서 시장에서의 매입절차를 거치지 않고 이사회의 의결에 따른 강제소각절차가 필요한데, 과거 일본 상법에서 신주예약권은 당초 그 발행결의에서 소각 사유 및 소각 대가를 정해 놓은 경우에 한하여 강제소각이 가능하였다(일본 구상법 제280조의36 제1항 전단). 따라서 정해진 사유가 발생하면 이사회의 결의만으로 절차를 진행할 수 있다(일본 구상법 제280조의36 제1항 후단). 신회사법에서도 이러한 기본적인 틀은 그대로 유지된다. 다만 신회사법에서는 주식의 소각을 모두 자기주식을 취득한 다음 이를 소각하는 것으로 구성하고 있기 때문에, 신주인수권의 강제소각 역시 '신주인수권의 강제적 취득(제273조, 제274조)+자기신주예약권의 소각(제276조)'의 형태로 구성되고 있을 따름이다. 회사가 신주예약권을 강제적으로 취득하기 위해서는 신주예약권의 내용으로 그 취득 사유를 정할 것이 요구된다(제236조 제1항 제1호, 제238조 제1항). 이렇게 취득 사유가 정해진 신주인수권을 '취득조항부 신주인수권'이라고 한다(제273조 제1항). 따라서 문제는 포이즌필의 소각을 과연 처음 발행 당시에 소각 사유로 열거하겠는가 하는 점이다.

나아가 일정한 소각 대가를 미리 정하도록 되어 있지만, 이를 미국에서의 포이즌필과 같이 형식적인 수준, 예를 들어 0.1엔 등과 같이 정할 수 있는지는 아직 확실하지 않다.

2. 신주예약권 직접 발행의 한계

이처럼 신주예약권을 이용하여 포이즌필 비슷한 증권을 발행할 여지가 생겼다는 점에 대해서는 일본의 많은 학자가 동의하고 있다. 그러나 구체적으로 신주예약권을 직접 주주 일반 또는 제3자에게 발행하는 것이 포이즌필로서 기능할 수 있을지에 대해서는 회의적 시각이 다수라고 할 수 있다. 예를 들어 적대적 공개매수에 대비하여 또는 인수 시도가 있고 나서 대기 기간 중에 주주배정이나 제3자 배정을 통하여 '무상'으로 신주예약권을 우호적 세력에게 배정할 수 있을 것이고, 행사 가격을 시가보다 훨씬 낮은 가격으로 하면 미국의 포이즌필과 유사한 희석 효과를 가져올 수 있겠지만, 이러한 직접 발행은 현재 일본의 상법구조를 볼 때 당초의 목적을 달성하기 매우 힘들다는 것이다.

먼저 앞서 지적한 바와 같이 신주예약권은 쉽게 양도될 수 있다는 문제가 있다. 또한 인수회사는 신주예약권을 행사할 수 없도록 만드는 것도 쉽지 않다. 신주예약권의 내용을 주주 평등의 원칙에 위배되도록 구성하는 것이 미국과 달리 매우 어렵기 때문이다. 아예 신주예약권을 제3자 배정의 방식으로 발행하여 인수회사를 배제하는 방법도 있겠으나 우선 이러한 제3자를 찾는 문제도 있고, 이 경우 신주예약권의 공정가치를 대가로 받지 않으면 '특히 유리한 조건'으로 신주예약권을 발행하는 것이므로 주주총회 특별결의가 필요해진다. 따라서 발행시 이미 주주가 개입하게 되므로 바람직하지 않을 뿐만 아니라 이미 대상회사가 주식을 다량 보유하고 있는 경우에는 특별결의가 불가능할 여지도 있다. 나아가 아직 불확실한 부분이기는 하지만, 경영권 방어를 위한 제3자 배정의 합법성을 판단함에 있어 일본 법원이 개발한 소위 '주요목적기준'과 관련하여 신주예약권의 발행도 주식 유사한 증권의 발행으로서 주요목적기준이 적용될 위험이 있다. 그렇다면 결국 회사의 자금수요에 대응하지 않은 신주예약권의 발행은 그 자체로 불공정한 방법이 될 수 있다는 문제가 있다. 결론적으로 신주예약권을 직접 주주에게 배정하는 방법은 일본의 현행법상 너무 불확실한 측면이 많아 실제로 이용이 어려울 것이라는 예측이 지배적이다.

3. 신탁을 이용한 신주예약권의 발행

이처럼 신주예약권의 직접적인 주주 배정으로는 경영권 방어의 목적을 달성하기 어렵기 때문에 그 대안으로 유력하게 제시되고 있는 방안이 특별목적회사(special purpose vehicle. 이하 '특목회사')를 설립하여 신주예약권을 신탁을 이용하여 발행하는 방법이다.[9] 먼저 경영권 방어에 나서는 대상회사는 신주예약권을 무상으로 특목회사에 발행하고, 특목회사는 그 신주예약권을 은행에 '유가증권 관리신탁'의 방식으로 신탁한다. 여기서 신탁의 수익자는 '적대적 기업인수 시도 등 일정한 사유가 발행하기 직전 또는 직후 일정한 기준일의 주주'로 하면

9) 자세한 것은 Gregory D. Puff/山本和也, 日本におけるポイズン・ピルの具體化の検討(下), 商事法務 제1695호(2004), 40-43면 ; 石綿 縝, 敵對的買收防衛策の法的構組みの検討—事前豫防のための信託型ライツ・プラン(上), 商事法務 제1716호(2004), 4-6면.

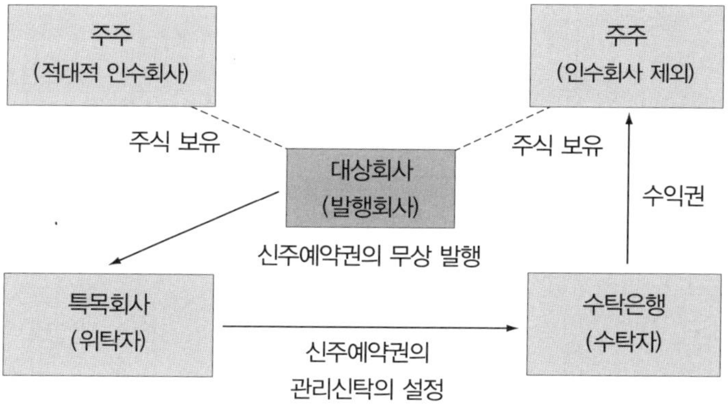

〔그림 1〕

서 인수 시도를 하는 인수회사를 제외할 수 있는 방식으로 구성한다. 수익자에게는 수익증권 또는 신주예약권증권을 교부한다.

여기서 가장 중요한 문제는 신주예약권의 행사에 있어서 어떻게 인수회사를 제외시킬 것인가 하는 점이다. 신주예약권은 미리 발행하여 두기 때문에 발행 당시에는 인수회사가 특정되지 않기 때문이다. 그 한 가지 방법은 위탁자와 수탁자 사이의 신탁계약에서 수익자의 범위를 '적대적 인수 시도가 있을 당시 인수회사를 제외한 주주'로 한정하는 방법이다. 따라서 신탁계약 당시에는 수익자가 특정되지 않고, 향후 적대적 인수 시도가 생기면 수익자가 확정되어 신주예약권을 교부하게 된다. 이 방법의 가장 큰 장점은 신주예약권이라는 회사와 주주 간의 관계를 위탁자인 특목회사와 수탁자인 수탁은행의 신탁계약상의 관계로 변화시킴으로써 주주평등원칙에 위반되는 것을 어느 정도 회피할 수 있다는 점이다. 다시 말해 적대적 인수회사가 수익자에서 제외된 것은 특목회사와 수탁은행 사이에 체결한 신탁계약의 문제에 불과하기 때문에 회사가 주주를 불평등하게 대우하였다는 문제는 발생하지 않는다고 주장할 여지가 있다. 그러나 이러한 형식적 해석이 얼마나 설득력이 있을지는 미지수이다. 전체적인 거래구조는 처음부터 대상회사의 신주예약권 행사에 있어서 인수회사가 차별을 받도록 하는 것임이 분명하고, 대상회사가 그러한 거래구조를 만들었다는 점은 부인할 수 없기 때문이다. 따라서 이 방법을 통해서 주주평등원칙 위반의 문제를 회피하기는 어렵다고 판단된다. 그보다는 주주평등의 원칙도 '사회통념상 합리적 범위'에서는 제한적으로 적용되어야 한다는 논리가 더 설득력이 있는 것으로 보인다.[10] 만일 이러한 논리를 받아들인다면, 문제는 어느 정도의 기업인수 위협이 '사회통념상 합리적인가'로 바뀌게 된다. 그렇게 되면 결국 이사의 충실의무에 대한 판단과 크게 다르지 않을 것이다. 하지만 주주 평등의 원칙이 경영권 방어에 필요한 경우에는 제한 또는 포기될 수 있는 원칙인지는 여전히 문제로 남는다.

두 번째 방법으로는 대상회사가 신주예약권을 발행하면서 그 행사조건에서 인수회사를 배제시키는 방법이다. 예를 들어 그 행사 조건을 적대적 성격이 존재하지 않는 자[11] 이외의 자가 일정한 주식의 대량 보유를 공표한 이후 일정 기간이 경과한 경우 또는 발행회사가 발행한 주권 등에 대하여 일정한 지분 이상을 매집하고자 공개매수 공고를 한 이후 일정 기간이 경과한 경우 등으로 하면서 이렇게 주식을

10) 石綿 學, 敵對的買收防衛策の法的構組みの檢討一事前豫防のための信託型ライツ·プラン(下), 商事法務 제1721호(2005), 24-25면.

11) 구체적으로 i) 당해 회사, 자회사 또는 모회사, ii) 일정 시점을 기준으로 하여 당해 회사가 발행한 주권의 일정 지분 이상을 보유한 자(지배주주의 경우를 제외시키기 위한 규정), iii) 당해 회사를 지배할 의사가 없이 대량보유자가 되었다고 당해 회사의 이사회가 인정한 자, iv) 자신의 의사에 기하지 않고 대량 보유자가 된 자 등을 열거할 수 있다. 石綿 學, 敵對的買收防衛策の法的構組みの檢討一事前豫防のための信託型ライツ·プラン(中), 商事法務 제1717호(2004), 43-44면 각주 42.

매집한 자, 그 공동보유자 및 특수관계자, 그리고 이들로부터 신주예약권을 승계취득하여 보유하고 있는 자 등을 제외하고 신주예약권을 행사할 수 있다는 내용으로 행사조건을 정하는 것이다.[12] 이러한 경우는 엄격이 말하자면 주주 평등의 원칙이 문제되는 것이 아니라 '신주예약권자 평등의 원칙'이 문제된다고 할 수 있겠지만, 설사 주주 평등과 비슷한 근거에서 이러한 원칙을 인정하더라도 이러한 차별적 내용이 행사조건의 하나를 구성하고 있고, 그 행사조건은 모든 신주예약권자에게 동일하게 적용된다는 점에서 원칙에 위반되지 않는다는 주장도 가능할 것이다.[13] 다시 말해 인수회사가 되면 신주예약권을 행사할 수 없다는 조건은 발행 당시의 모든 신주예약권자에게 공통적으로 적용되기 때문에 별 문제가 없을 수 있다는 것이다.

신탁을 이용하는 가장 큰 장점은 신주예약권의 수반성, 즉 주식과 분리하여 양도할 수 없게 만들 수 있다는 것이다. 앞서 언급한 바와 같이 신주예약권증서는 주권과 별개의 유가증권이기 때문에 신주예약권을 주주에게 그대로 발행하는 경우, 그 유통을 막을 수 있는 방법이 별로 없다. 그러나 신탁을 이용하면 신주예약권증서는 인수 시도가 있기 전에는 수탁은행에 계속 보관되고 유통되지 않으며, 오직 인수 시도가 있은 이후에만 수익자가 정해지고 유통이 가능해진다. 이러한 점에서 신탁의 이용이 경영진에게는 매우 유리하다.

나아가 신탁을 이용하면 신주예약권을 부여하는 절차가 간단해질 수 있다는 부수적인 장점도 있다. 신주예약권을 주주에게 직접 발행하는 경우에는 주주에게 배당을 하지 않는 이상 회사가 일방적으로 주주에게 증권을 배정할 수 없다. 그러나 신탁의 경우에는 수익자의 지정

12) 石綿 學, 앞의 논문(中), 39면.
13) 石綿 學, 앞의 논문(下), 25면.

을 신탁계약에서 정하면 되고, 이 경우 수익자의 수익의 의사 표시를 필요로 하지 않기 때문에 각 주주와 상대하는 절차가 간소화된다.

4. 강제전환조항부 주식을 이용한 포이즌필

이처럼 일본에서는 신주예약권을 통하여 포이즌필을 만들 수 있을지 논의가 많은데, 다른 방법은 또 없는지도 생각해 볼 필요가 있다. 이와 관련하여 전환우선주를 생각해 볼 수 있다. 앞서 플립오버형태에 대하여 언급하면서 미국에서 처음 발행된 포이즌필은 무의결권 전환우선주였음을 살펴보았다. 따라서 전환조건에 따라서는 전환우선주 자체로도 어느 정도 포이즌필의 효과를 가져올 수 있다. 그런데 일본에서는 2001년 11월 상법 개정으로 수종의 주식이 발행된 경우 회사는 정관으로, 정관에서 정하는 사항이 발행하는 경우 회사가 그 주식을 다른 종류의 주식으로 전환할 수 있는 권리가 있음을 정할 수 있게 되었다(일본 구상법 제222조의8). 이를 '강제전환조항부 주식'이라고 했었는데, 신회사법에서는 이를 '취득조항부 주식'으로 명칭을 바꾸어 수종의 주식으로 분류하고 있다(제2조 제19호, 제108조 제1항 제6호). 다시 말해 통상의 전환우선주는 주주가 전환권을 가지는 것인데, 발상을 전환하여 그 전환권을 회사가 가지는 것으로 발행하는 것이다. 이러한 형태의 전환우선주는 굳이 전환조건을 특별하게 할 필요도 없이 그 자체로 포이즌필의 기능을 할 수 있다. 다시 말해 회사가 전환권을 가지고 있기 때문에, 예를 들어 정관에 '공개매수에 의하여 30% 이상의 주식의 매집이 성공적으로 이루어진 경우'를 전환조건으로 규정하여 강제전환조항부 주식을 발행할 수 있다는 것이다. 그러나 아직 이 방법에 대해서는 특별한 논의가 없는 것으로 보인다.

Ⅳ. 우리나라에의 도입 문제

이상에서 간략하나마 일본에서 포이즌필의 도입에 관한 논의가 어떻게 이루어지고 있는지를 살펴보았다. 그럼 우리나라의 경우에는 어떠한가? 우리나라도 일본과 거의 유사한 법해석론이 전개되고 있기 때문에 만일 워런트를 발행할 수 있다고 하더라도 일본에서와 비슷한 문제들이 발생할 가능성이 높다. 우리나라의 도입 가능성을 논할 때 물론 포이즌필을 인정할 것인지에 관한 정책적 논의가 선행되어야 하겠으나, 이는 서론에서 언급한 바와 같이 다른 논문으로 미루고 이 글에서는 우리나라의 법제도를 바탕으로 하여 몇 가지 생각을 언급하는 것으로 글을 마무리하고자 한다.

먼저 우리나라에서 왜 미국식 포이즌필이 불가능한지에 관해 정리할 필요가 있다. 얼른 생각나는 것만을 간단히 정리하더라도 일단 워런트의 발행이 곤란한 것으로 인식되고 있고, 투자주식과 같은 회사의 자산을 주주에게 배당하는 현물배당도 불가능한 것으로 인식되고 있다는 점이 가장 중요한 장애물일 것이다. 물론 이 두 가지에 대한 금지조항이 명백히 있는 것은 아니지만, 현재 학계와 실무계의 인식으로는 모두 불가능한 것으로 되어 있기 때문에 이러한 상황에서는 포이즌필을 쉽게 만들어 낼 수 없다. 뿐만 아니라 배당의 내용을 이사회가 정할 수 있는 것이 아니라 결국 주주총회까지 열어야 한다는 점, 유가증권법정주의 또는 증권거래법상의 열거주의 등으로 인하여 증권의 내용을 이사회가 마음대로 정할 수 있는지에 대하여 불확실성이 높다는 점, 주주 평등의 원칙을 대단히 중요한 회사법상의 원칙으로 생각하고 있다는 점 등이 모두 포이즌필을 만들어 냄에 있어서 상당한 장애요인으로 작용할 가능성이 높다.

그럼 이러한 상황에서 혹시 포이즌필 유사한 것을 만들 수는 없을까? 포이즌필은 처음 전환우선주를 가지고 만들었다는 점에 착안해 볼 수 있을 것이다. 따라서 우리나라의 법제하에서도 전환주식을 이용하여 원시적 형태의 포이즌필을 발행할 수 있다. 실제로 1990년대 후반의 한화종금사건에서 문제된 바와 같이, 경영권 방어를 위하여 전환사채나 신주인수권부 사채를 우호적인 제3자에게 발행하는 것도 인수회사의 지분을 희석화한다는 측면에서 보면 일종의 포이즌필이라고 이해할 수 있다. 그러나 이러한 원시적 형태의 포이즌필은 많은 제약이 따른다. 가장 중요한 것은 전환주식, 전환사채, 신주인수권부 사채 모두 주주의 신주인수권과 유사하게 제3자 배정에 상법 제418조 제2항의 일정한 제약이 따른다는 점이다(상법 제513조의2 제2항, 제516조의2 제4항 등 참조). 따라서 제3자에게 배정하기 위해서는 '회사의 경영상 목적'이 필요하다. 그러나 보다 큰 문제는 이러한 전환증권을 미리 발행하는 경우에는 그 유통을 막을 수 있는 방법도 없고, 만일 인수회사가 전환증권을 상당 부분 매집하였다면 그 권리행사를 막아 낼 방법이 없다는 것이다. 또한 전환조건을, 예를 들어 '어느 특정 주주가 발행회사 의결권 있는 보통주의 20% 이상을 취득한 경우' 등과 같이 규정할 수 있는지도 불확실하다. 그리고 설사 법적인 문제가 모두 해결되었다고 하더라도, 이처럼 전환증권을 미리 발행해 두는 것은 증권 그 자체가 이미 자본조달의 역할을 하고 있기 때문에 결국 회사의 자본조달에 관한 의사 결정을 왜곡한다는 또 다른 문제를 발생시킬 수 있다. 다시 말해 경영권 방어를 위해서 불필요하게 자금을 조달해야 한다는 것이다. 나아가 비효율적인 경영진의 참호구축이 가능하다는 점도 문제가 될 수 있다.

결국 이렇게 전환증권을 통해서 포이즌필과 유사한 효과를 얻는 것은 쉽지도 않고 사회적으로 바람직하지도 않다. 따라서 만일 포이즌필을 인정하는 것이 사회적으로 바람직하다는 정책적 판단이 있다면, 옳은 방법은 상법을 개정하여 회사법을 보다 자유롭게 하여 기업이 자연스럽게 포이즌필과 같은 증권을 만들어 낼 수 있도록 제도를 정비하는 것이다. 물론 실제로 포이즌필을 발행하기 위해서는 자본조달과 관련된 회사법상의 중요한 원칙들을 손질하여야 하는데, 그렇다고 이러한 점을 과대포장하여 "포이즌필을 도입하기 위해서 상법의 자본조달과 관련된 제도를 손질하여야 한다"라는 것은 앞뒤가 바뀐 주장이라고 할 수밖에 없다. 포이즌필은 전체 제도에서 파생되는 부산물로 되는 것이 바람직하지 그것이 제도의 목적이 될 수는 없기 때문이다. 경영권 방어가 필요하고 포이즌필이 상당히 바람직한 수단이라고 하더라도 상법의 일반 원칙에 위배된다면 허용되어서는 안 될 것이다. 따라서 먼저 현행 상법이 채택하는 '회사법의 일반 원칙'이라는 것들이 과연 우리나라의 기업 현실과 조화되고 있는가, 더 나아가 기업이 보다 효율적이고 쉽게 활동할 수 있도록 뒷받침할 수 있는가 하는 점을 심도 있게 논의할 필요가 있다. 예를 들어 워런트의 발행이나 현물배당이 금지되어야 하는 이유가 있는지도 의문이고, 현재 배당의 결정권한을 이사회에 부여하자는 논의도 있다. 나아가 왜 당사자가 원하는 내용의 증권을 만들어 낼 수 없는지, 주주 평등의 원칙을 회사법의 대원칙으로 생각할 필요가 있는지도 의문이다. 이러한 의문에 대한 논의가 필요하고, 이러한 논의의 부산물로서 포이즌필이 가능해지는 것이 가장 바람직한 시나리오라고 할 수 있겠다. 향후 회사법의 개정 작업에 많은 기대를 해본다.

제8장 적대적 M&A와 이사의 방어행위에 대한 법적 평가

이욱래*

I. 문제의 제기

1. 우리나라에서의 적대적 M&A

M&A란 기업의 지배권을 취득할 목적으로 해당 기업의 주식 · 자산을 취득하거나 합병하는 등 모든 형태의 거래를 총칭하고, 그중 대상기업이 M&A에 반대하거나 주주들에게 M&A에 응하는 주식매도를 하지 말 것을 권유하는 경우를 적대적 M&A라고 일컫는 것이 일반적이다. 비록 상법은 주식양도에 관한 아무런 제한을 두고 있지 않았지만 주식시장은 아직까지 성숙되지 않은 상태에 있었고, 증권거래법 · 외자도입법 · 공정거래법 등 관련 법령도 외국인에 의한 주식취

* 법무법인(유한) 태평양 변호사

득을 엄격히 제한하고 기업의 경영권을 과도하게 보호하는 규정[1]을 두고 있었기 때문에 1990년대에 들어서기까지 우리나라에서 적대적 M&A는 매우 보기 드문 현상이었다.[2]

1992년 증권시장이 외국인에게 개방되고 1993년 들어 증권거래법 개정 논의가 본격화되어 M&A에 대한 관심도 고조되어 갔는데, 기업들의 반발로 증권거래법의 개정은 계속 미루어졌지만 시장에서는 대기업들에 의한 종금사 인수가 붐을 이루고[3] 우선주 가격이 폭락하는 우선주파동이 있었으며, 한화종금사건[4] 및 미도파사건[5]이 발생하였다. 이후 한편으로는 위 사건들의 영향을 받고 다른 한편으로는 IMF

1) 특히 문제된 규정은 1994년 1월 5일 법률 제4701호로 개정되기 전의 증권거래법 제200조인바, 이 규정에 의하면 원칙적으로 상장법인의 총 발행주식의 10%를 초과하는 주식을 소유할 수 없었다. 이 규정의 연혁에 관하여는 이홍철, "상장법인의 적대적 M&A에 대한 방어행위," 증권거래에 관한 제 문제, 법원도서관, 434면 참조.

2) 따라서 상법만이 적용되는 비상장법인의 경우에는 적대적 M&A에 일찌감치 노출되어 있었으나, 대부분의 비상장법인이 경영전략상 매력이 없는 기업이거나 주식이 특수관계에 있는 소수에 집중되어 있기 때문에 별다른 관심의 대상이 되지 않았던 것으로 보인다.

3) 그 가운데 한솔제지가 1994년 10월 동해종금에 대한 공개매수를 실시하여 경영권을 장악하게 되었는바, 이는 적대적 M&A를 위하여 공개매수가 이용된 최초의 사례로 이야기되고 있다. 이러한 종금사 인수 경쟁은 1996년 절정에 이르렀는데 대구종금, 항도종금을 둘러싼 공개매수와 역공개매수 공방이 대표적인 예이다. 김영산, "한국의 적대적 M&A시장 : 제도와사례," 경제연구 제24권 제1호(2003. 5), 한양대학교 경제연구소, 43면 참조.

4) 1997년 1월경 한화종금을 둘러싼 적대적 M&A와 그 방어행위가 결국 법정 다툼으로 옮겨 간 사건으로 제1 · 2심 모두 방어 진영이 승리하였으나, 제1 · 2심의 이유는 사뭇 달랐다.

5) 신동방이 외국인 투자자 및 동방페레그린증권 · 고려산업 · 성원건설 등의 국내 기업과 공동으로 대표적 유통업체인 미도파의 경영권을 인수하려고 시도하였으나, 전국경제인연합회를 중심으로 한 재계의 미도파 공동지원과 정부의 개입으로 실패로 끝난 대표적 적대적 M&A 사례이다. 자세한 내용은 정형찬, "한국 기업지배권 시장에서의 적대적 기업인수 : 미도파 M&A에 대한 사례연구," 경영학연구 제33권 제5호(2004. 10), 한국경영학회, 1557면 이하 참조.

관리체제라는 미증유의 사태를 맞아 M&A를 둘러싼 제도의 경직성에 대한 반성이 제기되고 외국인 투자를 유치하여야 한다는 절박한 필요가 대두되었다. 이에 증권거래법상 상장주식의 대량소유제한이 1997년 2월 1일, 주식의무공개매수 제한제도가 1998년 2월 각각 폐지되고, 공정거래법상 출자총액제한이 1998년 2월 폐지[6]되었으며, 은행법상 타회사 주식 소유제한이 1998년 2월 완화(10%에서 15%로 상향)되고 상법상 기업분할제도와 합병절차가 1998년 2월 간소화되었다.[7] 특히 외국인에 의한 국내 기업의 M&A가 1998년 3월 전면적으로 자유화되면서 국내 기업의 경영권 방어가 시급한 과제로 대두되기도 하였다.[8]

2. 상법상 이사의 의무

상법상 이사는, 일반적 의무로서 선관주의의무[9](상법 제382조 제2항 ;

---

6) 외국인에 의한 적대적 M&A가 완전히 허용되자 국내 대기업들은 외국인 등 외부의 적대적 M&A에 적절히 대응할 수 있도록 대규모 기업집단에 대한 출자총액제한제도의 폐지를 요구하였고, 정부는 이에 응하여 이를 폐지하였다. 그런데 그 폐지 이후 내외국인 투자자에 의한 적대적 M&A는 발생하지 않았고, 오히려 대규모 기업집단의 경제력 집중만 심화되는 폐단이 나타났다. 이에 공정거래위원회는 재벌들의 선단식 경영을 종식시키고 대기업 집단의 경제력 집중을 억제하기 위하여 2001년 4월 30일 대기업 집단을 대상으로 다시 출자총액제한제도를 부활하였다.

7) M&A에 대한 규제가 완화될 때마다 그에 대한 기대감으로 M&A 대상 후보 기업들의 주가가 급등하는 등 소위 M&A 테마주가 형성되었으나, 실제로는 매번 기대만큼의 변화가 발생하지 않았다. 또 대부분의 적대적 M&A가 소규모 기업에 집중되어 있고, 재벌들이 스스로 적대적 M&A에 나선 사례는 찾아보기 힘들다.

8) 증시 개방과 함께 외국인에 의한 적대적 M&A에 대한 기대 내지 우려가 증폭되었지만, 지금까지 외국인들은 M&A시장에서 별로 활동적인 것으로 평가받지 못하고 있다. 다만 유럽계인 소버린자산운용 측이 SK의 지분 14.99%를 확보함으로써 17~18%의 지분을 보유하고 있는 최태원 회장 측에 이어 2대 주주로서 SK 경영에 상당한 영향력을 행사하는 듯 보였으나, 주주총회에서 연달아 고배를 마셨다.

9) 선관의무는 법상 이사의 의무로 규정된 직무의 수행에만 미치는 것이 아니라 의

민법 제681조) · 충실의무[10](상법 제382조의3)를 부담하고, 개별적 · 구체적 의무로서 이사회출석의무[11] · 감시의무[12] · 비밀유지의무[13](상법 제382조의4) · 경업금지의무(상법 제397조 제1항) · 자기거래금지의무[14](상법 제398조) · 보고의무(상법 제393조 제4항, 제412조의2)를 부담하며, 이

결권행사, 소 제기, 기타 법상 명문화된 권한행사에도 미친다. 이사의 권한은 모두 회사조직의 운영을 위해 주어지므로 의무의 성격도 동시에 갖기 때문이다. 이철송, 회사법강의, 박영사, 2004, 581면.

10) 1998년 12월 28일 상법 개정시 종래의 선관주의의무에 관한 규정 이외에 제382조의3에 "이사의 충실의무"라는 표제하에 "이사는 법령과 정관의 규정에 따라 회사를 위하여 그 직무를 충실하게 수행하여야 한다"라는 규정이 신설되었는데, 이 규정의 성격을 두고 선관의무를 구체적으로 부연 설명한 것에 불과하다는 견해와 선관의무와는 다른 본래의 충실의무를 규정한 것이라는 견해가 대립하고 있다. 어쨌든 이 규정이 영미법상의 신인의무(fiduciary duties)를 원용할 수 있는 근거가 될 수 있다고 한다. 이철송, 앞의 책, 591면.

11) 명문의 규정은 없으나 이사회에 출석하여 의결권을 행사하는 것은 이사의 가장 중요한 직무라고 보아야 할 것이다.

12) 이사 상호간의 감시의무로 선관의무 가운데 하나라고 한다. 자세한 내용은 황영목, "이사의 감시의무," 재판자료 32집 회사법상의 제 문제(상), 법원도서관, 1987. 12, 627-662면 참조. 근거규정으로는 상법 제393조 제3항을 들 수 있다. 대법원도 "주식회사의 업무집행을 담당하지 아니한 평이사는 이사회의 일원으로서 이사회를 통하여 대표이사를 비롯한 업무담당이사의 업무집행을 감시하는 것이 통상적이긴 하나, 평이사의 임무는 단지 이사회에 상정된 의안에 대하여 찬부의 의사표시를 하는 데에 그치지 않으며 대표이사를 비롯한 업무담당이사의 전반적 업무집행을 감시할 수 있는 것이므로, 업무담당이사의 업무집행이 위법하다고 의심할 만한 사유가 있음에도 불구하고 평이사가 감시의무를 위반하여 이를 방치한 때에는 이로 말미암아 회사가 입은 손해에 대하여 배상책임을 면할 수 없다"라고 판시하여 이사 상호간의 감시의무를 긍정하고 있다. 대법원 1985. 6. 25. 선고 84다카1954 판결 및 대법원 2004. 12. 10. 선고 2002다60467. 60474 판결.

13) 여기서의 비밀은 부정경쟁방지 및 영업비밀에 관한 법률에 규정하고 있는 영업비밀과 같은 것이라고 이해하는 것이 일반적이다. 구체적으로는 기업비밀을 지킬 의무와 기업비밀을 사익을 위해 이용하지 않을 의무가 있다. 이철송, 앞의 책, 587면.

14) 충실의무는 매우 넓게 인정되는데 그 주요한 것으로는 회사와의 경쟁 금지, 회사기회유용의 금지, 과다보수결정의 금지, 주식거래에 따른 의무, 소수자주주에 대한 공정의무, 지배주식의 매각시 충실의무 등이 있다. 이철송, 앞의 책, 592면 이하.

외에 증권거래법에 따라 내부자거래금지의무(증권거래법 제188조, 제188조의2)를 부담한다. 이사가 이러한 의무를 위반하는 경우에는 회사 또는 제3자에 대하여 상법상의 손해배상책임을 부담하는 외에(상법 제399조, 제401조) 불법행위에 기한 손해배상책임(민법 제750조) 및 증권거래법상의 손해배상책임(증권거래법 제188조의3)을 부담한다.

3. 이 글의 주된 내용

이 글에서는 위와 같은 적대적 M&A의 국면에서 사용되는 공격수단에는 어떤 것이 있는지, 공격을 받고 있는 회사의 이사가 자신이 가지고 있는 권한이나 부담하고 있는 의무에 비추어 공격에 대하여 적극적으로 방어할 수 있는지 아니면 방어해야 하는지, 그 이사가 할 수 있는 방어수단에는 어떤 것들이 있는지, 이러한 방어행위는 어느 경우에 적법성 내지 정당성을 인정받을 수 있는지에 관하여 주로 알아보고자 한다. 특히 적대적 M&A를 둘러싼 분쟁이 실제로 법정 다툼으로 비화한 경우, 어떤 형태를 띠게 되는지도 함께 살펴보기로 한다.

II. 공격수단

1. 공개매수(tender offer, takeover bid)

공개매수는 세계적으로 널리 애용되는 적대적 M&A수단으로서, 증권거래법 제21조 제3항에 의하면 "불특정 다수인에 대하여 주식 등의 매수(다른 유가증권과의 교환 포함)의 청약을 하거나 매도(다른 유가증권과의 교환 포함)의 청약을 권유하고 유가증권시장 및 코스닥시장 밖에서 당해 주식 등을 매수하는 것" 이다.

공개매수가 성립하기 위해서는 취득 주식의 수량이 의결권 있는 발행주식총수의 5% 이상이 되어야 한다는 견해도 있으나, 이는 의무공개매수의 요건일 뿐이라고 해석하는 것이 타당하고, 따라서 5% 미만이라도 불특정 다수인에게 매도청약을 권유하여 매수하는 것이라면 공개매수에 해당하므로 규제대상이 된다고 보아야 한다.

위와 같은 증권거래법상의 공개매수제도는 1976년 신설되었으나, 우리나라 기업문화의 특성 등으로 전혀 이용되어 오지 않다가 1994년 7월경 삼양통상과 나이키사의 합작회사인 삼나스포츠사가 나이키사의 100% 자회사로 전환되는 과정에서 나이키사가 삼나스포츠에 대한 주식을 우호적으로 공개매수한 것을 시작으로 이후 매우 활발하게 이용되고 있다.[15] 한솔제지는 1994년 10월 동해종금에 대한 공개매수를 실시하여 경영권을 장악하였는바, 이는 공개매수가 적대적 M&A를 위하여 이용된 최초의 사례라고 할 수 있다.[16]

의무공개매수 및 그 신고서 제출에 관한 규정을 위반하고 주식을 매수한 경우에는 당해 주식에 대한 의결권을 당해 주식을 매수한 날로부터 당해 주식을 처분한 날의 전날까지 행사할 수 없으며, 금융감독위원회는 당해 주식의 처분을 명할 수 있다(증권거래법 제21조의3 ; 동법 시행령 제12조). 한편 공개매수신고서 및 그 공고, 정정신고서 및 그 공

15) 서정항, "공개매수와 정보공시," 상거래법의 이론과 실제(석영 안동섭 교수 화갑기념 논문집), 1995, 408면 이하. 그 외 공개매수의 법적 성질 등에 관하여는 송종준, "유가증권 공개매수에 관한 연구—그 법적 규제를 중심으로," 고려대학교 법학박사 학위논문, 1990, 22면 이하 참조.

16) 김영산, 앞의 논문, 43면. 그 외에도 1991~2001년까지 한국의 적대적 M&A 및 경영권분쟁 및 위협 사례에 관하여도 김영산, 앞의 논문, 58면 이하 참조.

고와 공개매수설명서의 신고자 내지 작성자 및 각 대리인은 각 서류의 허위 기재로 인하여 응모주주에게 끼친 손해를 배상하여야 하는데(동법 제25조의3), 손해배상의 범위에 관하여는 동법 제15조 제1항을 준용하는 규정이 없어 결국 배상액은 공개매수가격과 변론 종결 당시의 시장가격(또는 추정 처분가격)의 차액이 될 것이다.[17)]

2. 시장매집(market sweep)

공개매수가 공개적으로 단기간에 특정 주식을 장외에서 매수하는 제도인 반면, 시장매집은 장내시장인 주식시장을 통해 목표 주식을 비공개적으로 원하는 지분율까지 지속적으로 매수하는 것을 말한다.[18)]

이러한 시장매집은 적대적 M&A를 목적으로 음성적으로 이루어져 경영권에 대한 불공정한 침탈의 수단이 될 수 있기 때문에 세계 각국이 주식대량보유 상황보고제도를 두고 있다. 우리나라에서는 주권 상장법인 또는 코스닥 상장법인의 주식 등을 5% 이상 보유하게 된 경우에는 그 보유상황과 보유목적(발행인의 경영권에 영향을 주기 위한 목적 여부를 말한다), 그후 1% 이상 변동된 경우에는 변동내용을 그날로부터 5일 이내에 금융감독위원회와 한국증권선물거래소에 보고하여야 한다.

보고의무에 위반한 경우 대통령령이 정하는 기간(보통의 경우 6개

17) 이에 관한 비판은 윤남근, "공개매수에 관한 증권거래법의 개정방향(하)," 법률신문 제2928호, 2000. 11, 14면 참조.

18) 일명 한화종금사건에서 제2 대주주는 증권거래법상의 소위 특수관계인의 소유제한규정에 저촉되지 아니하도록 동조 세력과 함께 한화종금의 주식을 증권시장에서 매집하여 제1 대주주보다 많은 주식을 보유하고 임시주주총회의 소집을 요구하였다. 자세한 경과에 관하여는 이홍철, 앞의 논문, 483면 이하 참조.

월)동안 의결권이 있는 발행주식총수의 5%를 초과하는 부분 중 위반분에 대하여 의결권을 행사할 수 없고, 금융감독위원회는 당해 위반분의 처분을 명할 수 있다(증권거래법 제200조의3). 그러나 일반 투자자는 보고의무자의 보고의무 위반을 이유로 직접 손해배상을 청구할 수 없고, 민법상의 일반 불법행위의 요건을 주장 · 증명하여야 할 것이다. 한편 금융감독위원회가 직권을 발동하지 않을 경우, 민사소송법상의 가처분절차에 의해 정보공시의무의 위반자에 대하여 그 위반행위를 정정하기까지는 주식의 추가적 취득을 금지하거나 부실정보공시를 한 이후 취득한 모든 주식의 의결권행사를 제한하도록 할 수도 있다.[19)]

3. 위임장대결(proxy contest, proxy fight)

경영권을 확보하기 위해 반드시 의결권 있는 주식을 실제로 취득할 필요는 없다. 주주총회에서 소액주주들이나 몇몇 주요 주주들의 협조만 얻어 낼 수 있다면 굳이 막대한 자금을 들여 주식을 취득하지 않고도 경영권을 확보하는 것은 가능하다. 이와 같이 주주총회에서 영향력을 발휘할 수 있는 최소한의 주식을 취득한 채 다수의 주주로부터 주주총회에서 의결권을 행사할 수 있는 위임장(proxy)을 확보하여 M&A를 추진하는 방법을 위임장대결이라고 한다. 이는 1960년대 중반에 공개매수에 의한 경영권 획득이 적대적 M&A의 주된 수단으로 등장하기 전까지는 미국에서 적대적 M&A를 위한 거의 유일한 수단

19) 송종준, "대량주식취득자의 정보공시의무에 관한 법적 고찰," 인권과 정의 제211호 (1994. 3), 107면.

이었다.[20]

위임장대결, 즉 의결권대리행사의 권유는 원래 상법 제368조 제3항의 규정 외에는 달리 규제하는 제도가 없었는데 1976년 증권거래법의 개정에 따라 제한규정이 신설되었다. 의결권대리행사의 권유는 재임 중인 이사들에게 절대적으로 유리한 것으로 알려져 있는데, 특히 우리나라에서는 대주주의 지분율이 높고 계열회사 사이에 상호주 형태로 주식을 소유하고 있어 많이 이용되지 못하고 있다. 1997년 5월경 한화종금 주주총회에서 처음으로 쌍방 간에 의결권대리행사 권유제도가 이용되었으며, 1997년 11월에는 대성전선의 소액주주들이 고액배당을 요구하며 다른 소액주주들을 상대로 의결권대리행사를 권유하였다.[21]

의결권대리행사의 권유시 이용할 수 없는 서류, 즉 허위의 사실을 기재한 서류, 중요사항에 관하여 오해를 발생시킬 우려가 있는 기재를 한 서류, 중요사항에 관하여 오해를 발생시키지 아니하기 위하여 필요한 사실의 기재가 누락된 서류(증권거래법 시행령 제85조)를 사용한 경우에는 민사상 손해배상책임이 발생할 수 있다. 손해배상청구를 제기할 수 있는 자는 의결권을 위임한 주주,[22] 대상회사, 대상회사의 이사 등이다.

20) 이홍철, 앞의 책, 433면.
21) 김영산, 앞의 논문, 63면.
22) 미국에서는 의결권을 위임하지 않은 주주도 손해배상을 청구할 수 있다고 하는데, 우리나라에서는 가능하지 않을 것이다.

III. 방어행위의 적법성

1. 방어수단의 종류

대상기업의 이사들이 반대하는 M&A 시도가 외부로부터 있는 경우, 그 이사들은 M&A를 좌절시키기 위하여 여러 가지 방어책을 강구하게 되므로 적대적 M&A 국면에서 적극적이든 소극적이든 대상기업 이사들의 방어행위는 반드시 있게 마련이다. 또한 이사들은 자신이 재직하고 있는 기업이 적대적 M&A의 대상이 되지 않도록 하기 위하여 미리 여러 수단을 강구하게 될 것[23]이나, 이는 직접 분쟁이 발생하지 않은 상황이기 때문에 법률적 논의의 중요성은 상대적으로 낮다.

예방적 방어행위 중 정관규정을 신설 · 변경하는 방법으로는 공개매수나 위임장대결에서 승리하더라도 주주총회 결의에 따른 기존 이사의 해임과 새 이사의 선임 · 정관변경 · 영업양도나 합병 등을 곤란하게 하기 위하여 주주총회 결의요건을 강화하는 방법(Super Majority), 이사진 전원의 교체를 곤란하게 하는 누적투표제(cumulative voting), 시차임기이사제(staggered board), 그린메일을 목적으로 한 M&A를 시도하지 못하게 하는 과도한 그린메일 지급금지(anti-greenmail), 이사의 자격제한 규정을 신설하는 방법(shark repellent charter amendment), 공정가격의 지급을 보장하는 규정(fair price provisions), 이사에 대한 장기고용 보장 및 퇴직금 누진규정(golden parachute), 신속한 이사회의 교체가 가능하도록 이사회소집 통지기간을 단축하는 방법 등이 있다. 다음으로 주

---

23) 이러한 예방적 방어행위를 흔히 상어 퇴치(shark repellent)라고 부른다. 이홍철, 앞의 논문, 436면.

식에 관련된 예방책으로는 우호적 관계에 있는 회사 사이에 주식을 상호 보유하는 방안, 우호적인 주주를 확보하는 방안(white squire), 주주들과 의결권을 일정한 약속대로만 행사한다는 계약을 체결하는 방안, 기업매수자에게 막대한 자금 부담을 가중할 수 있는 조건의 전환주식 · 상환주식 · 주식매수권증서의 발행(poison pill),[24] 정기적으로 자기주식을 취득하는 방안, 잠재적 매수자와 불가침협약을 맺는 방안(standstill agreement) 등이 있을 수 있다. 그 외에도 기업매수자에게 매력적인 주요 자산을 처분하는 방안, 주요 자산의 출자를 통한 자회사의

---

24) 미국에서 지난 30여 년간 개발된 인수에 대한 방어책 가운데 오늘날 포이즌필만큼 중요한 것은 없다고 한다. 포이즌필은 1명의 주주 또는 특수관계에 있는 주주 집단이 대상기업의 주식을 특정 비율(전형적으로 10% 및 20%) 이상을 취득할 경우, 대상기업의 주주들에게 대단히 낮은 가격에 대상기업의 주식을 살 권리(flip-in)나 인수자의 주식을 살 권리(flip-out) 또는 양자 모두를 살 권리를 주는 것이다. 포이즌 필이 발동될 경우, 대상기업의 주주들은 인수기업의 주식을 상당 부분 취득할 수 있거나(flip-over) 대상기업에서 인수 시도자의 지분을 낮출 수 있어서(flip-in) 적대적 M&A의 비용을 심각하게 증가시킬 수 있다. 1983년 포이즌필이 발명된 이래 한번도 의도적으로 발동된 적이 없고, 현재도 관행적인 공개매수에 대한 직접적 공격으로 이해되고 있다. 포이즌필은 형식적으로 보아 주식을 살 수 있는 권리의 배당이고 이사회가 배당할 배타적 권한을 가지고 있기 때문에 필요하다면 수 시간 내에 주주총회의 결의 없이 채택될 수 있다. 그래서 아직 포이즌필을 가지고 있지 않은 회사들 대부분도 적대적 인수시도가 있을 때, 즉각 채택할 수 있다는 의미에서의 섀도우필을 보유하고 있는 것이다. 그러나 포이즌필〔'그냥 안 돼(just say no) 필' 포함〕도 위임장대결에는 취약한 것으로 이해되고 있다. 만일 인수 시도자가 대상기업 이사회를 장악할 수 있다면, 일반적으로 포이즌필을 회수하고 과반수 주식을 취득하기 위한 공개매수에 나설 수 있기 때문이다. 물론 대상회사가 시차임기이사제나 'dead hand(또는 continuing director) 필'이나 'slow hand(또는 delayed redemption) 필'을 채택하고 있는 경우, 인수 시도자가 대상회사의 경영권을 일거에 장악하거나 장악하였더라고 포이즌필을 최소한 단기간에 걸쳐 회수할 수 없기 때문에 포이즌필은 여전히 강력한 수단이 되고 있다. 다만 델라웨어주 법원은 1998년 dead hand 필이나 slow hand 필의 효력을 부인하였다. Guhan Subramanian, Bargaining in the Shadow of Takeover Defenses, 113 Yale Law Journal 621, 625 (Dec. 2003).

설립, 잉여자금의 감소를 위한 자회사의 설립, 부채를 증가시키는 자본구조 개편 등의 논의가 있으나 이는 주주의 이익과 정면으로 배치될 소지가 많아 정당성을 인정받기 곤란할 것으로 보인다.

사후적 방어행위로는 대상회사의 경영진이 언론 등을 통하여 매수시도가 부당한 것이며 회사와 주주들에게 전혀 이익이 되지 않는 결과를 빚을 것이라는 등의 논리로 주주들을 설득하는 방안,[25] 적대적 M&A가 행하여지는 경우 인수 시도자의 위법 사실을 조사하여 그 행위의 중지를 구하는 소송을 제기하는 방안,[26] 다른 회사를 인수하거나 합병하여 대상회사의 덩치를 부풀리는 방안, 대상회사가 제3자에게 회사의 주식이나 자산을 인수 시도자가 제시한 가격보다 유리하거나 같은 가격에 우선적으로 매수하게 하거나 매수할 권리를 부여하는 방안(lock-up), 대상회사에게 우호적인 제3자에게 인수 시도자가 제시한 가격보다 높은 가격에 주식이나 자산을 매각하는 방안(white knight),[27] 인수 시도 회사의 주식을 10% 이상 취득하여 의결권을 박탈시키는 방안, 인수 희망 회사에 대한 공개매수를 시도하는 방안(pac man), 자기주식을 취득하는 방안 등이 있다.

---

25) 삼성그룹은 1993년 10월 그룹 소속 금융회사들을 통하여 기아자동차의 주식을 매집하였다가 기아자동차 노조 등의 우리사주매입운동 전개, 여론 호소 등에 직면하여 다시 시장에 주식을 매각하였다. 삼성그룹은 1997년에도 기아자동자의 인수를 시도하다가 반인수 캠페인에 밀려 포기한 적이 있다. 이홍철, 앞의 논문, 445면.

26) 우리나라에서는 오히려 감독행정기관에 진정하는 것이 더 효과적일 것이라는 주장도 있다.

27) 원진(제1 대주주)과 가원(제2 대주주)에 의하여 공동경영되던 경남에너지에 대하여 원진과 그 자회사인 울산에너지가 공개매수를 선언하여 독자적인 경영권 확보를 시도함에 대하여 가원이 대웅제약에 도움을 요청하였고, 대웅제약이 그에 응하여 공개매수가보다 높은 가격으로 경남에너지의 주식을 대량매수하여 원진 측의 공개매수를 좌절시킨 사례가 있다.

우리나라에서는 시차임기제규정, 특수결의요건규정, 이사의 자격제한규정과 같은 정관의 신설 또는 변경, 공개매수에 대한 의견 표명, 자기주식의 취득, 역공개매수, 황금낙하산제도 등의 이용이 가능한 것으로 이해되고 있다.[28] 학계와 재계에서 많은 관심을 가지고 있는 것으로 보이는 차등의결권제도와 포이즌필을 활용하기 위해서는 1주 1의결권 원칙의 수정 및 권리배당제도의 도입 등이 선행되어야 할 것이다.

2. 방어행위의 가능성

적대적 M&A에 대하여 대상회사 이사가 거래 당사자가 아니라 제3자로서 거래에 개입하여 위에서 본 바와 같은 방어수단을 이용하여 적극적으로 방어하는 것이 허용되는가에 관한 논의는, 적대적 M&A 국면에서 이사가 어떤 역할을 담당하는지에 관한 기본적 입장을 정하는 문제로 일정 정도 의미를 갖는다.

(1) 방어행위 옹호론

적대적 M&A는 경제적 측면에서 사회 전체의 부를 증가시키지 않는다는 점, 방어의 과정에서 대상기업의 주가가 상승하므로 주주의 이익에 부합한다는 점, 이사는 주주 외에도 회사의 종업원 · 거래 상대방 · 채권자 등을 보호할 의무를 진다는 점을 논거로 적극적으로 적대적 M&A를 방어하여야 한다는 견해이다.[29]

---

28) 송종준, "M&A에 대한 주요 방어대책," 상사법연구 제14권 제1호(1995. 8), 190면 이하.
29) 미국의 Lipton이 주장한 견해로 미국의 통설, 판례이다. 이홍철, 앞의 논문, 451면 ; 송종준, 앞의 논문, 204면.

(2) 방어행위 반대론

M&A는 기업의 자산을 좀 더 나은 경영자에게 옮김으로써 사회적 부를 증진시키는 효과가 있다는 점, 방어행위로 말미암아 주가가 높아지더라도 이는 장차의 M&A를 억제하는 효과를 가지므로 장기적으로는 주주의 이익을 해친다는 점, 이사는 오로지 주주만을 위하여 회사의 이익창출을 극대화할 의무가 있으므로 주주 이외의 자의 이익을 고려할 필요가 없다는 점 등을 논거로 적대적 M&A에 대하여 소극적 입장을 가져야 한다는 견해이다.[30)]

(3) 절충론

이사는 기본적으로 적대적 M&A에 대하여 소극적 입장을 취하여야 하지만 주주의 결정 기회를 배제 또는 방해하지 않는 한 주주들을 설득하거나 경쟁적인 공개매수를 조장하는 등의 방어행위는 할 수 있다는 견해로, 회사가 경쟁적 공개매수를 조장함으로써 이를 통해 충분한 정보가 제공되어 주주가 합리적인 투자 결정을 할 수 있고 공개매수가격의 상승으로 주주의 이익이 더욱 증가된다는 점을 근거로 한다.[31)]

---

30) 미국의 Easterbrook과 Fischel 교수 등이 주장한 견해로 미국에서 소수의 법원이 이에 따르고 있다. 이홍철, 앞의 논문, 452면 ; 송종준, 앞의 논문, 204면.

31) 이홍철, 앞의 논문, 452면.

(4) 결어

경제적 측면에서 적대적 M&A가 사회적 부를 증가시키는지 여부는 아직까지 분명하게 검증된 바 없고 적대적 M&A 자체가 긍정적 · 부정적 효과를 함께 가질 수 있다는 것이 일반적 인식이기 때문에, 그에 대한 방어행위의 정당성을 경제적 효용론에서 일반적으로 도출하기는 곤란하다.[32)]

한편 회사지배이론의 관점에서 보면 회사의 지배권은 주주에 의하여 결정된다고 할 것이므로 이사는 적대적 M&A의 시도에 대하여 중립을 지킬 의무가 있는 것이 아닌가 하는 결론에 이를 수도 있다. 그러나 개별 주주의 투자 결정과 전체 주주의 집단적 이익은 서로 다를 수 있으므로, 회사에 대하여 선관주의의무를 부담하는 이사로서는 적극적으로 회사의 이익을 방어하기 위하여 적대적 M&A에 방어행위를 하는 것은 가능하다고 보아야 할 것이다.[33) · 34)]

---

32) 이홍철, 앞의 논문, 453면 ; 송종준, 앞의 논문, 206면은 경제적 논리에서 중시하는 경제적 효과라는 것은 단기적으로는 긍정적일 수 있는 반면, 장기적으로는 부정적일 수도 있으므로 이사의 방어책이 회사와 주주의 최대이익 실현을 위하여 정당한 조치라고 단언할 수 없는 것이고, 따라서 이 논리는 이사의 방어책행사의 적법성에 대한 법률적 근거로 보기는 어렵다고 한다. 경험적으로도 치열하게 공방이 오갔던한화종금사건이나 미도파사건의 경우, 양측 모두 커다란 피해를 입었고 주주들 역시 커다란 손실을 면치 못했다.

33) 송종준, 앞의 논문, 207면. Paramount Communications, Inc. v. Time Inc.사건에서 델라웨어주 법원은 파라마운트 측의 공개매수 제의가 타임 주주들에게 명백하게 유리함에도 불구하고 타임과 워너 사이의 전략적 합병을 유지하기 위한 타임 측의 방어책을 승인하였다. 571 A.2d 1140 (Del. 1989). 많은 학자는 회사의 전략을 유지할 수 없다는 명백한 근거가 없는 한 자신의 우호적 합병을 방어할 수 있다는 델라웨어주 법원의 판시를 두고 대상기업은 포이즌필을 회수하길 거절함으로써 적대적 인수 시도자에 대하여 "그냥 안 돼"라고 말할 수 있는 권한이 있다는 뜻으로 해석하였다고 한다. Guhan Subramanian, 앞의 논문, 626면.

34) 대상기업의 이사가 주주들보다 많이 알기 때문에 주주들은 가만히 있는 것이 더 이

나아가 대상기업은 강력한 방어수단을 갖춤으로써 그렇지 못한 기업보다 협상과정에서 더 많은 것을 얻을 수 있다는 이유로 대상기업의 이사회가 적대적 인수 시도에 대항할 수 있는 폭넓은 재량을 가져야 한다는 논거도 가능할 것이다.[35] 즉 방어수단을 갖춘 기업은 인수시도자가 협상 도중에 조건이 맞지 않을 때 적대적 M&A를 시도할 수 있다는 묵시적 위협을 할 경우, 이를 좀 더 효과적으로 막아 냄으로써 우호적 인수 협상과정에서 좀 더 많은 프리미엄을 얻어 낼 힘을 갖게 되고, 이러한 이익은 대상기업의 주주들에게 커다란 수익을 가져다줄 수 있다는 것이다.[36]

그 밖에도 미국에서는 2단계 공개매수, '토요일 밤 특선,'[37] 점차 불리해지는 공개매수[38]와 같이 대상기업 주주들의 주식매도를 강제하는 강압적 인수 제안을 방지하기 위하여 대상기업의 방어수단이 필요하다는 견해가 있었으나, 1968년 윌리엄스법의 의무공개 매수기간, 비율매수원칙, 전(全) 주주원칙규정이나 주법의 공정가격규정 등에 의하

익이라는 뜻은 아닐 것이다. 한때 미국에서는 주주들이 경영진이 제시하는 주식의 본질적 가치를 불신하기 때문에 저가의 매수 제안에 응하는 실수를 저질러 이러한 주주의 무지로 인한 매도를 방지하기 위하여 이사들의 방어행위가 허용되어야 한다는 견해가 있었으며, 델라웨어주 법원도 1980년에 이러한 실체적 논거를 채용한 바 있었다고 한다. 그러나 1990년대 경험적 연구 결과, 이사들을 믿고 계속 중립을 유지한 주주들은 결국 최초 공개매수가보다 낮은 대가를 받았음이 밝혀졌다.

35) Guhan Subramanian, 앞의 논문, 621면.

36) Guhan Subramanian, 앞의 논문, 630면.

37) 토요일 밤 특선(saturday night special)은 단지 단기간(2~3일 정도)만 유효한 공개매수로서 대상기업의 주주들은 그에 응할지 여부를 신속히 결정하여야 한다. 이는 1975년 콜트인더스트리의 갈록에 대한 적대적 공개매수에 대응하는 대외적 선전의 일환으로 소개된 개념이다. Patrick A. Gaughan, Mergers, Aquisitions, and Corporate Restructuring, 39-40 (1996)(Guhan Subramanian, 앞의 논문, 631면에서 재인용).

38) 점차 불리해지는 공개매수(cascading tender offer)는 연속적인 공개매수 단위마다 점점 낮은 대가를 제공한다. Guhan Subramanian, 앞의 논문, 631면.

여 모두 해소되었다.[39)]

그러나 최근의 엔론 · 월드콤 등의 파산에서 볼 수있듯이 적대적 M&A에 대한 이사의 방어행위를 폭넓게 용인하고 대신 스톡옵션 등을 통하여 경영진의 회사에 대한 충성을 제고한다는 주장은 힘을 잃고 있고, 대신 무능한 경영진을 교체한다는 적대적 M&A의 본래적 역할을 중시하는 주장이 점점 힘을 얻어 가고 있다.[40) · 41) · 42)]

상법 해석상 적대적 M&A에 대한 이사의 방어행위가 불가능한 것은 아니지만, 방어행위 그 자체로 적법하다고도 할 수 없다. 오히려 이사들이 회사의 이익을 추구한다는 표면적 목적 아래 한화종금사건에서 보듯이 자신들의 경영권 보전이라는 사적 이익을 추구할 가능성을 배제할 수 없다. 여기에서 적대적 M&A 국면에서 이사의 방어행위가 가능한지에 관한 논의와는 별도로 그 정당성이 어느 범위까지 인정되는지에 관하여 논의할 필요성이 생겨난다.

---

39) 이러한 윌리엄스법의 규정은 우리나라 증권거래법에 모두 채용되었다. 다만 최초는 현금, 나중에는 주식을 대가로 제시하는 이중 대가 공개매수(dual consideration offer)의 경우에는 여전히 의미가 있다고 한다. Subramanian, 앞의 논문, 632면.

40) Guhan Subramanian, 앞의 논문, 685면.

41) 한화종금사건에서 제2 대주주 측이 우호세력과 함께 비밀리에 증권거래소에서 제1 대주주 측을 능가하는 주식을 매집하고 경영진의 개편을 위한 임시주주총회의 개최를 요구하자 제1 대주주 측이 경영권의 방어를 위하여 전환사채를 발행하였고, 인수자들이 1~3일 후 그중 대부분을 주식으로 전환하였다. 이에 제2 대주주 측이 전환된 주식의 의결권행사금지를 가처분으로 구함에 대하여 이유는 달랐지만, 제1 · 2심 모두 가처분 신청을 기각하였다. 이후 그에 대한 반성이었는지는 확실하지 않지만, 증권거래법 제23조 제4항의 개정으로 공개매수가 진행되는 동안에는 우호적인지 적대적인지를 불문하고 의결권 있는 주식에 관계되는 유가증권의 발행과 그 발행에 관한 이사회 또는 주주총회의 결의와 같이 의결권 있는 주식수의 변동을 초래할 수 있는 행위는 금지되었다. 이는 지배권 쟁탈이 있는 경우 이사의 방어권 행사를 어느 정도 제한한 것으로 해석할 수 있다.

42) 캘리포니아주도 포이즌필의 가장 일반적 형태인 플립인필의 효력을 인정하지 않게 되었다. Guhan Subramanian, 앞의 논문, 628면.

3. 방어행위의 정당성

(1) 미국에서의 논의

경영판단의 원칙(business judgment rule)은 미국 회사법상 가장 기본적인 개념으로 직접적으로는 법원과 이사의 관계를 다루고 간접적으로 이사와 주주의 관계를 다룬다. 대부분의 경우 법원은 이사가 합리적인 정보(reasonable investigation)에 기초하여 선의(good faith)로 내린 경영판단(business judgment)에 대하여 사후적 판단(second-guess)을 하지 않는다.[43] 따라서 경영판단의 원칙이 적용되는 경우, 이사의 판단은 원고에 의하여 이사회가 주의의무나 충실의무를 다하지 않았다는 점이 입증되지 않는 한 존중된다. 그러나 이사가 매우 부주의(grossly negligent)하거나 이해의 충돌(conflict of interest, self dealing)[44]이 있는 경우, 경영판단 원칙의 보호를 받을 수 없다. 그리고 이사의 자기거래와 같이 이사와 회사 간 이익 충돌의 우려가 있는 경우, 이사는 자신의 행위가 완전히 공정하였음(entire fairness)을 증명하여야 한다.

M&A 국면은 위 양자의 중간 영역에 속하기 때문에 법원은 이사회 절차와 행위에 관하여 강화된 사법심사를 행하고, 나아가 이사들의 결정이 합리적인지 여부를 심사한다. 이사들은 경영판단원칙에 의존

---

43) 델라웨어주 법원은 다음과 같이 경영판단의 원칙을 정의하고 있다. "a presumption that in making a business judgment decisions the directors… acted on an informed basis, in good faith and in the honest belief that the action taken was the best interests of the company." Aronson v. Lewis 473 A.2d 805, 812 (Del. 1984).

44) 물론 이사의 사적 이익이 있다고 하여 바로 충실의무위반이 되는 것은 아니라고 할 것이고, 이사 1명의 사적 이익이 결부되었다고 하여 이사회 결의에 직접적 영향을 미친다고 할 수도 없다.

할 수 없고 그들의 행위와 절차가 법원이 정한 기준에 부합한다는 것을 적극적으로 증명해야 한다.

적대적 인수를 방어하는 국면에서 이사들은, 첫째 기업의 정책 및 효율성에 대한 위험이 존재한다고 믿을 만한 충분한 이유가 있었음과, 둘째 방어를 위한 조치와 거래가 처해진 위험에 비추어 합리적임을 증명하여야 한다.[45] 만일 이 두 가지를 증명할 수 있다면 이사들은 경영판단원칙의 보호를 받을 수 있다. 델라웨어주 법원은 그중 첫 번째 요건은 상당히 폭넓게 인정하는 추세로서, 공개매수가격이 부적절한 경우에도 위험이 존재한다고 인정하기도 한다.

두 번째 요건과 관련해서는 우선 방어수단이 강제적이거나 차별적인지 여부(coercive or preclusive)를 심사하여 과잉방어가 아니라면, 다음으로 합리성의 범위 내에 속하는지 심사할 것을 요청하고 있다.[46] 회사가 매도되는 경우가 아니라면 이사회는 이른바 회사의 수비대이자 주주의 수호자로서 사전통지규정, 결의요건강화규정, 주주권규정, 환매수 등을 통하여 합리적으로 대응할 수 있는 것이다.

경영권의 매도와 관련되는 거래도 강화된 사법심사의 대상이 된다. 델라웨어주 법원은 경영권 매도와 관련된 국면에서 이사는 주주들에게 가능한 가장 높은 가격을 보장할 의무가 있다고 한다.[47] 일단 회사의 경영권을 매도하기로 결정한 이상 이사들의 역할은 회사 진지의 수비대에서 주주를 위하여 최선의 가격을 얻어 낼 의무가 있는 경매인으로 변환된다. 물론 이때 이사의 결정이 꼭 완벽한 것일 필요는 없고 단지 합리적이면 충분할 것이다. 단일한 지배주주가 존재하지 않

45) Unocal Corporation v. Mesa Petroleum Co. 493 A.2d 946 (Del. 1985).

46) Unitrin, Inc. v. American General (Del. 1995. 11. 1).

47) Revlon, Inc. v. NacAndrews and Forbes Holdings, Inc. 506 A.2d 173 (Del. 1986)

는 상장법인 사이의 주식교환을 통한 합병은 매도 또는 경영권 변동에 해당하지 않을 것이므로 위와 같은 기준에 따른 심사를 받지 않는다고 한다.[48)] 즉 회사가 현금(주식이 아닌 다른 대가 포함)에 팔리거나 주식교환을 통한 합병이 경영권의 변동을 가져오는 경우에만 이사는 경매인으로서의 의무를 부담한다.

다음으로 이사가 주주의 의결권행사를 방해하거나 봉쇄하기 위한 경우라면 지극히 합법적 전략을 쓰더라도 신인의무 위반이 된다. 왜냐하면 이사들은 주주의 의결권행사를 방해하기 위하여 회사제도를 악용해서는 안 되기 때문이다.[49)] 법원은 여러 사정을 종합하여 주로 주주의 임박한 의결권행사를 저해하는 행위라고 판단되면 이사에게 그러한 행위가 정당화될 수 있는 급박한 이유가 있다는 점에 관한 증명을 요구할 수 있다. 그에 응하여 이사는 주주의 의결권행사를 저해하는 행위에 대한 명백하고 합당한 사정을 증명하여야 할 것이다.

끝으로 거래를 승인하는 과반수 이사들에게 영향을 미치는 이해의 충돌이 존재함이 밝혀진 경우에는 가장 엄격한 기준으로서 그 거래가 주주들에게 완전히 공평한 것인지 여부를 심사하는 완전한 공정(entire fairness)기준의 적용을 받는다. 완전한 공정기준을 통과하기 위해서는 거래가 공정한 절차에 따라 진행되어야 하고 그에 따른 가격 또한 공정하여야 할 것이다.

미국 델라웨어주 법원은 1980년대에 이사의 의무를 강화하는 방향

48) Paramount Communications, Inc. v. Time Incorporate 571 A.2d 1140 (Del. 1990) ; Arnold v. Society For Savings 650 A.2d 1270 (Del. 1994). 델라웨어주 법원은 대규모이자 유동적이고 변화 가능하며 실제로 변화하고 있는 시장에 경영권이 남아 있는 한 경영권의 변동은 없는 것이라고 한다.

49) Blasius Industries, Inc. v. Atlas Corporation 564 A.2d 651 (Del. Ch. 1988).

으로 나아가 이사가 행한 방어수단의 효력을 다수 부정하는 판결을 내렸다가[50] 1990년대에는 포이즌필의 회수를 거절하기 위하여 "그냥 안돼(just say no)"라고 반응하는 것까지도 용인하여 거의 경영판단의 원칙에 가까운 판결을 내렸다. 그러나 최근의 엔론, 월드콤 등의 사태에서 보듯이 이사들의 경영판단의 원칙보다는 주주나 채권자의 보호가 필요하다는 공감대가 형성되고 있으므로 향후 어떠한 내용의 판결이 내려질지 지켜볼 일이다.

(2) 우리나라에서의 논의

우리나라에서는 아직 미국 법원의 태도를 소개하는 수준의 논의만 진행되고 있는 것으로 보인다.[51] 즉 이사는 적대적 M&A의 위협에 처했을 때 일정한 경우에는 이사의 선관주의의무나 충실의무에 따라 회사의 집단적 이익을 합리적으로 고려하여 회사에 이익이 되는 방향으로 적절하게 방어행위를 할 의무와 권한이 있다고 할 것이고, 앞에서 살펴본 미국 판례들은 그 기준이 될 수도 있을 것이라고 소개한다.

우리나라 법원이 적대적 M&A 국면에서 이사의 방어행위를 다룬 사례는 그다지 많이 발견되지 않는다. 앞서 본 한화종금사건[52]·[53]에

---

50) Grand Metro. Pub. Ltd. v. Pilsbury Co. 558 A.2d 1049 (Del. Ch. 1988)에서는 Unocal 기준을 적용하여 방어적인 스핀오프(spin-off)를 금지하고 필의 회수를 명하였다. City Capital Assocs. Ltd. v. Interco Inc. 551 A.2d 787 (Del. Ch. 1988)에서도 자본구조 변경을 금지하고 Unocal기준을 적용하여 필의 회수를 명하였다. AC Acquisitions Corp. v. Anderson, Clayton & Co. 519 A.2d 103 (Del. Ch. 1986) 역시 Unocal기준을 적용하여 방어적 자본구조 변경을 금지하였다. Guhan Subramanian, 앞의 논문, 626면.

51) 송종준, 앞의 논문, 212면 이하 ; 이홍철, 앞의 논문 460면 이하.

52) 자세한 사실관계는 이홍철, 앞의 논문, 483면 이하 참조.

53) 위와 같은 방어행위는 곧바로 있은 상장법인재무관리규정의 개정으로 불가능해

서 제1심인 서울지방법원은 제2 대주주 측의 의결권행사금지가처분 신청을 기각하면서 "전환사채의 발행은 회사의 조직법상의 행위가 아니라 거래법상의 행위이고 전환사채권은 유통성이 강한 유가증권이므로 주주의 이익보호 이상으로 거래안전의 보호를 중시하여 발행무효 사유를 엄격히 보아야 한다"라고 판시하여 이사의 방어행위의 적법성 내지 정당성을 순전히 형식적으로 법령에서 정한 절차를 준수하였는지 여부에 따라 결정하였다.[54] 이에 반하여 제2심인 서울고등법원은 "위 전환사채의 발행은 경영권분쟁 상황하에서 열세에 처한 구지배세력이 지분비율을 역전시켜 경영권을 방어하기 위하여 이사회를 장악하고 있음을 기화로 기존 주주를 완전히 배제한 채 제3자인 우호세력에게 집중적으로 신주를 배정하기 위한 하나의 방편으로 채택된 것으로서, 이는 전환사채제도를 남용하여 전환사채라는 형식으로 사실상 신주를 발행한 것으로 보아야 한다. 그렇다면 이 사건 전환사채의 발행은 주주의 신주인수권을 실질적으로 침해한 위법이 있어 신주발행을 위와 같은 방식으로 행한 경우와 마찬가지로 이를 무효로 보아야 한다. 뿐만 아니라 이 사건 전환사채 발행의 주된 목적은 경영권분쟁 상황하에서 우호적인 제3자에게 신주를 배정하여 경영권을 방어하기 위한 것인 점, 경영권을 다투는 상대방이자 감사인 신청인에게는 이사회 참석기회도 주지 않는 등 철저히 비밀리에 발행함으로써 발행유지가처분 등 사전구제수단을 사용할 수 없도록 한 점, 발행

졌다. 나아가 위 상장법인 재무관리규정은 2000년 12월 제정된 금융감독위원회의 유가증권의 발행 및 공시 등에 관한 규정(이하 '발행공시규정')으로 통합되어 현재는 발행공시규정 제60조에서 경영권분쟁이 신고 · 공시된 이후에는 전환사채의 제3자 배정에 의한 방어행위가 허용되고 있지 않다.

54) 서울지법 1997. 2. 6.자 97카합118 결정. 이렇게 되면 이사의 방어행위는 대부분 적법한 것으로 판단될 것이다.

된 전환사채의 물량은 지배구조를 역전시키기에 충분한 것이었고, 전환기간에도 제한을 두지 않아 발행 즉시 주식으로 전환될 수 있도록 하였으며, 결과적으로 인수인들의 지분이 경영권 방어에 결정적인 역할을 한 점 등에 비추어 볼 때 이 사건 전환사채 발행은 현저하게 불공정한 방법에 의한 발행으로서 이 점에서도 무효라고 보아야 한다"라고 판시하여, 이사의 방어행위의 목적 · 절차 · 효과 등에 대하여 실질적인 판단을 통하여 방어행위의 효력을 판단하였다.[55)]

위 서울고등법원의 결정은 적대적 M&A 국면에서 이사회의 행위목적이 경영권 유지에 있고 일부 주주의 권리를 철저히 배제한 것이라면, 비록 법령의 테두리 내에서 적법하게 이루어졌더라도 권한의 남용 내지 의무위반에 해당한다고 보아 이사회의 행위 자체의 효력을 부정한 것에 의미가 있다. 그러나 이후 증권관리위원회가 적대적 M&A 국면에서 방어행위로서 이사회가 사모전환사채를 이용하는 것을 원천적으로 봉쇄한 것은 문제가 없다고 할 수 없다. 기본적으로 적대적 M&A는 긍정적 요소와 부정적 요소를 동시에 가지고 있다고 할 것인데, 증권관리위원회는 긍정적 요소를 지나치게 부각하여 이사회가 법에 따라 정당하게 행하는 방어행위까지 모두 금지하여 버린 것은 과잉 규제라고 할 것이다. 오히려 이사의 방어행위에 대하여는 법원의 사법심사에 따라 구체적 · 개별적으로 판단될 수 있도록 하였어야 할 것으로 보인다.

---

55) 서울고법 1997. 5. 13.자 97라36 결정.

Ⅳ. 방어행위를 둘러싼 분쟁의 형태

1. 방어행위 자체의 효력을 부정하는 소송

이사회의 방어행위의 적법성 내지 정당성이 문제될 경우, 인수 시도자는 그 방어행위의 무효 확인을 구하는 본안소송을 제기함과 동시에 대상회사를 상대로 방어행위의 구체적 효력을 부정하는 가처분을 제기하게 될 것이고, 이사회의 방어행위가 위법하거나 권한의 남용으로 판단된다면 가처분이 인용되어 이사회의 방어행위는 무위로 돌아갈 것이다. 한화종금사건이나 미도파사건에서 법원은 이사회의 방어행위가 현저히 불공정하다는 이유로 그 효력을 모두 부인하였으나 결과적으로 미도파의 방어행위는 가처분의 인용으로 무위로 돌아갔고, 한화종금의 방어행위는 상대방에게 보전의 필요성이 인정되지 않는다는 이유로 가처분이 기각되어 방어행위의 효력 자체는 영향을 받지 않았다. 우리 법원은 한화종금사건에서 보듯이 이사회가 취한 방어행위의 목적이 경영권 유지에 있는 경우, 방어행위를 주체인 회사를 기준으로 하기보다는 구체적 행위자인 이사회 내지 대표이사를 기준으로 다른 사건보다 좀 더 엄격하게 심리하여 효력 유무를 살피는 것으로 보인다. 그러나 이사회의 판단을 최대한 존중할 것인지, 엄격한 기준으로 심사를 행할 것인지, 아니면 제3의 중간적 기준을 적용할 것인지에 관하여 우리 법원은 아직 어떠한 기준도 제시하지 않았는바, 이에 대한 공백을 메우는 방법으로 델라웨어주 법원의 판단기준은 대단히 유용한 것이라고 볼 수 있다.

2. 이사에게 손해배상을 구하는 소송

우리나라에서 이사의 방어권 남용과 관련한 논의는 주로 이사의 손해배상책임으로 논의되고 있으나, 이는 오히려 적대적 M&A가 모두 끝난 다음의 일로서 방어행위 성공이나 실패로 말미암은 회사 자체의 손해나 주주 개인에 대한 손해의 배상을 구하는 것이므로 그렇게 자주 접할 수는 없으리라 판단된다.[56)]

어쨌든 적대적 M&A에 대한 이사의 방어행위가 상법이나 특별법 또는 정관에 위반되거나 이사의 선관주의의무나 충실의무를 위반한 때에는 상법 제399조에 따른 손해배상책임을 지게 된다. 이 경우 이사는 그 손해배상책임을 면하기 위해 자신에게 고의과실이 없었음을 주장 · 증명하여야 할 것이다.[57)] 그 주장 · 증명의 정도는 이사의 방어행

56) 인수 시도 기업의 이사들에 대한 손해배상청구에 관하여는 경영판단의 원칙을 적용하여, 인수 대상기업의 비정상적인 재무 상황에 비추어 기업의 인수에 따른 위험성의 정도가 통상적인 범위를 이미 훨씬 넘어서고 있는 사정에 있는 경우, 마땅히 인수 결의에 참석한 이사들은 인수 대상기업의 재무구조, 인수 대상기업을 인수하는 것이 신규 업체를 설립하는 것보다 어느 정도의 이익이 있는지 그에 대한 근거, 인수 대상기업을 인수하여 경영을 정상화시킬 수 있을 때까지 부담하여야 할 투자비용, 그로 인하여 장래 얻게 될 예상 수익, 인수에 따라 예상되는 위험성의 정도 등에 관하여 보고받고, 필요한 경우 관련 자료를 제출할 것을 요구하여 검토하는 등 기업의 인수에 따른 위험성의 정도를 면밀히 검토하여야 함에도 이사회 개최 전은 물론 이사회 당일에도 참석 이사들이 그와 같은 점에 대하여 충분한 정보에 기하여 선량한 관리자로서의 주의의무를 다한 검토를 하지 아니한 채, 기업 인수의 필요성과 추진방법에 관하여만 기재된 자료를 참조하고 1시간 만에 기업 인수를 결의한 경우, 인수 결의에 참석한 이사들은 회사의 이익을 위하여 충분한 정보에 기하여 합리적인 통찰력을 다하여 적절한 판단을 하였다고는 도저히 보이지 아니하므로 위 인수 결의는 경영판단으로서 보호될 수 없고, 따라서 이사로서의 임무를 해태하였다고 인정한 사례는 있다. 수원지법 2001. 12. 27. 선고 98가합22553 판결.

57) 이홍철, 앞의 논문, 464면.

위가 자신의 이익을 위한 것이었는지 여부, 회사의 장기적인 이익을 위한 것이었는지 여부에 따라 달라질 것이다.

한편 이사가 적대적 M&A에 대한 방어행위를 하면서 악의 또는 중대과실로 인하여 임무를 해태한 때 그 이사는 주주에 대하여 연대하여 손해를 배상할 책임이 있는데, 고의과실 유무는 주주가 증명하여야 한다고 한다. 이 경우 적어도 이사의 방어행위가 자신의 이익을 위한 것이었음이 명백하지 않다면 이사는 주주 개인에 대한 책임은 지지 않는다고 해석함이 상당하다.

V. 결어

적대적 M&A 국면에서 이사는 오로지 회사나 주주의 이익을 위하기보다는 자신의 지위를 보전한다는 개인적 이익을 위해 행동할 가능성이 크다. 따라서 이사회의 행위의 적법성 내지 정당성을 판단함에 있어서 법원은 이사회의 행위가 형식적으로 법령에 위반되는지 여부에 대한 심사에 그칠 것이 아니라 이사회의 행위가 적법하더라도 이사들의 이익을 위하여 그 권한을 남용한 것은 아닌지 엄격하게 심사하여야 할 것이다. 앞으로 우리 법원은 구체적으로 이사의 지위가 회사를 방어하는 수비대의 지위에 있는지, 아니면 회사를 경매하는 경매인의 지위에 있는지 여부 등을 따져 그 방어행위의 적법성 내지 정당성 심사기준을 정해 나가는 과정을 밟게 될 것으로 기대한다.

제9장 적대적 M&A에서 가처분이 활용되는 사례

김용호*

I. 머리말

적대적 M&A란 주식회사의 이사회를 장악하기 위하여 벌이는 다툼을 의미하는 것으로, 넓게 보면 과반수의 이사를 확보하기 위한 모든 다툼이 그 범주에 포함되는 것이나 핵심은 주주총회에서의 이사선임[1)]

* 법무법인 세종 변호사

1) 정관에 달리 정함이 없는 경우 주주총회의 보통결의(상법 제368조, 출석주주의결권의 과반수+발행주식총수의 4분의 1)로 이사를 선임한다. 일반적으로 '발행주식총수의 50%+1'을 확보하는 경우 보통결의를 할 수 있는 것으로 인식되나, 사안에 따라서는 그러한 주식 수로도 보통결의를 할 수 없는 경우(일부 주식에 대하여 의결권행사금지가처분이 있거나 법률상 의결권이 제한되는 주식이 있는 경우 등)가 있고, 상장회사의 경우에서 보듯이 그보다 훨씬 적은 주식 수로도 보통결의를 할 수 있다. 따라서 보통결의를 할 수 있는지의 여부는 개별 회사마다 구체적 사정에 따라 결정되는 것이라고 하겠다. 한편 주주총회에서의 특별결의(상법 제434조, 출석주주의 3분의 2+발행주식총수의 3분의 1)와 관련한 다툼도 있을 수 있으며, 특별결의가 가능한 지분을 확보하는 경우 이사해임 등이 가능하여 소위 시차임기제 · 이사정원제 등의 방어전략을 깨뜨릴 수 있

을 둘러싸고 벌이는 다툼이다. 적대적 M&A는 법률분쟁의 종합판이라고 불릴 정도로 다툼 있는 권리관계를 양산하고 누가 경영권을 행사하는지의 여부가 승패와 직결되는 경우가 많으므로, 조기에 경영권을 장악하고자 본안판결 이전에 가처분을 활용하게 된다.

적대적 M&A에서 가장 많이 활용되는 가처분[2]은 "다툼이 있는 권리관계에 대하여 임시의 지위를 정하기 위하여" 하는 것으로, "특히 계속하는 권리관계에 끼칠 현저한 손해를 피하거나 급박한 위험을 막기 위하여 또는 그 밖의 필요한 이유가 있을 경우"에 하는 것이다(민사집행법 제300조 제2항). 임시의 지위를 정하는 가처분은 '다툼 있는 권리관계'이면 족하므로 보전하고자 하는 권리 또는 법률관계의 종류는 묻지 아니한다.[3] 이러한 점이 바로 임시의 지위를 정하기 위한 가처분의 가장 중요한 특징으로서, 다툼 있는 권리관계에 대하여 본안판결을 받은 것과 동일할 정도로 신속한 권리실현이 가능하므로,[4] 조

는 등 손쉽게 경영권분쟁에 대처할 수 있음은 물론이다.

2) 민사집행법상 판결의 집행보전을 위한 제도로는 금전 · 채권 등의 집행보전을 위한 가압류(민사집행법 제276조)와 가처분이 있는바, 가처분에는 다툼의 대상(소위 '계쟁물')에 관한 가처분(동법 제300조 제1항)과 임시의 지위를 정하기 위한 가처분이 있다(동법 동조 제2항). 가압류나 계쟁물에 관한 가처분이 활용되어 효과를 발휘하기도 하지만, 적대적 M&A에서 활용되는 대부분의 가처분은 임시의 지위를 정하는 가처분이다.

3) 법원실무제요, 민사집행 IV, 법원행정처, 2003, 8면.

4) 가압류나 다툼의 대상에 관한 가처분과 같이 밀행성이 지배하는 보전처분의 경우, 일반적으로 1주일 내외의 시간 정도면 결정을 받을 수 있을 정도로 신속성은 매우 뛰어나다. 반면 임시의 지위를 정하는 가처분의 경우 권리관계에 미치는 영향이 사실상 본안판결이 실현된 경우와 같을 정도로 중대하므로(가처분의 본안화), 반대당사자를 불러 심문을 거치고 권리관계가 확실한 경우(고도의 소명을 필요로 한다고 표현)에 임시의 지위를 정하는 가처분결정을 하고 있다. 그러한 점에서 밀행성을 속성으로 하는 가압류나 계쟁물에 관한 가처분보다는 신속성이 떨어지기는 하지만, 임시의 지위를 정하는 가처분 역시 보전처분으로서 조속한 권리구제가 장점이며, 상황에 따라 다르기는 하나 실무상 일반적으로 1개월 내외의 시간 내에 결정을 받을 수 있는 것으로 인식되고 있다.

속히 경영권을 차지하고자 다툼이 양산되는 적대적 M&A에서 광범위하게 활용될 수밖에 없는 것이다.

이 글에서는 대상회사가 일반적인 상장회사(또는 코스닥 등록회사)임을 전제로 공격자가 처음부터 주식을 취득하여 경영권을 장악하는 경우를 가정하여 단계별(발판취득, 5%룰에 따른 공시, 위임장쟁탈전, 주주총회 전후 등)로 실무상 가처분이 문제되는 장면들과 실무상의 쟁점들을 정리하고자 한다.

II. 발판취득단계

공격자는 대상회사나 방어자 몰래 최대한 많은 수의 주식을 취득하고 싶을 것이나 증권거래법은 본인 · 공동보유자 등의 주식 수가 5% 이상 되는 경우, 매수일로부터 5일 이내에 지분취득목적 등을 공시할 것을 요구하고 있다.[5] 따라서 소위 5%룰에 따른 공시까지[6] 공격자는

5) 공격자가 처음으로 노출되는 소위 5%룰이란 i) 공격자가 5% 이상의 주식을 취득한 경우, ii) 결제일로부터 5일 이내에 iii) 본인 · 특수관계인 · 공동보유자의 보유주식과 지분취득목적을 공시하여야 하며, iv) 이에 위반한 경우 위반 주식에 대하여는 일정 기간 의결권행사가 금지되고(고의시 6개월, 착오 등의 경우 정정일까지), v) 금융감독위원회는 위반분에 대하여 처분명령을 내릴 수 있으며, vi) 위반 행위에 대하여는 일정한 형사 책임이 따르는 일련의 제도를 의미한다(증권거래법 제20조의2 내지 4, 동법 제207조의3 등 참조). 한편 5%룰에 따른 공시 이후 1% 변동시마다 공시하여야 하므로, 5% 이상을 취득한 단계에서는 공격자의 움직임이 공시를 통하여 방어자에게 감지된다.

6) 공격자는 주식매수일(증권거래의 3일 결제제도상 매매주문일부터 기산하여 3일째 되는 날)로부터 5일 이내에 신고 및 공시를 하면 된다. 따라서 5%를 초과하는 매매주문일부터 공시를 하기까지의 시간을 이용하여 최대한 주식을 매집하고자 노력한다. 철저한 준비를 한 공격자는 5%룰에 따른 공시가 이루어지기 전에 경영권 장악에 필요한 주식을 확보할 수도 있다. 그러나 일정한 규모 이상의 상장회사의 경우 단기간에 경영권 확

비밀리에 최대한 많은 수의 주식을 확보하여야 하는바, 공격의 발판을 마련하는 주식취득을 가리켜 발판취득(tow-hold acquisition)이라고 한다. 다툼 있는 권리관계로서 가처분의 근거가 되는 주주권 대부분은 5% 미만의 보유주식에 대하여 인정되고 있으므로 주주권에 기한 가처분은 5%룰에 따른 공시 이전에도 활용될 수 있는 것이나, 비밀리에 주식을 취득하는 발판취득단계에서 가처분 신청을 하여 공격자의 존재를 노출시킬 이유는 전혀 없다.

주주권은 경영권분쟁에서 매우 중요하고 분쟁의 전 과정에 걸쳐 언제든지 활용될 수 있는 무기의 성격을 가진다. 따라서 당사자들은 항상 단독주주권 및 소수주주권을 점검하면서 언제든지 필요한 것을 골라내어 사용할 수 있어야 한다.[7] 소수주주권행사에 있어 증권거래법은 필요한 주식 수와 요건을 상법과 달리 정하고 있다.[8] 즉 상장법인

보에 필요한 주식 수를 확보하는 것이 현실적으로 어렵고, 이에 공격자는 비밀리에 주식을 매집하여 우호주식으로 확보한 상황에서도 이를 신고 대상에서 누락시키는 경우가 있다.

7) 주주권을 포함하여 지분취득단계별 상법 또는 증권거래법 등 법률 문제에 대하여 잘 정리된 자료로는 손재호/이태훈/나종호, 적대적 M&A, 매일경제신문사, 2006, 311면. 320면.

8) 상법과 증권거래법상 주요 주주권

내용	상법	증권거래법
· 주주총회결의취소청구권	1주(제376조)	
· 주주총회결의무효확인등청구권	1주(제380조)	
· 부당결의취소변경청구권	1주(제381조)	
· 이사회의사록열람등사청구권	1주(제391조의3)	
· 주주명부등열람등사청구권	1주(제396조)	
· 신주발행유지청구권	1주(제424조)	
· 재무제표 · 감사보고서열람청구권	1주(제448조)	
· 이사에대한대표소송제기권	1%(제403조)	0.01%, 6개월(제191조의13 제1항)
· 이사의위법행위유지청구권	1%(제402조)	0.05%(0.25%), 6개월(동조 제2항)

의 경우 소수주주권행사에 필요한 주식 수의 요건은 상법보다 완화되어 있으나 6개월간 보유를 요구하고 있다(증권거래법 제191조의3항 참조). 여기서 증권거래법 규정이 상법에 대한 관계에서 특별규정 여부가 문제되는바, 대법원은 특별규정이 아니라고 판단하였으므로[9] 상법 또는 증권거래법의 요건 중 하나라도 충족하면 소수주주권을 행사할 수 있다.

5%룰과 관련하여 실무상 가장 문제가 되는 것은 공동보유자이다. 5%룰에 따른 신고대상인 주식은 본인과 특별관계자의 것을 합산하여야 하는바, 특별관계자는 특수관계인 및 공동보유자를 의미한다(증권거래법 제10조의3 제1항). 특수관계인은 법문상 비교적 명백하나(동법 동조의3 제2항), 공동보유자는 본인과 주식을 공동으로 취득하거나 처분하는 행위 또는 의결권을 공동으로 행사하기로 합의한 행위 등을 한 자를 의미하는 것이므로(동법 동조 제4항),[10] 그 자체로 신고 대상인지 여부를 사실관계상 단정하기 어려운 경우가 많다. 이처럼 사실관계상

· 회계장부열람청구권	3%(제466조)	0.1%(0.5%), 6개월(동조 제3항)
· 이사해임청구권 · 감사해임청구권	3%(제385조) 3%(제415조)	0.5%(0.25%), 6개월(동조 제4항) 0.5%(0.25%), 6개월(동조 제4항)
· 주주제안권	3%(제363조의2)	1%(0.5%), 6개월(제191조의14 제1항)
· 이사선임의집중투표청구권	3%(제382조의2)	1%(제191조의18 1항)
· 주주총회소집청구권 · 회사업무 · 재산상태검사청구권	3%(제366조) 3%(제467조)	3%(1.5%), 6개월(제191조의13 제5항) 3%(1.5%), 6개월(동조 제5항)

9) 대법원 2004. 12. 10. 선고 2003다41715 판결.
10) 제1항에서 '공동보유자'라고 함은 본인과 합의 또는 계약 등에 의하여 다음 각 호의 1에 해당하는 행위를 할 것을 합의한 자를 말한다.
1. 주식 등을 공동으로 취득하거나 처분하는 행위
2. 주식 등을 공동 또는 단독으로 취득한 후 그 취득한 주식을 상호 양도 또는 양수하는 행위
3. 의결권(의결권의 행사를 지시할 수 있는 권한을 포함한다)을 공동으로 행사하는 행위

단정하기 어렵다는 것은 실무상 언제 지뢰밭처럼 다툼이 발생할지 모른다는 것을 의미한다. 특히 공격자로서는 경영권 인수를 신속하고 용이하게 하고자 공동보유자를 공시에서 누락하는 경우도 있고, 방어자로서는 의심이 가는 주식에 대하여 일단 공동보유자임을 전제로 그 사실을 밝히고자 금융감독원진정 · 검찰고발 · 가처분 등의 조치를 취하면서 시간을 끈다.

III. 5%룰에 따른 공시 이후의 단계

1. 무상증자 관련 가처분

이제 공격자가 5%룰에 따른 공시를 하면 경영권분쟁은 본격적으로 시작되고,[11)] 방어자의 입장에서는 공동보유자 색출 등 방어에 필요한 시간을 벌어야 한다. 이때 방어전략으로 검토되는 것이 무상증자를 통한 방어전략이다.[12)] 방어자로서는 무상증자를 위하여 주주명부가 폐쇄되고 기준일이 정하여지는 것을 이용하여 시간을 벌면서 주주명부를 검토하여 대량의 주식을 보유한 자의 실체를 파악하며, 공동보유자로 의심되는 자에 대한 자료를 확보하여 금융감독원 · 검찰 · 법원에 제출하여 공동보유자임을 입증한다. 이때 공격자의 입장에서는 대상회사의 무상증자가 법령상의 요건에 맞는 것인지를 검토하여 위

11) 5%룰에 따른 신고시 주식취득목적은 경영참여목적인지, 단순투자목적인지를 구분하여 보고하여야 한다. 따라서 경영권 취득을 목적으로 하는 경우 경영참여목적임이 공시되고, 방어자나 대상회사는 5%룰에 따른 공시 이후부터 방어체제를 가동한다.

12) (주)KCC의 현대엘리베이터에 대한 경영권 공격 당시 2003년 11월 19일 대상회사에서 사용한 방어전략이다. 손재호/이태훈/나종호, 앞의 책, 56면.

법부당한 경우, 무상증자금지가처분을 신청할 수 있다. 다만 무상증자가 방어방법으로 활용되기는 하나, 모든 주주를 대상으로 무상증자를 단행할 때 공격자에게 자금 부담을 가중시키지 아니하고 또한 지분비율에 미치는 영향도 그리 크지 않다. 그러므로 피보전권리나 보전의 필요성이 인정될 근거가 약하고 실무상 가처분 공방이 오간 실례를 찾기도 어려운 실정이다.

2. 유상증자, 사채발행 관련 가처분

(1) 주주의 신주인수권을 인정하는 방식의 유상증자

아울러 방어자가 채택할 수 있는 방안으로는 시장에서 적대적 M&A 재료가 노출되어 주가가 상승한 상황을 이용하여 유상증자를 하는 것이다.[13] 유상증자 역시 무상증자와 동일한 효과를 가짐과 동시에 자금력이 모자라는 공격자에게 자금부담을 가중시키면서 시간적 여유를 가질 수 있으며, 유상증자과정에서 발생하는 실권주를 이사회 결의로 우호적 주주에게 배정하여 지분율 제고를 기할 수 있다. 물론 유상증자를 통하여 확보한 자금으로 자사주 취득 등의 방어행위에도 사용할 수 있다.

공격자로서는 유상증자가 자금조달이라는 본연의 목적과 무관하고 오로지 경영권 방어만을 목적으로 한 것으로 주주권 침해, 법령 또는 정관 위반에 해당한다는 이유로 신주발행유지청구권을 피보전권리로 하여 신주발행금지가처분신청을 할 수 있다. 이미 유상증자가 단행된

---

13) 경규철의 서울식품공업(주)에 대한 경영권 공격 당시 2004년 3월 16일자로 대상회사가 사용한 방어전략이다. 손재호/이태훈/나종호, 앞의 책, 23면.

경우라도 유상증자가 무효인 경우 등에는 신주발행무효의 소를 근거로 유상증자를 통하여 발행된 주식의 의결권행사금지가처분 등을 신청할 수 있다. 사전적으로 신주발행유지청구권에 근거한 신주발행금지가처분은 실체적으로 중대한 하자뿐만 아니라 법령 또는 정관 위반 등의 경우에도 가능하나, 사후적으로 신주발행무효의 소에 근거한 가처분은 이미 주식이 발행된 단계에서 이루어지는 것이어서 법령 또는 정관 위반 사유가 있다고 하여 모두 무효로 되는 것이 아니고 거래의 안전 · 법적 안정성 등을 고려하여 보다 엄격하게 심사된다.[14] 신주인수권을 인정하는 방식의 유상증자는 공격자에게 인수자금을 가중시켜서 경영권 인수를 어렵게 만드는 등 경영권방어목적이 있는 것은 사실이나, 신주인수권을 인정하는 관계상 법령 또는 정관 위반의 소지가 약하고 대부분의 회사로서는 언제든지 자금조달의 필요성이 있는 것이므로 무상증자와 마찬가지로 실제로 가처분이 이루어진 사례를 찾기는 어렵다.

(2) 주주의 신주인수권을 배제하는 방식의 신주 발행 등

실무상 가장 많이 문제가 되는 것은 제3자 신주 배정, 우리사주조합에 대한 신주 배정 등 기존 주주의 신주인수권을 배제하는 방식으로 유상증자를 하거나 주식 관련 사채(전환사채, 신주인수권부 사채)[15]를 발

14) 전휴재, "경영권분쟁과 가처분," 민사집행법연구 제2권(2006), 한국사법행정학회, 413-414면 ; 전환사채발행의 무효사유에 대하여는 대법원 2004. 6. 25. 선고 2000다37326 판결 및 동 판결에 대한 연구논문인 전현정, "전환사채발행의 효력," BFL 9호(2005. 1), 서울대학교 금융법센터 참조.

15) 유가증권의 발행 및 공시 등에 관한 규정은 경영권분쟁 기간 중 전환사채 및 신주인수권부 사채의 사모발행을 금지하고 있다(동 규정 제60조 및 제63조 참조).

행하여 우호지분을 확보하는 경우이다. 이미 5%룰에 따른 공시 또는 임시주주총회 소집요구 등으로 경영권분쟁이 현실화한 상황에서 제3자 배정방식으로 주식 또는 사채가 발행되는 경우, 공격자는 십중팔구 신주인수권 침해 · 법령 위반 · 현저히 불공정한 행위 등을 근거로 사전적으로 신주등발행금지가처분을 신청할 것이고, 이미 신주 발행이 이루어진 경우 신주발행무효소송을 제기하면서 발행된 주식의 유통을 막아 법률관계를 간명하게 가져가기 위한 상장금지가처분[16] 또는 주식처분금지가처분,[17] 무효인 신주의 의결권행사금지가처분 등을 신청할 것이다. 일반적으로 보아 이미 경영권분쟁이 발생한 상황에서 신주인수권을 배제하는 방식으로 주식 또는 사채 발행이 이루어지는 경우, 자본조달의 고유한 목적보다는 경영권 유지만 목적으로 한 것으로서 법령 위반 또는 현저히 불공정하여 무효라는 판단을 받을 가능성이 높아 보이며, 실제로 그러한 전제하에 가처분신청을 인용한 결정이 이루어진 사례들이 많이 발견된다.[18] 물론 경영권분쟁 상황이라고 하여도 긴급한 자금조달의 필요성이 인정되고, 다른 위법요소가 없는 경우 신주발행금지가처분신청이 기각된 사례도 있다.[19]

---

16) 상세는 전휴재, 앞의 논문, 424면.

17) 상세는 전휴재, 앞의 논문, 425면.

18) 서울고등법원 1997. 5. 13.자 97라36 결정(한화종금사건에서 전환사채발행에 대한 가처분 인용) ; 서울고등법원 2005. 8. 26.자 2005라199 결정(코리아휠의 우리사주조합에 대한 신주배정에 대하여 가처분 인용) ; 서울고등법원 2006. 7. 19. 선고 2006나24218 판결(세이브존사건에서 전환사채발행 무효 판단) ; 서울남부지방법원 2004. 11. 25. 선고 2003카합16871 판결(유비케어사건에서 제3자 배정증자방식 신주 발행 무효 판단) ; 수원지방법원 여주지원 2003. 12. 12.자 2003카합369 결정(현대엘리베이터사건에서 일반공모 증자방식의 신주 발행에 대하여 신주발행금지가처분 인용).

19) 서울중앙지방법원 2006. 5. 18.자 2006카합1274 결정(크린에어테크롤러지사건에서 신주발행금지가처분 기각) ; 서울서부지방법원 2005. 11. 17.자 2005카합1743 결정(대림통상사건에서 신주발행금지가처분 기각).

3. 자사주 관련 가처분

대상회사는 자사주를 취득(자사주펀드 포함)하는 방법으로 방어할 수도 있는바, 자사주는 의결권은 없으나 공격자가 취득할 수 있는 주식을 고갈시킴과 동시에 공격자의 지분을 희석시키는 효과가 있기 때문에 방어전략을 구사할 때 반드시 고려된다. 자사주 취득 등의 행위가 법령상 일정한 요건에 위반되는 경우 자사주취득금지 등의 가처분을 신청할 수 있으며, 회사가 사실상의 자사주에 대하여 의결권을 행사하려는 움직임이 포착되는 경우(회사가 자신의 계산으로 차명으로 주식을 취득한 경우 등)에는 자사주에 대하여 의결권행사금지가처분을 신청할 수도 있다. 한편 대상회사가 이미 자사주를 보유한 경우 자사주를 우호주주에게 처분하는 방어전략을 사용할 수 있다. 이러한 자사주 처분과 관련하여 이사회 결의가 없거나 일정한 위법 사항이 있는 경우, 자사주 처분 자체를 금지하는 자사주처분금지가처분을 신청할 수도 있고,[20] 자사주 처분이 무효인 경우 이미 처분된 주식에 대하여 의결권행사를 금지하는 가처분을 신청할 수도 있다.[21]

4. 5%룰에 근거한 의결권행사금지가처분

이러한 공방을 거치는 동안 공동보유자인지의 여부에 대하여 금융감독원과 검찰 등이 결론을 내리지 못하는 상황에서 주주총회를 맞게

20) 서울서부지방법원 2003. 12. 23.자 2003카합4154 결정(소버린의 SK에 공격 당시 자사주처분금지가처분 기각).

21) 서울서부지방법원 2006. 5. 4.자 2006카합393 결정에서는 대림통상의 자사주처분행위에 대하여 의결권행사금지가처분을 인용한 사례가 있다. 대림통상사건은 항소심에서 화해가 성립되어 소를 취하하는 방식으로 정리되었다.

되는 사태가 발생하는 경우, 방어자로서는 5%룰 위반을 이유로 의결권행사금지가처분을 신청할 수 있다. 고의로 규정을 위반한 경우 6개월간 의결권을 행사할 수 없으므로, 6개월이 경과되기 전에는 의결권 행사를 금지시키는 가처분 신청을 할 수 있다. 위에서 보았듯이 공동보유자라는 개념 자체가 사실관계에 대한 판단을 통하여 이루어지는 것이어서 실무상 사실관계에 대한 입증의 정도에 따라 가처분 신청이 인용[22]되기도 하고 기각[23]되기도 하기 때문에 결과를 예측하기 어려운 경우가 많다. 물론 대상회사로서는 그러한 주식에 대하여 주주총회에서 의결권행사를 거부할 수도 있으나, 공격자로부터 주주총회효력정지가처분, 주주총회에서 선임된 이사들의 직무집행정지 및 직무대행자선임가처분 등의 공격을 받을 수 있으므로 사전에 의결권행사금지가처분을 받는 것이 보다 간명하고 분쟁을 줄일 수 있다. 반대로 방어자가 경영권 공격에 대한 방어책으로 지분을 늘리는 경우에도 5%룰에 따른 지분 신고를 하여야 하며, 이를 위반한 경우 의결권행사금지가처분의 대상이 된다.[24]

5. 금융감독원의 처분명령 관련 가처분

예컨대 금융감독원이 5%룰 위반 주식에 대하여 처분명령을 내렸

---

22) 서울중앙지방법원 2004. 3. 26.자 2004카합809 결정(현대엘리베이터사건에서 신고누락된 주식에 대하여 의결권행사금지가처분 인용).

23) 서울서부지방법원 2006. 3. 24.자 2006카합392 결정(대림통상사건에서 소명 부족으로 의결권행사금지가처분 기각).

24) 2001년 그래닛창업투자의 삼애인더스에 대한 경영권 공격 당시 방어자가 5%룰 위반을 이유로 의결권행사금지가처분 결정을 받았으며, 그 결과 임시주주총회에서 의결권을 행사하지 못하고 경영권을 빼앗긴 적이 있다. 손재호/이태훈/나종호, 앞의 책, 108-109면.

다고 가정할 경우,[25] 공격자는 처분명령에 따라 일정한 시기에 주식을 처분하여야 한다. 이미 분쟁이 격화된 상황에서 공격자로서는 우호세력에게 주식을 처분하려 할 것이고, 따라서 시장매각을 통한 경우에도 통정매매 등을 통하여 주식을 처분할 가능성을 배제할 수 없다. 방어자로서도 처분명령에 따라 시장에서 처분되는 주식을 취득하려 할 것이나 상황상 용이하지 않을 수도 있다. 이처럼 시장 상황을 주시하던 방어자가 또다시 공격자의 공동보유자에게 주식이 넘어간 것으로 판단하는 경우, 재차 공동보유자와 관련한 싸움이 재연되면서 상황에 따라 다툼 있는 권리관계에 대하여 가처분 공방이 오갈 수 있다.[26]

6. 장외매수시 공개매수 관련 가처분

5%룰과 관련하여 공개매수규정이 문제된다. 공개매수는 의결권과 관련되는 상장주식을 6개월간 장외에서 10명 이상으로부터 5% 이상 취득하고자 하는 경우[27] 공개매수절차를 거쳐야 한다는 것으로,[28] 이에 위반하는 경우 5%룰 위반과 비슷한 제재가 가하여진다(증권거래법

25) 2004년 2월 11일 증권선물위원회는 (주)KCC가 사모펀드를 통하여 취득한 현대엘리베이터 주식에 대하여 5%룰 위반을 이유로 매각명령을 내린 바 있다. 손재호/이태훈/나종호, 앞의 책, 57면.

26) 사보이호텔의 신성무역에 대한 경영권 공격 당시 금융감독위원회의 처분명령에 따라 주식 처분이 이루어진 후, 시장에서 처분된 주식을 공격자가 매수하였다는 내용으로 금융감독원에 진정이 이루어졌으나 이유가 없는 것으로 판정되었다.

27) 한때 5% 이상의 주식을 공개매수할 경우 50%+1주까지 강제로 주식을 취득하여야 한다는 의무공개매수규정이 있었고, 이를 이용하여 사보이호텔이 신성무역을 공격하여 지리한 공방 끝에 성공한 사례가 있었으나, 의무공개매수규정은 1998년도에 폐지되어 현재 존재하지 아니한다.

28) 2004년 2월 12일 (주)KCC는 현대엘리베이터(주)에 대한 경영권 공격 당시 공개매수를 하기도 하였다. 손재호/이태훈/나종호, 앞의 책, 59면.

제21조 이하 공개매수에 관한 규정들 참조). 특수관계자 및 특별관계자 개념도 마찬가지로 존재한다. 만약 발판취득이 장외매수를 통하여 이루어진 것이라면 공개매수규정 위반의 문제가 발생하고, 방어자로서는 위에서 밝힌 바와 마찬가지로 방어전략을 구사하게 될 것이며, 역시 상황에 따라 가처분 공방이 이루어질 것이다.[29)]

7. 상호주 관련 가처분

경영권 공격을 받는 방어자로서도 공격자가 상장회사인 경우 다양한 반격방법을 검토할 수 있다. 즉 역으로 공격회사에 대한 경영권 인수를 시도하거나 대상회사의 지분 취득을 위한 대항 공개매수를 할 수도 있다. 이와 관련하여 실무적으로 빈번히 문제되는 것이 자회사가 모회사 주식을 10% 이상 보유하는 경우 상법상 의결권이 제한된다는 규정(상법 제369조 제2항)을 이용한 방어전략이다. 레이디가구에 대한 경영권 공격 당시 방어자는 역으로 공격자의 주식을 10% 이상 취득하여 상대방의 의결권을 무력화시킨 것으로 언론에 보도된 적이 있다. 만약 공격자가 위와 같은 의결권제한을 잠탈하기 위하여 자신의 계산으로 차명으로 주식을 취득하면, 방어자는 의결권행사금지가처분을 신청할 수 있다. 만약 공격자가 이미 의결권이 무력화된 주식의 의결권을 부활시키고자 제3자에게 양도하는 방법을 동원하는 경우, 방어자로서는 여전히 공격자의 주식임에도 불구하고 명의만 변동시

29) 매일경제신문, 2007. 3. 20, A18면에는 샘표식품이 우리투자증권 사모펀드가 매입한 주식에 대하여 공개매수규정 위반을 이유로 의결권행사금지가처분을 신청하였다는 사실이 보도되었다.

키는 행위에 대하여 의결권행사금지가처분으로 대응할 수 있다.[30)]

8. 주주권의 귀속 관련 가처분

원칙적으로 주주총회에서 의결권을 행사할 주주는 실질주주를 의미하는 것이고, 주주명부상 명의만 가진 주주는 의결권을 행사할 수 없다. 회사로서는 주주명부에 기재된 주주에게 의결권을 부여하면 되지만, 회사가 주주명부상의 주주와 실질주주가 다름을 알고 있는 경우 실질주주에게 의결권을 행사하도록 하여야 한다는 것이 대법원의 확립된 입장이다.[31)] 따라서 공격자가 실질주주임에도 불구하고 주식의 소유권과 관련하여 분쟁이 있는 반대주주에 의하여 지배되는 회사가 주주명부상의 명의개서를 거부하는 경우, 이는 곧 회사가 의장권을 행사하는 주주총회에서 공격자의 의결권행사를 허용하지 않겠다는 의사표시에 해당하는 것이다. 이러한 경우 공격자로서는 주주총회에서 의결권행사를 거절당한 후 사후적으로 주주총회결의취소 및 효력정지가처분 등을 신청할 수도 있으나 공격자 주식에 대한 의결권행사허용가처분이 인정되고 있으므로[32)] 주주총회 전에 의결권행사허용

30) 동성화학과 에스텍 간의 경영권분쟁 당시 에스텍이 그러한 가처분을 신청하여 주주총회 전날에 가처분결정을 받은 사례가 있다. 손재호/이태훈/나종호, 앞의 책, 70면.

31) 대법원 1998. 4. 10. 선고 97다50619 판결 ; 대법원 1980. 12. 9. 선고 79다1989 판결 ; 대법원 1989. 9. 11. 선고 89다카5345 판결 ; 대법원 1989. 10. 24. 선고 89다카14714 판결 ; 대법원 2001. 5. 15. 선고 2001다12973 판결 ; 대법원 1989. 9. 8. 선고 96다45818 판결 ; 대법원 1993. 7. 13. 선고 92다40952 판결 ; 대법원 1991. 12. 13. 선고 90다카1158 판결.

32) 서울고등법원 2005. 7. 14.자 2005라263 결정(레이크사이드사건에서 의결권행사허용가처분 인용) ; 서울서부지방법원 2005. 3. 9.자 2005카합280 결정(신라교역사건에서 의결권행사허용가처분 인용) ; 수원지방법원 여주지원 2004. 3. 23.자 2004카합50 결정(현대엘리베이터사건에서 의결권행사허용가처분 인용).

가처분을 신청하여 그 결정을 받은 다음 주주총회에서 의결권을 행사하는 것이 보다 간명한 해결방안이 된다. 물론 방어자로서도 의장권을 행사하여 주주총회에서 의결권행사를 금지시킨 뒤 공격자의 다음 수순을 기다릴 수도 있으나, 보다 적극적으로 공격자의 주식에 대한 의결권행사금지가처분을 신청하는 방식으로 법률관계를 간명하게 끌고 갈 수도 있다. 요컨대 어떠한 방어방법을 선택할 것인지의 여부는 분쟁 중인 주식에 대한 권리관계의 강약에 의하여 좌우되는 경우가 많을 것이다.

IV. 위임장쟁탈 관련 가처분

1. 주주명부열람등사가처분

위에서 밝힌 바와 같은 의결권과 관련된 공방이 오가는 와중에도 주주총회 일자는 다가오게 마련이다. 공격자와 방어자는 주주총회에서의 승리를 위하여 모든 방법을 동원하게 되는바, 주식을 보유하지 않은 상황에서도 지분율을 제고하는 방법은 우호적인 주주를 확보하거나 의결권행사 위임장을 확보하는 것이다. 대상회사로서는 무상증자 등을 통하여 주주명부를 확정하여 공동보유자 색출 등의 방어전략을 구사하는 등 주주에 대한 상세한 정보를 가지고 있고, 따라서 우호적 지분 확보에도 유리하다. 반면 공격자로서는 의결권을 가진 주주 현황을 파악하여 의결권 위임을 권유하기 위하여 주주명부를 확보할 필요가 있다. 공격자는 주주명부를 확보하기 위하여 주주명부열람등사청구권을 행사할 수 있으며, 회사는 그 청구가 정당한 목적이 없음을 입증하여 거부할 수 있다. 회사가 정당한 이유 없이 요청을 거부하면 공격자는 가처분으로 주주명부열람등사를 신청할 수 있다. 현재의 법원실무상 경영권분쟁 상황에서 주주명부열람등사가처분이 인정되고 있다.[33]

2. 위임장 권유 관련 가처분

증권거래법령은 의결권 위임을 권유하기 위한 절차를 규정하고 있는바(증권거래법 시행령 제85조 등 참조), 이러한 규정에 위반하는 방법으로 위임장을 받은 상대방에 대하여 일정한 경우 의결권행사금지가처분을 신청할 수 있다.[34] 위임의 경우 언제든지 철회할 수 있을 뿐만 아니라 위임장을 교부한 이후에도 본인이 주주총회장에 출석하여 의결권을 행사하는 경우 의결권 위임이 철회된다. 또한 위임장이 여러 개 있는 경우, 종전의 위임장은 철회되고 시간적으로 나중에 작성된 위임장이 유효한 것이 된다. 따라서 주주총회에서 박빙의 승부가 예상되는 경우 주주총회 직전까지 위임장 쟁탈전이 펼쳐진다. 위임장은 특별한 경우가 아닌 한 원본이어야 하며 회사가 제공한 양식과 다른 위임장이라도 원본인 경우 유효하나, 다만 본인 확인을 위하여 인감증명서 정도는 첨부되는 것이 좋다.[35] 현실적으로 주주총회장에서 위

33) 2007년 3월 19일자 한국일보 인터넷판에는 경영권분쟁 중인 우리투자증권 사모펀드의 샘표식품에 대한 주주명부열람등사가처분 인용 사실이 보도되었고, 경영권분쟁인 대림통상사건에서도 공격자의 주주명부열람가처분이 인용되었다.

34) 1998년도에는 개인투자자가 대림통상을 상대로 위임장대결을 통하여 경영권 인수를 시도하였는데, 당시 방어자는 의결권대리행사금지가처분을 신청하였다. 손재호/이태훈/나종호, 앞의 책, 98면.

35) SK텔레콤주식회사, 실무 주주총회, 이사회, 지산, 2001, 379면 · 381면.

임 여부를 확인하기 곤란한 경우가 발생할 수 있으며, 주최 측에서 위임장 확인을 잘못하여 주주총회의 결론에 결정적인 영향을 끼친 때 주주총회의 효력과 관련된 가처분으로 비화될 수 있다.[36)]

V. 주주총회 및 이사회 관련 가처분

1. 임시주주총회 소집허가신청의 중요성

적대적 경영권분쟁에서 어느 측이 주주총회를 진행할 것인지는 매우 중요하다. 이는 주주총회에서의 의장권을 누가 행사하는지의 문제와 직결되는 것으로 주최 측에서는 의안 상정, 실질주주 인정, 위임장의 진정성과 수임자의 확정, 주주총회 진행 등에서 결정권을 가진다. 이러한 결정권은 경영권 장악의 즉시성과 법률적 공방의 사후성이라는 측면에서 적대적 경영권분쟁의 갈림길이 되기도 한다. 물론 주주총회에서의 의결권 인정이 잘못된 경우, 사후적으로 주주총회결의취소소송 등을 제기함과 동시에 주주총회결의효력정지가처분 · 이사직무집행정지 및 직무대행자선임 등의 가처분을 신청할 수는 있다. 그러나 시간적으로 화급을 다투는 적대적 경영권분쟁에서 경영권을 누가 행사하는지의 여부는 분쟁의 승패에 매우 중요한 영향을 미친다. 회사 밖에서 사후적으로 법률적으로 다툼을 벌이는 것과 실제로 경영권을 행사하면서 방어전략을 구사하는 것에는 천양지차가 있다.

---

36) 1998년 개인투자가의 대림통상에 대한 경영권 인수 시도 당시 방어회사는 개인투자가가 위임받은 주식 중 상당수에 대하여 의결권행사를 거절하고 주주총회를 진행하였고, 이후 주주총회무효소송이 제기되기도 하였다. 손재호/이태훈/나종호, 앞의 책, 99면.

이러한 점을 염두에 둘 경우 회사의 정기주주총회 등 이사선임 안건이 포함된 주주총회를 이용하여 공격자가 이사를 선임하여 적대적으로 경영권을 장악할 수도 있지만, 위에서 본 바와 같이 회사가 의장권을 행사하므로 의안 상정 등에서 상대적으로 불리하다. 따라서 공격자로서는 임시주총소집청구를 하는 것이 유리하며, 법원이 임시주총소집을 허가를 하면 공격자가 임시주주총회 소집절차를 진행하게 되고, 의장직은 총회에서 별도로 선임된 자가 맡는다. 소집이 허가된 안건과 동일한 안건에 대하여 대상회사가 주주총회를 소집하는 경우, 소집 권한이 없는 자에 의한 소집으로서 주주총회 결의 부존재 사유가 된다.[37)]

2. 주주제안권 관련 가처분

회사가 개최한 주주총회에서 이사선임에 대한 안건이 누락된 경우, 공격자는 주주제안권을 행사하여 이사선임 안건을 주주총회의 의제로 제안할 수 있다. '이사선임의 건' 정도의 의제제안권과 '이사 A를 이사로 선임할 것' 정도로 의안의 요령을 기재하는 방식의 의안제안권도 허용된다.[38)]

(1) 의제제안 자체를 거절당한 경우

주주제안을 하였음에도 불구하고 회사가 주주제안을 받아들이지 아니하고 주주총회를 강행한 경우, 사후적인 구제수단으로는 의제 제

37) 전휴재, 앞의 논문, 433면.

38) 이철송, 회사법강의, 박영사, 2007, 410면.

안과 무관한 주주총회의 효력은 유지되어야 한다는 점에서 주주총회 결의 취소 사유는 아니고 단지 손해배상을 청구할 수 있을 뿐이라는 입장이 통설적이다.[39] 따라서 공격자로서는 사전적으로 주주총회개최금지가처분 신청을 고려할 수는 있으나, 특별한 사정이 없는 한 실제로 그러한 가처분을 신청할 필요는 없다고 생각된다. 주주총회 개최금지를 한다고 해서 이사를 선임하여 경영권을 장악할 수는 없을 것이기 때문에, 오히려 임시주주총회 소집청구를 하여 적극적으로 이사를 선임하는 방향으로 나아가는 것이 바람직하다. 주주총회개최금지가처분을 신청하더라도 이와 같은 이유로 보전의 필요성이 없다고 하여 가처분 신청이 기각될 가능성이 높아 보인다.

이 경우, 공격자가 이사선임 안건을 상정하라는 내용의 주주제안상정가처분을 신청할 수도 있다. 상법상 명문의 규정이 있으므로 피보전권리는 인정될 것이나, 이미 주주총회에 대한 안건이 주주들에게 소집통보된 이후 가처분 신청이 이루어지는 관계상 재차 주주제안 내용을 주주들에게 통지할 시간 여유가 없어서 보전의 필요성이 인정될 가능성은 낮은 것으로 설명되고 있다.[40]

(2) 의안제안을 거절당한 경우

다음으로 회사가 A이사를 선임하는 안건을 주주총회의 의안으로 상정하였는데[41] 주주제안으로 B를 이사 후보로 내세우는 경우에 대하

---

39) 권대형, "주주제안제도," 형평과 정의 15집, 79면.

40) 전휴재, 앞의 논문, 435면.

41) 주권상장법인의 경우 주주총회의 목적 사항이 이사선임 안건인 경우 이사후보자의 성명, 약력, 추천인, 후보자와 최대주주의 관계, 후보자와 당해 법인과의 최근 3년간의 거

여 보건대, 이 경우 이사선임의 의제가 상정된 상황이므로 주주총회에서 수정동의로 B이사의 선임 여부에 대한 결의가 가능한지가 문제된다. 의제의 동일성이 유지되는 범위 내에서 수정동의가 가능하므로 B이사의 선임이 가능하다는 입장에 서는 경우, 이미 개최될 것으로 예정된 주주총회에서 수정동의안을 이용하여 의안으로 제안된 이사에 대한 선임 결의가 가능할 것이므로 주주총회개최금지가처분 또는 주주제안상정가처분을 신청할 필요는 없을 것이다. 만약 수정동의에 의하여 B이사선임이 불가능하다는 입장에 설 때 학설상으로는 주주제안을 무시하고 A이사를 선임한 경우 주주총회결의 취소 사유가 되는 것으로 설명되고 있고,[42] 이 경우 주주총회개최금지가처분 또는 의안상정가처분을 신청할 수는 있으나 보전의 필요성과의 관계상 실제로 가처분이 인정될 가능성이나 실효성은 낮은 것으로 설명되고 있다.[43]

3. 이사지위확인가처분, 등기에 대한 이의 신청

공격자는 주주총회에서 이사의 과반수를 확보한 다음, 이사회를 통하여 기존의 대표이사를 해임하고 새로운 대표이사를 선임하여 등기함으로써 경영권을 장악한다. 공격자는 주주총회 및 이사회에서의 증거자료 확보 및 등기를 위하여 공증변호사, 법무사, 속기사 등과 함께 현장에 출석하며 주주총회 및 이사회 결의 후 이사 및 대표이사의 변경등기를 신청한다. 물론 주주총회 및 이사회의 결의는 즉시 효력이

래내역을 통지 또는 공고하도록 규정하고 있다(증권거래법 제191조의10 제2항 ; 동법 시행령 84조의17 제2항).

42) 권태형, 앞의 논문, 79면.

43) 전휴재, 앞의 논문, 435-436면.

발생하는 것이고, 결의 내용과 다른 의장의 선언이나 등기가 효력을 좌우하는 것은 아니다. 그러나 등기가 가지는 대외적 효력과 당사자 간에 가지는 상징적 의미는 매우 크며, 그러한 관계상 등기를 둘러싼 다툼도 매우 빈번히 발생한다.

(1) 이사지위확인가처분

예컨대 주주총회에서 이사를 선임하였는데, 회사의 대표이사가 새로이 선임된 이사와의 임용계약을 거부하는 경우 이사선임등기를 할 수 있는가? 이사선임등기시 선임된 이사의 취임승락서만 첨부하면 되고(비송사건절차법 204조), 대표이사와의 사이에 체결된 임용계약서는 등기시 필요로 하는 서류가 아니다. 다만 등기신청서에는 대표자가 기명날인하여야 하므로(비송사건절차법 제150조), 방어자 측이 대표이사 업무를 수행하면서 등기를 거부하는 경우 실제로 등기를 하기는 어렵다.

이 경우 이사지위확인가처분 신청이 법원에서 인용될 것인가? 대법원은 비록 감사가 주주총회에서 선임되었다고 하더라도 회사가 임용계약을 거부하는 경우, 감사의 지위를 가지는 것이 아니라는 임용계약설의 입장에서 감사지위확인가처분을 기각한 바 있다.[44] 이러한 대법원의 입장은 주주총회에서 선임된 이사에 대하여 회사의 대표이사가 임용계약을 거부하고 신임이사를 직무에서 배제시키는 경우에도 그대로 적용될 것인지에 대한 의문을 남기고 있으며,[45] 실제로 하급심에서는 신임이사에 대한 관계에서도 임용계약이 필요하다는 판단을

---

44) 대법원 1995. 2. 28. 선고 94다31440 판결 ; 대법원 2005. 11. 8.자 2005마541 결정.

45) 이철송, 앞의 책, 519면에서는 이사선임에 대해서도 같은 논리를 적용할 것으로 보아야 한다고 한다.

한 바가 있다.[46)]

물론 주주총회에서 선임된 이사에 대하여 대표이사는 임용계약을 체결할 의무가 있고, 그 위반행위에 대하여 대표이사 해임청구의 소를 피보전권리로 하여 대표이사의 직무를 정지시킨 후 직무대행자 또는 새로운 대표이사가 임용계약을 체결할 수는 있으나,[47)] 임용계약설에 입각하여 이렇게 우회로를 가야 하는 것인지 아니면 주주총회의 이사선임을 청약으로 생각하고 선임이사의 취임 승락으로 임용계약이 체결되는 것으로 보아[48)] 간단명료하게 법률관계를 정리하도록 하는 것이 좋은지에 대한 진지한 검토가 있어야 할 부분으로 판단된다.

(2) 등기에 대한 이의 신청

공격자가 이사회의 다수를 장악하여 새로이 대표이사를 선임하는 경우에는 실무적으로 등기가 가능하므로, 이사지위확인가처분과 같은 절차는 필요하지 아니하다. 그런데 대표이사를 변경하는 이사회가 열리기 전에 종전의 대표이사가 신임이사와 임용계약을 체결하지 않겠다는 의사를 표시한 것을 근거로 새로운 대표이사 선임등기에 대하여 등기공무원에게 이의 신청을 할 수 있다. 이 경우 관할지방법원의 결정에 따르게 되는데(비송사건절차법 제239조 내지 제245조), 새로이 선임된 대표이사가 등기서류를 구비하여 등기를 신청한 상황이므로 이의신청이 받아들여질 가능성은 낮아 보인다.

---

46) 수원지방법원 2005. 12. 1.자 2005카합658 결정.

47) 앞의 결정.

48) 이철송, 앞의 책, 519면.

4. 주주총회효력정지가처분, 직무집행정지 및 직무대행자선임가처분

주주총회 및 이사회의 결의에 취소 또는 무효 사유가 있는 경우, 그 효력을 정지시키고자 당해 결의를 통하여 선임된 이사 및 대표이사의 직무집행을 정지하고, 직무대행자를 선임하는 내용의 가처분은 통상적으로 이루어지는 것이다(상법 제407조 제1항). 이러한 가처분과 관련하여 실무상 중요한 쟁점 중 하나는 직무대행자로 적대적인 상대방을 선임할 수 있는가의 문제이다.

직무대행자제도의 취지상 중립적인 사람을 선임하는 것이 이상적이기도 하고 일반적이지만, 구체적 사안에 따라서는 적대적인 사람을 선임하는 것이 분쟁해결과 권리구제에 가장 유효적절한 수단이 될 수도 있다.[49)]

5. 집중투표제 관련 가처분

최근 들어 경영권분쟁에서 빈번하게 문제되는 것이 집중투표제(누적투표제, cumulative voting)로서, 1주에 대하여 선임될 이사의 수만큼 의결권을 부여하여 그 의결권을 1명 또는 수 명에게 집중하여 투표하는 방식으로 최다수를 얻은 자로부터 순차적으로 이사에 선임되는 제도이며, 정관에서 명시적으로 그 배제를 규정하지 않는 한 적용된다(상

49) 서울중앙지방법원 2006. 10. 16.자 2006카합2899 결정(이사 및 대표이사 직무대행자로 상대방 사람 선임) ; 서울중앙지방법원 2006. 10. 10.자 2006카합2973 결정(인력송출업의 중국법인 한국지사장 대행자로 상대방 선임).

법 제382조의2). 이는 물론 지배주주에 대한 경영감시가 가능하도록 소수자에게 이사선임을 용이하게 하려는 제도로서, 주주총회일 7일 전까지 서면으로 회사에 청구하면 되므로 주주총회일 7일 전까지는 주주총회진행을 집중투표제로 할 것인지의 여부가 확정되지 아니한다. 따라서 공격자는 물론이고 방어자로서도 주주총회 7일 전까지의 상황을 고려하여 집중투표제의 청구 여부를 결정하여야 하며, 청구 여부에 따라 경영권 공방의 향방이 좌우되기도 하는 것이 현실이다. 예컨대 머니투데이사건에서는 지분비율이 적은 경영진이 집중투표제를 활용하여 이사 수의 우위를 유지한 예가 있다.

집중투표제와 관련하여 주주총회일 전후에 가처분이 활용될 가능성은 낮아 보인다. 먼저 사후적인 가처분사건의 발생 여부에 대하여 보건대, 일반적으로 경영권을 방어하는 자는 지분비율이 높으므로 집중투표제에 의하더라도 경영권을 유지할 가능성이 높기 때문에 굳이 집중투표제를 회피하려고 하지는 않을 것이다. 물론 7일 전에 서면청구를 받고서도 집중투표제에 의하지 아니하고 이사선임을 강행한 경우, 이는 주주총회결의 취소 사유가 되므로 그에 상응하는 가처분 공방이 오갈 수 있다.

다음으로 사전적인 가처분의 실효성에 대하여 보건대, 일반적으로 시간적인 제약 · 사건성 · 보전의 필요성 등을 고려할 경우 실제로 가처분이 활용될 가능성은 낮아 보인다. 집중투표방식으로 이사선임을 할 것인지의 여부는 주주총회일에 가서야 알 수 있는 것이 일반적이므로, 사전적으로 '집중투표방식을 배제하여서는 아니 된다'라는 취지의 가처분을 신청하는 경우, 이는 일반적인 법리를 가처분으로 확인하여 달라는 정도에 그치는 것이기 때문에 법원에서 인용될 가능성은 낮아 보인다. 물론 구체적인 사정에 따라서는 일반적인 법리를 확인하는 정도의 신청취지일지라도 가처분이 인용될 수 있다. 예컨대 코스닥 등록법인인 아이콜스사건에서는 주주총회 일자가 확정되고 종전의 주주총회에서 의결권의 행사를 거절당한 사정이 있는 사건에서 '신청인의 의결권행사를 방해하여서는 아니 된다'라는 취지의 가처분결정이 이루어진 예가 있다.

VI. 이사선임을 위한 결의와 무관한 가처분

1. 감사지위확인가처분

상법상 감사선임시 3% 이상의 주식은 의결권이 제한되어 있는 관계상, 공격자는 보통결의를 요구하는 이사보다는 감사를 먼저 선임하여 교두보를 확보할 수 있다. 이처럼 주주총회에서 선임된 감사에 대하여 회사가 등기를 거부하고 업무에서 배제시키는 경우 감사지위확인가처분을 신청할 수 있다. 그러나 대법원은 비록 감사가 주주총회에서 선임되었더라도 회사가 임용계약을 거부하면 감사의 지위를 가지는 것이 아니라는 임용계약설의 입장에서 감사지위확인가처분을 기각한 바 있다[50]는 점은 앞에서 밝힌 바와 같다.

2. 회계장부등열람등사가처분

상법상 발행주식총수의 100분의 3 이상에 해당하는 주식을 가진 주

50) 대법원 1995. 2. 28. 선고 94다31440 판결 ; 대법원 2005. 11. 8.자 2005마541 결정.

주는 이유를 붙인 서면으로 회계의 장부와 서류의 열람 또는 등사를 청구할 수 있고, 회사는 주주의 청구가 부당함을 증명하지 아니하면 이를 거부하지 못한다(상법 제466조). 회사가 주주의 정당한 열람등사 청구를 거부하면 가처분을 신청할 수 있다. 여기서 열람등사청구의 이유는 구체적으로 기재하여야 하며,[51] 다만 구체성의 정도는 어떠한 행위가 부정하거나 부적정한 행위에 해당하는지를 파악할 수 있을 정도로서 그러한 행위가 사실일지 모른다는 합리적인 의심이 생기는 정도이면 족하고,[52] 기재된 청구 사유가 존재함을 입증할 필요는 없다.[53] 그리고 열람 대상인 서류는 신청인이 구체적으로 특정하여야 하고, 그 서류들이 열람 · 등사의 이유와 관련이 있음도 구체적으로 입증하도록 하는 것이 현재의 실무이다.[54] 다만 적대적으로 경영권 인수를 시도하는 측에서는 이사해임 또는 손해배상청구 등 경영 감독을 위하여 필요한 범위 내에서 회계장부열람등사가처분을 이용하여야 할 것이고, 오로지 상대방을 압박하는 내용의 회계장부열람등사청구는 피하여야 할 것이다.[55]

---

51) 대법원 1999. 12. 21. 선고 99다137 판결. 동 판결에서는 "상법과 정관을 위반하여 7~8년간 주주총회를 개최하지 않고 있고 1990년 이래 단 한 차례도 이익배당을 실시하지 않고 있으며, 피신청인회사의 중요자산인 레미콘트럭을 임의로 처분하는" 정도의 이유 기재에 대하여 상법상의 요건에 부합하는 것이라고 판단하였다.

52) 전휴재, "회계장부 등 서류의 열람등사가처분에 관한 실무상의 논점," 저스티스 통권 제87호, 105면. 같은 논문 106면에는 "회사의 경영 상태가 궁금하므로 이를 파악하기 위하여", "주주권의 행사에 필요한 조사를 위하여" 등은 구체성이 인정되지 않는 사례로 들고 있다.

53) 전휴재, 앞의 논문, 105면.

54) 전휴재, 앞의 논문, 111면.

55) 주주의 열람 · 등사권행사가 부당한 것인지의 여부와 관련하여 대법원 2004. 12. 24.자 2003마1575 결정은 "그 행사에 이르게 된 경위 · 행사의 목적 · 악의성의 유무 등 제반 사정을 종합적으로 고려하여 판단하여야 할 것이고, 특히 회사업무의 운영 또는 주

VII. 결어

적대적 M&A는 서로 다툼 있는 권리관계를 양산하면서 단계적으로 진행되며, 어떠한 단계이든 당해 다툼 있는 권리관계에 대하여 보전의 필요성이 있는 경우 언제든지 가처분이 활용될 수 있다. 실무가로서는 당해 다툼 있는 법률관계에 대한 정확한 사실관계 및 법률적 쟁점을 파악한 다음, 가장 유효적절한 내용으로 신청 취지를 구성하는 것이 중요하다. 마지막으로 지적하고자 하는 것은 가처분 결과와는 무관하게 모든 주주의 이익을 위하여 화해한 사건에서는 모든 당사자가 승리하고 끝까지 다툼을 지속한 사건에서는 당사자가 모두 패배한다는 점이다. 가처분은 그저 수단으로 활용되는 것일 뿐 궁극적인 승패는 당사자들의 마음에 있는 것이다.

주 공동의 이익을 해치거나 주주가 회사의 경쟁자로서 그 취득한 정보를 경업에 이용할 우려가 있거나 또는 회사에 지나치게 불리한 시기를 택하여 행사하는 경우 등에는 정당한 목적을 결한" 것이라고 전제한 다음, 주주로서 이사해임 또는 손해배상청구 등 경영감독을 위하여 열람 · 등사를 구하는 것이 아니라 "주주라는 지위를 내세워 상대방을 압박함으로써 궁극적으로는 자신의 목적인 경영권 인수(적대적 M&A)를 용이하게 하기 위하여", "나아가 두 회사가 경업관계에 있기 때문에 이 사건 열람등사청구를 통하여 얻은 상대방의 영업상 비밀이 재항고인의 구체적인 의도와는 무관하게 경업에 악용될 우려가 있다고 보지 않을 수 없으므로" 정당한 목적을 결한 것이라고 판단하였다.

제10장 주주총회 의안의 상정 여부를 둘러싼 가처분

곽경직*

I. 경영권 분쟁과 주주총회의 의안

주주총회는 주주로 구성되는 주식회사 최고의 의사결정기관으로, 매년 일정한 시기에 정기주주총회가 열리게 되어 있다(상법 제365조 제1항). 주주총회의 결의 사항은 법률 및 정관에 의하여 특정되어 있고(상법 제361조), 특히 경영권의 향배를 정하는 이사의 선임(상법 제382조 제1항)과 해임(상법 제385조 제1항), 그리고 정관의 변경(상법 제433조 제1항) 등은 상법이 정하는 주주총회의 결의 사항으로, 정관이나 주주총회의 결의에 의하여 다른 기관이나 제3자에게 위임하지 못한다.[1)]

따라서 경영진, 즉 이사회를 어떻게 구성할 것인가 하는 문제는 궁극적으로 주주총회의 결의에 의하여 결정될 성질의 것이다. 그렇기는

* 법무법인 KNC 변호사

1) 이철송, 회사법강의(13판), 박영사, 2006, 396면.

하나 주주총회의 소집은 원칙적으로 이사회의 결정에 의하여 이루어지고(상법 제362조), 주주총회의 목적 사항 즉 어떠한 의안을 상정하여 결의의 대상으로 할 것인지 역시 이사회가 결정한다(상법 제363조 제2항, 제3항). 이사회가 주주총회를 소집할 때에는 소집통지 또는 공고에 목적 사항을 기재하여야 하고(상법 제363조 제2항), 주주총회는 통지 또는 공고에 기재된 목적 사항에 한하여 결의할 수 있다. 항상은 아니지만, 구체적 상황에 따라 회사의 이사회는 주주총회의 최종 판단에 이르기 전에 위와 같은 권한, 즉 어느 주주총회에 어떠한 의안을 상정할 것인가 여부를 결정함으로써 경영권의 향배에 결정적 영향을 줄 수 있다. 물론 회사의 이사회, 즉 경영진에 반대하는 입장에 있는 주주에게 이에 대한 대응방안이 전혀 없는 것은 아니다. 일정한 비율 이상의 주식을 보유한 소수주주는 이미 소집이 예정된 주주총회와 관련하여 이사에 대하여 일정한 사항을 주주총회의 목적 사항으로 할 것을 제안할 수 있다(상법 제63조의2 ; 증권거래법 제191조의14). 또한 아예 이사회에 대하여 주주총회의 소집을 청구할 수 있고, 이사회가 즉시 이를 이행하지 아니할 경우 법원의 허가를 얻어 직접 주주총회를 소집할 수 있으며, 이때 주주총회의 의안 역시 결정할 수 있다(상법 제366조 ; 증권거래법 제191조의13).

그러나 이것만으로는 부족하다. 왜냐하면 주주제안의 경우, 이사회는 상법 제363조의2 제3항이 "주주제안의 내용이 법령 또는 정관에 위반되는 경우를 제외하고는 이를 주주총회의 목적 사항으로 하여야 한다"라고 규정하고 있음에도 불구하고 사실상 이를 무시할 수 있다. 이 경우 그러한 이사에 대한 해임 내지 손해배상의 청구를 구할 수 있지만, 사후적 구제에 그치며 그나마 그러한 청구의 당부에 대한 판단 또한 그대로 미루어진다. 소수주주가 새로이 의안을 정하여 주주총회를 소집하는 것도 사후의 일이다.

여기에 작용하는 중요한 변수가 시간의 흐름에 따라 주주의 구성이 달라질 수 있다는 점이다. 어느 시점에 주주총회가 소집되는 경우 그 주주총회에서 의결권을 행사할 주주는 특정되며(상법 제354조), 그후 소집될 주주총회에서 의결권을 행사할 자는 그때와 달라질 것이기 때문이다. 가령 이사회에 반대하는 주주가 상당량의 주식을 확보하였으나 어떠한 사유로 어느 주주총회에서 의결권을 행사할 수 없는 경우, 이사회는 그 주주가 의결권을 행사할 수 없는 바로 그 주주총회에서 경영진의 변경을 어렵게 하는 방향으로 정관을 변경하고자 할 수 있다. 이러한 경우에 이사회와 달리 그 주주는 그러한 의안의 상정, 즉 그러한 의안이 결의의 대상이 되는 것을 막고자 할 것이다.

위의 예와는 달리 이사회에 반대하는 주주가 제안하는 의안에 대하여 이사회가 상정을 거부하고자 하는 경우도 있다. 특히 회사의 경영진이 당해 주주총회만 넘기면 그사이에 우호세력을 확보할 수 있으리라고 기대하는 경우, 예컨대 회사가 상당량의 자사주를 보유하고 있어 주주총회만 넘기면 자사주를 경영진에 우호적인 제3자에게 처분하여 주주총회의 판도를 바꿀 수 있다고 기대하는 경우 양자의 이해관계는 극명하게 대치하며, 이때 승패의 관건은 바로 그 주주총회에서의 의안의 상정 여부, 즉 어떠한 의안이 결의의 대상이 되느냐 되지 못하느냐에 달리게 된다. 이와 같이 주주총회의 의안 상정 여부가 경영권의 향배에 영향을 줄 수 있고, 이러한 관점에서 주주총회의 의안을 둘러싼 가처분에 관해 논의할 필요가 있는데, 이 글에서는 최근에 내려진 하급심 결정 예 두 건을 중심으로 이를 검토하고자 한다.[2)]

2) 필자가 소속된 법무법인 태평양에서 다음의 정읍지원사건과 서울북부지방법원사건에서 각각 피신청인을 대리하였음을 밝힌다.

II. 주주총회 의안의 상정을 금지하는 가처분

1. 일반론

주주총회의 결의 내용이 법령에 위반한 경우 그 결의에 이해관계가 있는 자, 즉 소의 이익이 있는 자는 누구든지 결의무효확인의 소를 제기할 수 있다(상법 380조). 주주총회의 소집절차 또는 결의방법이 법령 또는 정관에 위반하거나 현저하게 불공정한 경우, 결의의 내용이 정관에 위반한 경우, 그러한 주주총회에서 한 결의에 대하여는 주주 · 이사 또는 감사는 결의의 날로부터 2개월 내에 결의취소의 소를 제기할 수 있다(상법 제376조 제1항). 그러나 일단 주주총회에서 결의가 이루어지면, 비록 하자가 있더라도 결의무효 내지 취소의 소에 대한 본안판결이 확정될 때까지는 유효한 것으로 취급되거나 적어도 그때까지는 유무효가 확정되지 아니한 법률적 불안정 상태가 지속될 것이므로, 예컨대 대표이사가 이사회의 결의 없이 주주총회를 소집하려고 하는 경우와 같이 소집절차가 법령 또는 정관에 위반한 때에는 아예 주주총회의 개최 자체를 금지하는 가처분이 허용된다. 그러나 주주총회의 소집절차상 하자는 없고, 단지 주주총회의 목적 사항 중 일부 의안만 문제가 있는 경우에는 당해 의안에 대한 주주총회의 결의를 금지하는 가처분으로 목적을 달성할 수 있다. 주주총회의 특정 의안에 대한 결의 금지를 구하는 가처분은 그러한 의안을 주주총회의 결의의 대상으로 상정하여서는 아니 된다고 함에 다름 아닌데,[3] 그 의안의 내

---

3) 뒤에서 보는 바와 같이 주주총회를 소집하는 자와 회사를 공동으로 피신청인으로 한다고 보면, 소집하는 자에 대하여는 의안으로 상정하지 말라는 것이고, 회사에 대하여는 그 기구인 주주총회가 그 의안에 대하여 결의하지 말라는 것이 된다.

용이 법령 또는 정관의 규정에 위배함을 이유로 할 때 허용된다. 여기서 의안의 위법성은, 정관에서 정한 이사의 정원이 이미 채워졌음에도 추가로 이사를 선임하는 것을 내용으로 하는 의안과 같이 표면상으로 법령 내지 정관에 위배됨이 명백한 경우에 한정할 것은 아니고, 영업을 양도하는 내용의 의안에 있어 그 대가가 정상적 가격에 현저히 미달한 경우와 같이 실질적으로 위법성이 있는 경우도 포함된다고 하여야 할 것이다.

주주총회 결의의 금지를 구하는 가처분의 피보전권리는 주주의 이사에 대한 위법행위유지청구권이라고 함이 일반적 견해이다.[4] 따라서 가처분을 구할 수 있는 당사자로서 신청인은 감사 또는 발행주식총수의 100분의 1 이상에 해당하는 주식을 가진 주주라고 할 것이다(상법 제402조). 그러한 주주가 아닌 이상 이사는 독자적으로 그러한 신청을 할 수 없다.

가처분 신청의 상대방은 당해 의안을 결의의 대상으로 상정하고자 하는 자, 즉 주주총회를 소집하는 자를 상대방으로 하여야 한다는 것이 일반적 견해이다.[5] 이 견해에 따르면 통상 주주총회를 소집하는 대표이사 개인을 상대로 하여야 할 것이다. 이와 동시에 회사가 상대방이 되어야 하는지 여부에 관하여는 이를 긍정하는 견해가 있으나, 일본의 실무 예는 일치되어 있지 않다고 한다.[6]

주주총회결의금지가처분은 이미 주주총회 소집통지 · 공고가 행하

---

4) 예컨대 최기원, 신회사법론, 박영사, 1999, 431면.

5) 최기원, 앞의 책, 432면.

6) 長谷部幸竟/門口正人(編), "株主總會をめぐる假處分―開催 · 決議 · 議決權行使禁止," 新 · 裁判實務大系 11, 青林書院, 2001, 230면. 한편 법원행정처가 발행한 법원실무제요 민사집행(VI), 2003, 352면에 기재된 문례는 개인과 회사 둘 다 채무자(즉 피신청인)로 하고 있다.

여진 후 급박하게 신청되기 때문에 신속한 심리와 결정을 요한다. 통상적으로는 특별기일을 지정하고 신문기일을 열어 심문절차를 거치고 있다(민사소송법 제134조 제2항 ; 민사집행법 제23조 제1항). 주주총회의 결의 금지를 구하는 가처분은 임시의 지위를 정하기 위한 가처분(민사집행법 제300조 제2항)이다. 그러므로 현저한 손해를 피하거나 급박한 위험을 막기 위하여, 또는 그 밖에 필요한 이유가 있는 경우에 하여야 한다. 판례는 임시의 지위를 정하기 위한 가처분의 필요 여부는 당해 가처분 신청의 인용 여부에 따른 쌍방의 이해득실관계, 본안소송에서의 장래의 승패 예상, 그 밖의 제반 사정을 고려하여 합목적적으로 결정하여야 할 것이며(대법원 1997. 10. 14.자 97마1473 결정), 현저한 손해는 본안판결의 확정까지 기다리게 하는 것이 가혹할 정도의 불이익 또는 고통을 말하고, 이는 직접 · 간접의 재산적 손해뿐만 아니라 명예 · 신용 및 그 밖의 정신적 손해와 공익적 손해를 포함한다(대법원 1987. 7. 4.자 67마424 결정)고 하고 있어 결국 법원의 재량적 판단에 맡기고 있다.

2. 전주지방법원 정읍지원 2007. 3. 15.자 2007카합31 결정

(1) 배경사실

L은 특수관계인의 지분을 포함하여 코스닥 상장회사인 D회사의 총발행주식의 약 24%를 보유하고 있으며, D회사의 대표이사로서 정기주주총회를 앞두고 이사회의 결의를 거쳐 정관 변경에 관한 의안을 주주들에게 통지 · 공고하였다. D회사의 기왕의 정관은, "주주총회의 결의방법에 관하여 법령과 정관에 다른 정함이 있는 경우 외에는 출

석한 주주의 의결권의 과반수와 발행주식총수의 4분의 1 이상의 수로써 한다" 라고 하여 이사의 선임에 관하여는 보통결의, 이사의 해임에 관하여는 상법 제434조 소정의 특별결의에 의하도록 되어 있다. 정관변경안은 기왕의 이사를 해임하거나 이사회의 추천을 받지 아니한 이사의 선임을 어렵게 하여 기왕의 경영권을 공고하게 하는 것으로, 기존 이사 및 감사의 해임 그리고 적대적 인수합병 및 이사회를 제외한 타인의 제의에 의한 신규 이사 및 감사에 대한 선임을 의안으로 하는 주주총회의 결의는 출석한 주주의 의결권의 100분의 90 이상, 발행주식총수의 100분의 70 이상으로 하고, 이러한 정관의 규정을 변경하는 것을 내용으로 하는 주주총회의 결의 역시 같은 의결방법에 따르도록 하는 내용이다. 한편 Y회사는 D회사의 정기주주총회를 앞두고 (Y회사 대표이사의 몫까지 포함하여) D회사 주식의 약 23%를 취득하였으나, D회사의 정관이 "매 결산기 최종일의 주주명부에 기재되어 있는 주주로 하여금 정기주주총회에서 의결권을 행사토록 규정하고 있어" Y회사는 D회사의 정기주주총회에서 의결권이 없다.

(2) 주주총회결의금지가처분의 신청 및 법원의 판단

Y회사는 D회사의 정기주주총회의 소집, 재무제표의 승인 등 다른 의안에 대하여는 이를 다투지 아니하고, 다만 정관변경에 관한 의안에 대하여만 결의의 금지를 구하는 가처분을 제기하였다. Y회사는 D회사만 가처분의 상대방으로 지목하였다. Y회사는 피보전권리로 결의무효확인의 소 내지 결의취소의 소를 제기할 권리 및 위법행위유지청구권을 들었다. Y회사는 상법상의 특별결의요건을 초과하여 더욱 엄격한 초다수결의를 요건으로 하는 정관변경은 상법에 위배되거나 적어

도 권리남용에 해당되어 위법하다고 주장하였다.[7)]

D회사는, 이에 대하여 Y회사는 당해 주주총회에서 아무런 의결권이 없을 뿐 아니라 적법한 의결권을 보유한 주주들에 의한 결의를 막을 권리도 없다고 다퉜다. 또한 상법상 특별결의요건을 가중하는 것은 적법하며, 이를 위법하다고 볼 이유가 없다고 주장하였다. 법원은 심문절차를 거친 뒤 "임시의 지위를 정하는 가처분은 현저한 손해를 피하거나 급박한 위험을 막기 위하여 또는 그 밖의 필요한 이유가 있는 경우에 하여야 하는바, 이 사건에서 … 주주총회 결의를 금지할 만한 보전의 필요성에 대한 소명이 부족하"다는 이유로 Y회사의 신청을 기각하였다.

⑶ 검토

1) 결의금지가처분의 상대방

Y회사는 신청을 할 때 가처분의 상대방으로 주주총회를 소집한 회사만 상대로 하였으며, 실제 소집절차를 이행하고 의안을 상정할 대표이사 개인 L은 상대방으로 삼지 아니하였다. 회사를 가처분의 상대방으로 지목한 것은, 결의무효 내지 결의취소의 소의 상대방이 회사인 것과 일맥상통한다고 할 것이다.[8)] 한편 Y회사의 주장대로 그리고

---

7) 대체로 이철송, 앞의 책, 447면에 따른 주장이다.

8) 그러나 이것이 결의금지가처분의 피보전권리가 결의무효 내지 결의취소의 소를 제기할 권리라는 것을 의미하지는 않는다. 앞에서 본 바와 같이, 각주 4) 및 그에 따른 본문, 결의금지가처분의 피보전권리는 위법행위유지청구권이라고 보는 것이 통상이다. 어떠한 결의가 있고 난 후 비로소 발생하는 결의무효 내지 결의취소의 소를 제기할 권리를 피보전권리로 보는 것은 논리적으로 어색하다. 회사가 공동피신청인이 되는 이유에 관하여 최기원, 앞의 책, 432면은, "회사가 당사자가 된다는 것은 보안에 있어서 당사자의 범위를 초과하는 것이지만 가처분은 총회를 소집하려는 자뿐 아니라 주주 및 이사 등 총

일반적으로 이해되고 있는 바와 같이, 이러한 가처분의 피보전권리가 이사에 대한 위법행위유지청구권이라고 본다면, 대표이사인 개인 L 역시 가처분신청의 상대방으로 지목하였어야 한다. 이 사안에서는 어차피 신청이 기각되었으므로 논의의 실익이 없다고 할 것이지만, 만약 가처분 신청이 인용되고 그럼에도 불구하고 주주총회의 결의가 강행되었을 경우에는 의미 있는 차이가 생길 수 있다.

2) 가처분결정 위반의 효과

만약 어느 특정 의안에 대한 결의 금지의 가처분결정이 내려지고, 그럼에도 불구하고 대표이사 개인은 의안을 상정하고, 그래서 그 주주총회에서 결의한 경우 그 효과를 어떻게 볼 것인가? 이 점에 관하여 가처분 위반 사실 자체만으로 결의 부존재 사유는 되지 아니하고, 결의의 실질적 하자의 정도에 따라 무효 내지 취소의 사유가 된다는 견해가 있을 수 있다.[9] 적어도 법원의 명령을 위반하여 의안이 상정된 것이므로 결의의 방법에 절차상 하자가 있는 것으로 보아 최소한 결의 취소의 사유에 해당한다고 간주하여야 할 것이다.

한편 대표이사 개인이 가처분의 상대방으로 지목되었는데, 가처분에 의한 금지명령을 위반한 경우 그러한 대표이사의 소위를 어떻게 볼 것인가가 문제될 수 있다. 즉 법원의 가처분 명령 위반 사실 자체를 상법 제385조 제2항 소정의 "직무에 관(한) 부정행위 또는 법령이나 정관에 위반한 중대한 사실"로 볼 것인가 여부의 문제이다. 이 역시 행위의 구체적 내용을 따져야 한다는 주장이 있을 수 있다. 그것은 결

회의 개최에 관여할 수 있는 회사의 기관에 대하여도 효력이 있다고 할 필요가 있기 때문이다"라고 설명하고 있다.

9) 門口正人(編)/長谷部幸竟, 앞의 글, 232면 ; 최기원, 앞의 책, 433면.

국 사후적으로 가처분의 당부를 따져 실질적으로 보아 가처분결정이 정당한 것이 아니었다고 판정되면 이를 위반한 것 또한 위법하다고 보아서는 아니 된다는 것인데, 이에 동의할 수 없다. 구속력 있는 법원의 명령에 위반하면 그 자체로 중대한 위법에 해당된다고 봄이 상당할 것이다.

3) 보전의 필요성

법원이 이 사건 가처분신청을 보전의 필요성에 대한 소명 부족을 이유로 기각한 것은 분쟁의 핵심을 정확히 파악한 결과인 것으로 평가된다. 현 경영진, 즉 기왕에 있는 이사회를 외부에서 교체하는 것을 상법의 특별결의요건보다 강화하는 것이 적법한가 여부는 정당한 다툼의 거리가 될 수 있다.[10] 따라서 Y회사 입장에서는 그의 주장처럼 그러한 정관 변경이 위법이라면, 사후적으로 얼마든지 무효 또는 취소의 소를 구하여 시정을 구할 수 있다. 반대로 가처분이 허용될 경우, D회사 또는 D회사의 이사회 내지 대표이사 L의 입장에서는 사후적으로 그러한 정관 변경이 적법한 것으로 판정되더라도 이를 구제받을 길이 전혀 없다. 즉 D회사의 입장에서는, 그 결의에 반대하는 것이 명백한 Y회사에게 의결권이 없는 바로 이 주주총회에서가 아니면 그러한 정관 변경이 결의될 것을 기대할 수 없다. 이러한 상황에서 법원이 가처분을 인용하는 것은 당해 주주총회에 의결권이 없는 Y회사에게 사실상 의결권을 부여하는 것과 같은 결과를 줄 것이고, 이러한 결과는 가처분에 있어서 현저하게 균형을 상실한 셈이 되었을 것이다.

---

10) 다만, 상장회사 가운데 경영권 안정을 목적으로 정관에 초다수결의요건을 정한 예는 다수 있으며, 대표적으로 현대자동차의 경우에도 이사의 해임에 관하여 출석한 주주의 의결권의 3분의 2 이상, 발행주식수의 2분의 1 이상으로 규정하고 있다.

III. 주주총회 의안의 상정을 구하는 가처분

1. 주주제안권의 개요

의결권 없는 주식을 제외한 발행주식총수의 100분의 3 이상에 해당하는 주식을 가진 주주는 이사에 대하여 회일 6주 전에 서면으로 일정한 사항을 주주총회의 목적 사항으로 할 것을 제안할 수 있으며, 그러한 주주제안, 즉 주주총회에서 결의할 의안과 의안의 요령을 주주총회 소집에 관한 통지와 공고에 기재할 것을 청구할 수 있다(상법 제363조의2 제1항, 제2항). 증권거래법은 소수주주의 요건을 달리하여 6개월 전부터 계속하여 주권 상장법인 또는 코스닥 상장법인의 의결권 있는 발행주식총수의 1,000분의 10, 최근 사업연도 말 자본금이 1,000억 원 이상인 상장법인의 경우 1,000분의 5 이상에 해당하는 주식을 직접 또는 그에 대한 위임장을 취득하는 방식으로, 또는 2명 이상이 주주권을 공동행사하는 방식으로 보유하는 주주에게 주주제안권을 부여하고 있다(증권거래법 제191조의14 제1항, 제2항 ; 증권거래법 시행령 제84조의21 제1항).[11] 상법에서 이사회는 주주제안의 내용이 법령 또는 정관에 위반되는 경우를 제외하고 주주총회의 목적 사항으로 하여야 한다고 규정하고 있는데(제363조의2 제3항), 증권거래법 시행령은 주주제안이 허용되지 아니하는 경우를 법령 또는 정관 위반 외 주주총회에서 부결된 내용과 동일한 의안을 부결된 날로부터 3년 내에 다시 제안하는 경우 주주 개인의 고충에 관한 사항, 증권거래법 제191조의13에서 규정하

11) 상법과 증권거래법에 의한 주주제안권은 병행하는 것으로, 주주는 그중 어느 하나에 해당하면 주주제안권을 보유한다고 볼 것이다. 이철송, 앞의 책, 407면.

는 소수주주권에 관한 사항, 임기 중에 있는 임원의 해임에 관한 사항, 회사가 실현할 수 없는 사항, 주주총회의 의안으로 상정할 이익이 없거나 부적합한 사항 또는 제안 이유가 명백히 허위이거나 특정인의 명예를 훼손하는 사항(제84조의21 제3항 각 호) 등으로 열거하고 있다.[12]

2. 경영권과 주주제안

증권거래법 시행령 제84조의21 제1항 제7호는 임기 중에 있는 임원의 해임에 관한 사항을 주주제안의 대상에서 명시적으로 제외하고 있다. 참고로 미국 Securities Exchange Act of 1934, Rule 14a-8 (i) (8)은 이사회의 이사선임 등 경영기구 구성원의 선출에 관하여는 주주제안의 대상에서 제외하고 있다. 그렇기 때문에 미국에서의 주주제안은, 예컨대 남아프리카에서 사업을 하지 말아야 된다는 등(남아프리카에서 제도적으로 인종차별이 인정되던 시절의 일이다), 기업의 사회적 책임과 관련한 사안에 대한 논의의 기회를 여는 것으로 주로 사용되고 있다.[13] 주주제안제도가 소수주주가 다수주주의 돈을(회사의 돈이 사용되므로) 자신의 도덕적 · 사회적 의견을 발표하는 기회로 이용한다는 이유로 기실은 비민주적 제도라는 비판이 있는 것도 이 때문이다.[14] 이와 달리[15] 우리 현행 법령은 임기 중에 있는 임원의 해임에 관한 사항은 이를 제

12) 이러한 제외 사유에 대한 비판적 견해로는, 정준우, "주주제안권의 행사요건과 문제점," 상사법연구 제21권 제3호(2002), 303-304면.

13) Clark, Corporate Law, 372 (1986).

14) Eastbrook and Fischel, The Economic Structure of Corporate Law, 85 (1991).

15) 그러나 우리의 주주제안제도도 회사의 비용이 소요되고 부적법한 제안에 대하여 어떠한 제재도 없다는 점에서, "주주제안권은 적어도 이용 주체(반대파)에 있어서는 '이익만 있고 손실은 없는 거래'(이다)." 권태호, "경영자감시수단으로서 위임장권유의 효율

외하고 있으나, 임원의 선임은 이를 제외하지 아니하여 허용되는 것으로 이해됨에 따라 이사의 선임과 관련된 주주제안이 경영권분쟁의 과정에서 전투수단으로 활용될 수 있다.

상장법인의 경우 증권거래법 제191조의10 제2항은 주권 상장법인 또는 코스닥 상장법인이 상법 제363조 제1항의 규정에 의한 소집통지 또는 제1항의 규정에 의한 공고를 함에 있어 회의의 목적 사항이 이사의 선임에 관한 사항인 경우에는 이사 후보자의 성명, 약력, 추천인, 그 밖의 대통령령이 정하는 사항(후보자와 최대주주와의 관계, 후보자와 당해 법인의 최근 3년간의 거래내역, 시행령 제84조의17 제2항)을 통지 또는 공고하여야 한다고 규정하고 있다. 주주총회의 의안으로 이사의 선임에 관한 의안이 상정되고 이사회가 위 규정에 따른 사항의 공고 및 통지를 한 경우 당해 주주총회에서 그와 같이 통지 또는 공고되지 아니한 다른 자를 이사로 선임하는 결의를 한다면, 그것은 절차상 하자가 있어 취소의 소의 대상이 된다.[16] 따라서 주주총회의 의안으로 이사선임에 관한 것이 채택된 경우, 이에 반대하는 주주는 주주제안을 통하여 자신이 추천하는 이사 후보자에 대하여 증권거래법령이 정하는 사항에 대한 통지 또는 공고가 이루어지도록 한 연후에 비로소 이사회 추천 후보와의 사이에 표 대결을 벌이게 된다. 이 경우 주주제안에 의하여 추천된 후보를 의안으로 상정하지 아니하고 이사회 추천 후보에만 대하여 주주총회에서 선임 결의가 있었다면, 그러한 결의는 절차상 하자가 있는 것으로 주주총회 결의 취소의 대상이 될 것이다.[17]

성," 상사법연구 제17권 제1호(1998), 137면.

16) 김상곤, "적대적 기업인수를 위한 위임장 대결이 있는 상장법인 주주총회 운영과 관련된 문제점," 상장협(2005. 추계호), 한국상장사협의회, 99면 및 그에 인용된 서울중앙지방법원 2004. 3. 18. 선고 2993가합56996 판결.

17) 최기원, 앞의 책, 472면. 이 경우, 사전에 그러한 주주총회 소집의 금지를 구하는 가처

문제는 이사회에 아예 이사의 선임에 관한 의안을 채택하고 있지 아니한 경우에도 주주에게 이사의 선임에 관한 주주제안이 허용될 것인가, 만약 그러한 제안을 이사회가 무시하는 경우 법원에 그러한 의안의 상정을 구하는 가처분을 구할 수 있는가이다.[18)]

3. 서울북부지방법원 2007. 2. 28.자 2007카합215 결정

(1) 배경사실

주권 상장법인인 D회사의 이사회는 지배주주 K의 지지를 받고 있는데, K의 지분율은 대략 6%이며 D회사는 약 8%의 자사주를 보유하고 있다. D회사의 정관에 의하면, 이사의 정원을 제한하지 아니하고 최저 3명 이상이라고만 정하고 있다. 한편 현 이사회에 반대하는 KS는 S회사, H회사 및 여타 우호세력을 포함하여 약 15%의 우호지분을 확보하고 있다. D회사는 정기주주총회를 앞두고 이사의 선임에 관하여는 아예 의안에서 제외하고, 재무제표의 승인 등 여타 사항만 의안으로 하여 주주총회의 소집을 통지 · 공고를 하였다. KS에 동조하는 S회

분을 구하는 것 역시 가능할 것이다. 전휴재, "경영권 분쟁과 가처분 : 적대적 M&A를 중심으로," 민사집행법연구 제2권, 한국사법행정학회, 2006, 435면.

18) 가능하다는 견해로, 전휴재, 앞의 논문, 435면. 다만, "주주제안권을 행사한 주주는 회사의 소집통지를 받은 때 비로소 자신이 제안한 의제가 상정되지 않았음을 알게 되는 것이 보통인데, 그 시점에서는 회사 측에서 주주총회의 개최를 연기하지 않는 한, 다시 주주 전원에게 주주제안된 의제가 기재된 소집통지를 할 만한 시간적 여유가 없는 것이 보통이므로 보전의 필요성을 쉽게 인정하기 어려울 것으로 생각한다"라고 하고 있다. 이것은, 이미 엎지른 물이 된 이상 물을 엎지르지 말라는 가처분은 실효성이 없어 보전의 필요성이 인정되지 아니할 것이라는 설명이다. 의안상정가처분에 대한 신청과 심리, 판단이 신속하게 이루어져야 할 필요성에 대한 설명이기도 하다.

사와 H회사는 D회사의 주식 약 5%를 보유한 주주로서 D회사에 대하여 주주제안으로 당해 정기주주총회에서 이사 10명과 감사 1명을 선임하는 의안을 상정하고, 그 내용을 통지 · 공고할 것을 요구하였다. D회사는 이를 거부하였다.

(2) 의안 상정 등 가처분과 법원의 판단

S회사, H회사는 D회사를 상대로 이사 및 감사의 선임에 관한 의안을 상정하여 줄 것을 구하는 가처분을 신청하였다. D회사는 주주제안의 상대방이 이사이므로(상법 제363조의2 제2항) 회사를 상대로 한 신청은 부적법하다고 다투었다. 이에 대하여 법원은 이러한 가처분의 본안소송은 "회사가 소집한 이 사건 주주총회의 효력을 다투거나 의안 상정을 구하는 소가 되"므로 회사가 상대방이 된다고 판시하였다. D회사는, 주주는 자기가 정한 의안을 내세워 임시주주총회를 소집하는 방법에 의하여 구제를 받을 수 있으므로 명문의 규정이 없음에도 불구하고, 주주에게 의안의 상정을 강제할 수 있는 권한을 부여하는 것과 같은 결론에 이르는 가처분은 허용되지 아니한다고 주장하였다. 법원은 이러한 주장을 배척하고, "임시주주총회 소집청구권은… 주주제안권과 병행하는 별개의 권리(로), 소수주주는 양 권리를 선택적으로 행사할 수 있(고)… 주주제안을 거부당한 주주가 반드시 임시주주총회 소집청구절차를 그 구제절차로 거쳐야 하는 것은 아니"므로 바로 의안의 상정을 구하는 가처분이 허용된다고 판시하였다. D회사는 주주제안을 의안으로 상정할 것인지 여부는 궁극적으로 이사회의 재량이라는 취지의 주장을 하였다. 즉 주주제안의 내용이 법령 또는 정관에 위반하는지 여부 또는 증권거래법 시행령에 의한 제외 사항에

해당하는지 여부(특히 증권거래법 시행령 제84조의21 제3항 제7호 소정의 주주총회의 의안으로 부적합한 사항인지 여부)에 대한 판단은 이사회의 경영판단에 속하며, 이사회가 여기에 해당된다고 판단하여 의안의 상정을 거부한 이상, 회사에 대하여 의안의 상정을 강제할 수 있는 권한은 없다고 다투었다. 법원은 이에 대하여도 "이사회의 독자적 경영판단에 의해 주주제안을 거부하는 것은 허용되지 아니한다"라고 전제하고, 증권거래법 시행령에 정하는 제안 거부 사유는 주주제안권의 명백한 남용을 방지하기 위한 예외 규정이므로 그 사유들은 엄격하게 해석되어야 하는데, 이사 또는 감사의 선임을 내용으로 하는 의안은 그 자체로서 주주총회의 의결 사항이 되기에 실익이 없거나 부적합하다고 할 수 없다고 판시하였다. 특히 보전의 필요성에 관하여 법원은, 임시주주총회 소집청구절차를 취하는 것이 가능하다는 이유로 주주제안권 침해 상태가 해소되는 것은 아닌 점, 같은 의안의 상정을 위해 새로운 임시주주총회를 개최하는 것보다는 기왕에 개최하기로 한 주주총회의 목적 사항에 이 사건 의안을 추가하는 것이 회사의 비용, 절차의 효율성 측면에서 더욱 타당하다는 점 등을 들어 보전의 필요성이 인정된다고 판시하여 주주총회에 의안을 상정하고 이를 통지 · 공고하라는 취지의 가처분결정을 하였다.

(3) 검토

1) 의안상정가처분의 상대방

주주총회에 특정한 의안을 상정하여 결의의 대상이 되게 하여서는 아니 된다는 취지에서 주주총회결의금지가처분을 구하는 경우와 대비하여 보면, 주주총회에 의안의 상정을 구하는 가처분의 경우에도 주주총회에 의안을 상정할 자, 즉 대표이사 개인을 상대방으로 하는 것이 적정하지 않은가 하는 의문이 든다. 이 사안에서와 같이 이사회는 아예 관련 의안을 낸 바 없고, 주주가 전혀 별개의 주주제안을 내세운 경우에서 비록 법원의 가처분이 있다고 하더라도 회사가 이를 무시하면 그에 대한 별다른 구제방법이 없다.[19] 이러한 경우 책임의 소재를 분명히 한다는 점에서 보면, 대표이사 개인을 상대방으로 지목하는 것이 간명하지 않을까.[20] 회사를 공동피신청인으로 하는 것은 무방할 것이다.

2) 보전의 필요성

주주제안이 있다고 이사회가 이를 무조건 주주총회의 의안으로 상정하여야 하는 것은 아니다. 이사회는 제안을 한 주주가 상법 내지 증권거래법령 소정의 주주의 요건을 갖추었는지 여부, 청구 기간 등 절차적 요건을 준수하였는지 여부, 나아가 실질적으로 주주제안의 내용이 법령이 정하는 제외 사유에 해당하는지 여부 등을 검토하고 이에 대한 판단을 내릴 권한과 의무가 있다. 일반론으로 이사회가 소수주주의 주주제안이 절차적 · 실체적 요건을 구비하였는가 여부를 판단하는 것이 폭넓은 재량이 허용되는 경영적 판단에 속하는 것이라고 할 수는 없다. 그렇기는 하나 이사회에 일정한 판단의 권한이 주어진 이상 법원이 일률적으로 거부된 주주제안에 대하여 이를 주주총회에

---

19) 이 경우 주주총회가 결의한 다른 안건의 효력에는 아무런 하자가 없다고 보는 것이 일반적 견해이다. 다만, 이 사안의 경우와 달리하는 경우에 관하여 앞의 각주 16) 및 그에 따른 본문 참조.

20) 주주제안을 거부하거나 의안 상정에 대한 가처분결정을 무시한 이사 개인은 과태료(상법 제635조 제1항 19의3)의 제재 및 손해배상(상법 제399조, 제401조) 내지 해임청구(상법 제385조 제2항)를 당할 수 있을 것이다.

상정하라는 가처분을 허용하는 것에는 의문이 있다. 임시의 지위를 정하는 가처분이라는 성질에 충실하여 과연 현저한 손해를 피하거나 급박한 위험을 막기 위한 필요성이 있는지, 즉 보전의 필요성에 대한 적절한 판단을 통하여 수위를 조절하여야 한다. 이러한 관점에서 보면 이 사건에서 법원의 판단은 만족스럽지 못하다. 법원은 보전의 필요성이 있다는 이유로 우선 소수주주의 임시주주총회소집권으로 주주제안권에 대한 침해가 해소되는 것이 아니라는 점을 들고 있으나, 그것이 무엇을 의미하는지는 명료하지 아니하다. 소송의 실상을 보면 보전소송의 일반적 법리가, 권리의 침해가 있다 하여 항상 가처분에 의한 권리의 보전이 인정되는 것은 아니다. 마찬가지로 주주제안권이 침해되었다는 사실 자체만으로 가처분이 허용되는 것 역시 아니다. 오로지 권리의 침해로 인하여 현저한 손해를 입거나 급박한 위험에 처하게 되는 경우에 이를 막기 위하여 가처분이 허용되는 것이며, 주주제안권도 마찬가지이다. 바꾸어 말하면, 절차적 · 실체적 요건을 갖춘 주주제안이 있었음에도 불구하고 이사회가 이를 부적법하게 거부하였다는 사실을 소명하는 것에만 의하여 보전의 필요성이 인정되는 것은 아니다. 그렇기 때문에 임시주주총회소집권이 있다 하여 주주제안권에 대한 침해가 해소되는 것이 아니라는 말은 하나 마나 한 말이다. 요컨대 주주제안권의 침해로 어떠한 손해 내지 위험이 있고 이것을 막기 위하여는 가처분에 의할 수밖에 없다는 점이 소명되어야 할 것인데, 이에 관한 심리와 판단이 전적으로 결여되어 있다. 법원은 주주제안의 가처분을 허용하는 것이 임시주주총회의 소집보다 비용적 · 절차적 효율성이 높다는 점을 보전의 필요성에 대한 또 다른 이유로 들고 있으나, 이 역시 '현저한 손해 내지 급박한 위험'의 개념으로부터 상당히 떨어져 있다는 감을 지울 수 없다.

IV. 결어

회사의 경영권을 둘러싼 분쟁은, 여기서 다룬 주주총회 의안의 상정 여부에 대한 것을 비롯하여 이사회에서 대표이사를 해임한 결의에 대한 효력정지가처분 등 여러 형태의 가처분을 통하여 이루어지는 예가 많다. 이러한 성격의 쟁송은 경제적 이해관계가 대부분이며, 일단 1심 법원의 가처분결정이 나면 그 자체로 승패가 결말지어지는 경우가 적지 않다. 따라서 판단의 기준에 대한 예측 가능성의 절실함에도 상급심의 판례는 오히려 희귀하다. 법원은 우선 결정의 이유를 적시하여 어떠한 결론에 이른 근거와 기준을 밝히는 것이 필요하며, 나아가 그러한 1심 결정문이 공개되어 일반인이 이에 접근할 수 있어야 할 것이다. 그래야만 선례의 축적과 그에 대한 비판적 검토를 통하여 판단의 기준이 보다 명료해질 것이다.

편저자 약력

김화진

독일 뮌헨대학교 법학부 Dr. jur.

미국 하버드 로스쿨 LL. M.

현 서울대학교 법학전문대학원 교수

송옥렬

서울대학교 법과대학 및 대학원 석사(상법)

미국 하버드 로스쿨 LL. M & S. J. D

현 서울대학교 법학전문대학원 교수